AI, WEB3
패러다임

AI, WEB 3
패러다임

초판 1쇄 인쇄 | 2023년 10월 25일
초판 1쇄 발행 | 2023년 10월 30일

지 은 이 | 김수진
발 행 인 | 이상만
발 행 처 | 정보문화사

책 임 편 집 | 노미라
교 정 교 열 | 안종군

주 소 | 서울시 종로구 동숭길 113 (정보빌딩)
전 화 | (02)3673-0114
팩 스 | (02)3673-0260
등 록 | 1990년 2월 14일 1-1013호
홈 페 이 지 | www.infopub.co.kr

I S B N | 978-89-5674-930-3

AI, WEB3 패러다임

검색에서 생성으로 비즈니스 모델의 혁신

김수진 지음

정보문화사
Information Publishing Group

프롤로그

1980년대 카네기멜런대학의 인공지능 · 로봇 연구원인 한스 모라벡(Hans Moravec) 등은 'AI와 로봇에게 고도의 지능적인 작업은 비교적 쉽지만 '걷기', '물건 잡기', '운동' 등 인간에게 직관적이고 쉬운 작업은 오히려 어렵다'라고 주장합니다. 이를 '모라벡의 역설(Moravec's Paradox)'이라고 합니다.

모라벡에 따르면, 인간의 외부 세계를 인식하는 기본적인 인지 능력이나 동물 사냥에 필요한 운동 능력은 생물학적 진화를 거치면서 오랜 기간 발전을 거듭해 왔습니다. 따라서 기계에서 이러한 능력을 구현하기란 추상적인 추론이나 사고 능력에 비해 어렵습니다.

모라벡의 역설은 챗GPT가 다시 한번 그 가설을 증명하는 결과를 낳게 됩니다. 챗GPT를 개발한 오픈 AI의 CEO 샘 알트먼(Sam Altman)은 다음과 같이 말합니다.

> "10년 전 사람들에게 'AI에 가장 먼저 빼앗길 직업은 무엇이라고 생각합니까?'라고 물었다면 '블루칼라 일자리'라는 대답이 대부분이었을 것이다. AI가 공장 노동자, 트럭 운전사 등의 일을 제일 먼저 차지하고 그다음 사무직 그리고 그다음이 프로그래머와 같은 숙련된 전문가였을 것이다. 작가나 화가처럼 창의적인 분야에 종사하는 이들은 가장 마지막까지 살아남을 것으로 보였다. 그러나 지금 실제로 일어나고 있는 현상은 오히려 반대에 가깝지 않은가?"

확실히 10년 전에는 구글, 애플, 아마존 등의 IT 기업이나 자동차 제조사들이 자율주행 기술 개발에 전력을 쏟고 있어 가까운 장래에는 택시나 트럭 운전사 등의 일자리가 사라질 것으로 예상했습니다. 또한 아마존을 필두로 물류센터 등에서 일하는 다양한 로봇의 개발이 진행돼 결국 인간한테서는 그러한 직업이 사라지리라 예상했습니다. 그런데 10년이 지난 지금, 이러한 일자리가 사라지기는커녕 오히려 트럭 운전사나 물류센터 등의 현장은 노동력 부족에 허덕이고 있습니다. 사실상 아무리 단순해 보이는 육체 노동이라도 일부 예외적인 경우를 제외하고는 AI 로봇이 인간의 일을 대체하기란 매우 어렵다는 것이 입증됐습니다. 그 이유를 알트먼은 다음과 같이 설명합니다.

"우리들은 어떤 직무 역량이 어렵다, 쉽다는 것에 대한 인식을 바꿔야 한다. 육체 노동처럼 신체를 정확하게 제어하는 일은 실제로 매우 어렵다. 또는 두뇌에 과부하가 걸리는 일일 수도 있다."

요컨대 대중의 인식과 달리 실제로 육체 노동에는 두뇌 노동보다 훨씬 어려운 고도의 역량이 필요할지도 모릅니다. AI는 우리가 미처 깨닫지 못하는 감춰진 진실을 정확하고 정직하게 반영해 주는 증거입니다. 따라서 자율주행이나 창고에서 일하는 휴머노이드 로봇보다 화이트칼라나 창작자의 일자리를 위협하는 챗GPT 쪽이 먼저 실용화된 것일지도 모릅니다.

어쨌든 앞으로 챗GPT와 같은 대화형 AI나 생성형 AI가 점차 사회 영역 곳곳에 포진하게 된다고 하더라도 트럭 운전사, 공장 노동자, 정원사, 요리사, 미용사 등의 직종은 당분간은 '철밥통'일 것으로 보입니다.

생성형 AI, 블록체인, 웹 3, NFT, 메타버스, DAO, DeFi 등 최근 모든 국면에서 실용화가 진행되고 있는 것이 AI×웹 3 비즈니스입니다. 이 책은 단순한 경제 서적도 아니고 기술 서적도 아닙니다. 더욱이 자기 계발서나 SF 도서와 같은 미래 예측 도서도 아닙니다.

이 책은 디지털 기술이 앞으로 세상에 초래할 진실을 해명하고 AI×웹 3 비즈니스의 미래 성장 가능성 그리고 우리 사회에 미치는 파급 효과와 잠재력을 이해하기 쉽게 설명하는 데 초점을 맞췄습니다. 사회적으로 대대적 변화를 일으키는 '생성형 AI'와 '웹 3'이라고 하는 차세대 인터넷이 융합되기까지 그 과정에서 생기는 비즈니스의 개요와 본질을 인터넷 역사의 실타래를 풀어가면서 한 권으로 정리했습니다.

왜 이 정도까지 세계, 기업가, 창작자, 동시대를 사는 이들이 생성형 AI와 웹 3에 열광하고 있는지 그리고 그 배후에 있는 관심 경제, 빅테크, 창작자 경제에 주목해야 하는지를 이 책을 덮는 순간 알 수 있을 것입니다. 자, 이제 AI×웹 3의 세계로 뛰어들어 봅시다!

추천사

■ 정유신(서강대학교 기술경영대학원장, 디지털경제금융연구원장)

우리는 플랫폼 사업자가 개인의 행동 이력을 수집해 개인의 관심을 강탈하다시피 하는 관심 경제(Attention Economy) 시대에 살고 있다. 이 책은 생성형 AI의 프롬프트 엔지니어링과 챗GPT의 대화형 검색, 차세대 인터넷 웹 3이 '클릭 지상주의'에 빠진 인류에게 어떤 변화를 몰고 올지를 크리에이티브 이코노미와 참여형 시스템 관점에서 설명한다. 특히 '한물갔다'고 여기는 NFT가 고객의 로열티 마케팅이나 DAO와 융합해 팬덤 커뮤니티 형성에 활용되는 사례는 미래의 소비자를 위한 서비스 설계 관점에서 무척이나 새롭고 독특하다.

■ 이근주(한국핀테크산업협회장, 한패스 대표)

AI 이미지 생성형 툴의 보급은 예술적 재능을 범용화함으로써 예술계의 혁신적인 확장으로 이어질 가능성이 있다. 과거 인류가 오랜 시간을 들여 터득한 외국어 번역, 컴퓨터 프로그램 작성 등 다양한 분야에서 AI로 대체되는 미래가 매 순간 다가오고 있다. 본 도서에서는 이러한 AI의 진화가 가져올 현실을 직시하고 '인간만이 창출할 수 있는 가치'가 과연 무엇일지 스스로 고민하고 실천에 옮기는 능력이 시험대에 오르는 시기가 이미 시작됐음을 알려준다.

■ 모정훈(연세대학교 산업공학과 교수, 한국미디어경영학회 부회장)

빅테크의 중앙집권적인 플랫폼 경제에서 블록체인 기반의 분산형 경제로 이행되는 시기에 나타나는 사회 경제적인 변화와 미래에 출현할 비즈니스 모델을 알기 쉽고 상세하게 설명해 놓았다. 검색, SNS, 광고로 막대한 부를 축적한 빅테크의 미래에 과연 웹 3과 챗GPT로 대표되는 생성형 AI가 어떤 변화를 촉발할 것인지, AI 챗봇이 구글 검색을 대신하면 구글의 AI는 과연 어떤 모습을 하게 될 것인지, 챗GPT가 어떠한 성장의 궤적을 그리며 차세대 앱스토어로 발전해 나갈 것인지 이 책에서 그 답을 찾을 수 있다.

■ 박용범(단국대학교 소프트웨어학과 교수, 한국블록체인학회장)

지금까지 국내에서 AI와 웹 3 양쪽을 포괄적으로 다룬 도서는 없었기 때문에 그 공백을 메우는 존재로 자리매김할 것이다. 생성형 AI, 블록체인, NFT, 메타버스, DeFi, DAO 등 최근 실용화가 진행되고 있는 AI와 웹 3의 융합이 미래의 비즈니스에 미치는 영향을 저자만의 날카로운 관점으로 예측한 신선한 전망이 담겨 있다. 특히 고심하는 구글, 약진하는 오픈 AI와 마이크로소프트, 생성형 AI로 비즈니스 경쟁 지형도가 어떻게 바뀌게 될지 거대 언어 모델(LLM) 개발 경쟁의 향방 등이 흥미진진하게 기술되어 있다.

차례

PART

01

예술과 과학 사이

아티스트와 아르티장

디자인 아미의 크리에이티브 AI

"1950년대 복고풍의 패셔너블한 감각으로 무장한 사람들 사이에서 우주 여행이 유행처럼 번졌다. 그러나 사람이 살지 않는 척박한 환경에서 생존하려면 안경으로 눈을 보호해야 한다."

미국 워싱턴 DC에서 40년 이상의 역사를 자랑하는 가족 운영 안경점인 조지타운 옵티션(Georgetown Optician)의 'Adventures in A-Eye'라는 광고 캠페인 스토리이다. 이 캠페인은 안구 모양의 외계인이 거주하는 가상의 행성을 배경으로 삼은 SF 영화에서 영감을 받았다. 워싱턴 DC에 소재한 광고 대행사 디자인 아미(Design Army)가 고전 영화에서나 볼 법한 레트로(복고풍) 분위기와 미래 지향적인 느낌을 결합해 초현실적인 비주얼을 탄생시켰다. 디자인 아미의 고객사로는 어도비, 블루밍데일스(Bloomingdale's, 미국의 백화점 체인), 디즈니, 넷플릭스, 펩시코(PepsiCo, 미국의 식품 제조업 회사) 등이 있다. 디자인 아미는 첨단 트렌드를 반영하는 발상과 실험적인 타이포그래피 결과물을 선보이는 것으로 유명하다.

AI 기술로 복고풍과 초현실적인 분위기를 연출한 조지타운 옵티션의 광고

출처: https://campaignbriefasia.com

일반적으로 이 정도 수준의 광고 캠페인을 제작하려면 아이디어의 구상에서 구현에 이르기까지 6개월 이상이 걸리고 비용도 약 50만 달러(약 6억 4,000만 원)가 소요된다. 모델, 메이크업 아티스트, 의상 전문가, 장소 등의 섭외부터 감독, 촬영, 편집, 컬러 그레이딩[1], 음악 선정 등에 이르기까지 신경 쓸 게 한둘이 아니다. 그러나 이 광고는 1주일 만에 초창기 아이디어를 구상하고 단 4주 만에 전 프로세스를 완성했다. 이 캠페인에 등장하는 의상, 장소, 배경 모두 '가짜'이다. 전부 이미지 생성형 AI 툴인 미드저니(Midjourney)로 만들었으며 안경과 타이포그래피만 후반 작업에 추가했다. 광고주에게 청구한 비용은 공개하지 않았지만 미드저니 사용료가 월 10~60달러이므로 인건비를 제외하면 큰 비용이 들어갔을 것 같지는 않다.

이 작업의 관건은 원하는 이미지를 얻기 위해 텍스트 프롬프트(Prompt, 명령어)를 공들여 만들고 최적화하는 과정이었다. 디자인 아미는 이 캠페인에 사용한 정확한 프롬프트를 공개하지 않았고 현재 지식 재산권(IP)으로만 등록돼 있다. 대략 '1950년대, 공상 과학(SF), 히치콕, 사파리, 핑크색' 등

1 광고 제작에서 광고의 색감을 결정하는 최종 작업

과 같은 키워드를 중심으로 테마를 구체화해 나갔다고 한다.

생성형 AI의 등장으로 일자리가 사라질 것이라는 막연한 두려움을 갖고 있는 창작자도 있지만 디자인 아미처럼 한발 앞서 생성형 AI로 차별화를 도모하려는 사례도 늘어나고 있다. 디자인 아미의 CEO에 따르면, AI 기술이 디자인과 광고의 미래에서 부동의 위치를 차지할 것이라고 믿는 근거는 '민첩함'에 있다. 이는 AI가 제작 과정 전체를 장악해야 한다는 것을 의미하는 것이 아니라 시행착오의 속도와 횟수 그리고 수많은 변형 작업을 통해 취사선택하는 과정이 더 빨리 이뤄지게 된다는 것을 의미한다.

이미지 생성형 AI가 창작자에게 위협이 될 것인가, 예술의 새로운 지평을 열어 주고 비전문가도 아이디어 하나만 있으면 창의적인 활동에 참여할 수 있는 촉매제가 될 것인가? 창작하는 사람의 입장에서 영상이든, 이미지이든, 텍스트이든 창의성이 필요한 영역에서 어떤 도구가 좋은지, 좋지 않은지를 판단하는 기준은 '이것을 사용하면 과연 무엇이 좋아지느냐'에 있다. 효율성이 증가하고 비용이 절감되며 본인의 역량을 넘어서는 기량을 발휘할 수만 있다면 생성형 AI이든 뭐든 왜 도움을 받지 않겠는가? AI가 창의적인 사람들까지 실업으로 내몰지는 않겠지만 AI와 함께 일하는 방법을 몰라서 일자리를 잃는 사람이 속출하리라는 예감은 든다.

카메라가 등장하기 이전에 그림은 부유한 시민의 자화상이나 풍경 등을 소재로 한 것이 대부분이었다. 훌륭한 그림이란 눈에 비치는 대로 그린 것으로, 그것이야말로 예술에 대한 정답이라 여겼다. 마치 주문받은 치수에 맞춰 충실하게 의자를 작업하는 목공수처럼 현실을 가능한 한 정확하게 재현하려고 하던 것이 카메라가 등장하기 이전의 화가들이었다.

유럽에서는 왕이나 귀족과 같은 상류층을 묘사하기 위해 오랫동안 '초상화가'라는 직업이 존재했다. 초상화는 유럽에서 인기가 있었고 귀족이 아니더라도 음악가 등의 유명인이라면 대개 초상화를 남기곤 했다. 그러한 초상화의 세계를 극적으로 바꾼 계기가 된 것이 1850년 전후로 등장한 '사진'이었다. 예술로서의 회화라면 문제가 없겠지만, 기록용으로서의 초상화라면 사진 쪽이 훨씬 사실적이고 실용적이다. 셔터만 누르면 순식간에 현실을 포착할 수 있는 사진이 등장했을 때 화가들이 받은 충격은 어마어마했다. 이 사진의 출현으로 화가들은 '회화는 사진만큼 생생하고 리얼하게, 있는 그대로를 반영하지 못한다'라는 가혹한 현실에 직면하게 된다. 아무리 원근법과 명암법으로 사실 기법을 발휘한들 사진을 당할 수는 없는 노릇이었다.

19세기 프랑스의 유명 화가인 폴 들라로슈(Paul Delaroche)는 처음 사진을 접했을 때 사진의 정확성에 감탄하며 다음과 같이 중얼거린다.

"오늘을 마지막으로 회화는 죽었다."

과거에는 뛰어난 재능과 높은 기술을 가진 화가만이 아카데믹한 사실주의 그림을 그릴 수 있었기 때문에 화가들은 자부심이 대단하고 사람들의 존경을 한몸에 받고 있었다. 그러나 사진 기술이 등장하자 '기록으로서의 회화'에 대한 수요가 줄어들며 사실성만을 상업화의 수단으로 내세웠던 풍경화가와 초상화가들은 직업을 잃었을 뿐만 아니라 화가 자신의 정체성도 잃어버리게 됐다. 실제로 당시 프랑스 미술 아카데미의 중진이었던 장 오귀스트 도미니크 앵그르(Jean-Auguste Dominique Ingres)와 같은 유명 화가도 사진 촬영을 금지하도록 정부에 로비한 것으로 알려져 있다.

서양 미술의 전통과 상식 세계에서 화가의 역할은 신이나 신화처럼 고상하고 현실에서는 찾아볼 수 없는 모티프를 아름답게 묘사하는 일이었다. 자연은 그리스 신화나 역사를 바탕으로 한 미술 작품의 배경에 지나지 않았다. 그런데 클로드 모네(Claude Monet), 에드가 드가(Edgar Degas), 오귀스트 르누

아르(Auguste Renoir), 카미유 피사로(Camille Pissarro)처럼 새로운 시대를 그리는 인상파 화가들이 등장해 프랑스의 전통 미술계를 뒤흔들기 시작했다.

인상파 화가들은 스튜디오에 틀어박혀 램프 조명 아래 역사적인 그림과 초상화를 그리는 대신, 야외에서 발굴한 일상적인 소재를 자연광 아래에서 캔버스에 담는 데 관심을 두기 시작했다. 그들은 사진 기술도 활용하면서 태양 광선이 만드는 색의 아름다움에 주목하며 새로운 창작 의욕을 불태우게 된다. 이들은 전통을 부정하는 동시에 사진도 거부하면서 '인간만이 그릴 수 있는 그림을 그리자'라고 주창했다. 묘사의 정확성보다는 사람들의 미적 감각이나 콘셉트에 직접 호소하는 작품으로 변신을 시도해 서서히 사회적 지위를 확립해 나가게 됐다.

사진과 카메라의 등장으로 인한 위기감은 화가를 사실주의에서 멀어지게 하고 대상의 정확성보다 대상에 대한 인상의 정확성을 포착하는 인상파의 탄생을 촉진했으며 피카소의 추상 회화로 이어지는 현대 미술의 앞길을 열어 주게 됐다. 또한 카메라라는 새로운 기술로 '예술 사진'이라는 새로운 예술 장르가 열리며 예술가들의 표현 폭이 크게 확대됐다.

필자는 생성형 AI의 확산이 사진이나 카메라의 발명과 같다고 생각한다. AI의 발전은 여러 가지 문제를 안고 있지만 궁극적으로는 창작자의 활동 범위를 크게 넓힐 수 있는 계기가 될 것이다. AI는 도구에 지나지 않는다. 광고업계뿐만 아니라 일러스트레이터, 작가, 사진작가와 같은 인간 창작자에게는 보다 본질적인 통찰력이 필요하다. AI로 생성한 산출물이 보편화되면 사람들은 일러스트레이터나 동영상에 아무런 감흥을 느끼지 못할 수 있다. 어떻게 표현하고 어떤 문맥을 만들면 사람들의 마음을 움직일 수 있을지 새로운 표현의 지평을 끊임없이 탐구해 나가는 것이 인간의 사명이 된다. 생성형 AI가 인간이 하는 일을 기계가 모방해서 더 빠르고 더 효율적으로 수행하는 것이라면, 크리에이티브 AI는 인간이 프롬프트에 입력할 마법을 상상해서 그것을 생성하는 작업이다.

요하네스 구텐베르크가 인쇄기를 발명하기 전에 성경은 수도사들이 손으로 썼다. 대량으로 책을 찍기 시작하자 손으로 쓴 사본이 쓰레기통에 버려졌을 것 같지만 실제로는 그렇지 않았다. 손 글씨만이 가진 독특한 아름다움을 높이 평가받아 더욱 희귀한 가치를 인정받게 됐다. 기계는 독창성을 독점할 수 없다. '메이드 바이 휴먼스(Made by Humans)'에는 프리미엄이 붙기 때문이다.

안경과 타이포그래피를 제외하고는 모두 AI의 창작품이다.

출처: campaignbriefasia.com

팀 아저씨의 베르메르를 좇는 모험

미술계에서 격렬한 논쟁이 벌어진 적이 있다. 어떤 유명 화가가 새로운 기술로 사진보다 더 사진 같은, 포토 리얼리스틱한 작품을 만들었다. 많은 전문가는 그 작품이 '진짜' 예술 작품이 아니라 화가가 일종의 속임수를 쓴 것이라고 주장했다. 이 화가는 17세기 중 · 후반에 활약한 네덜란드의 전설적인 화가 얀 베르메르(Johannes Vermeer, 1632~1675)이다. 그는 맑은 빛 표현과 세밀한 인물 묘사로 유명하다. 베르메르가 거울이나 렌즈 등 첨단 기술을 동원[2]해 빛의 그러데이션을 능숙하게 표현했던 것인지는 오랫동안 논란의 대상이 됐다. 베르메르가 광학 장치의 도움을 받아 그림을 그릴 수 있었을 것이라는 추측이 여러 해에 걸쳐 이따금씩 제기돼 왔지만 미술사 분야의 기득권층은 베르메르에 대해 '로맨틱한 신념'을 가졌다. 비록 렌즈에 투사된 이미지가 베르메르에게 영감을 불러일으켰을 수도 있지만 작품을 예술의 경지로 끌어올린 것은 그의 뛰어난 관찰력에 있었다고…. 다시 말해 그는 천재였다고….

16세기 무렵 화가들은 더욱 사실적인 그림을 그리기 위해 '카메라 옵스큐라(Camera Obscura)'라는 장치를 이용했다. 라틴어로 카메라는 '방', 옵스큐라는 '어둡다'라는 의미이다. 초창기의 카메라 옵스큐라는 방만큼이나 큰 상자였다. 어두운 곳에 구멍을 뚫어 햇빛이 들어오게 하면 바깥 풍경의 역상이 반대쪽 벽면에 투영된다. 이것이 카메라 옵스큐라의 원리로, 아리스토텔레스가 어두운 상자에 작은 구멍을 뚫어 반대편에 비치는 빛을 이용해 일식을 관찰하던 것이 탄생의 시초가 됐다. 화가는 내벽에 비친 이미지를 그대로 따라 그리기만 하면 훌륭한 밑그림이 완성되므로 굳이 투영 원리를 이용한 도구를 마다할 리가 없었다. 베르메르나 레오나르도 다빈치도 구성에 정확함과 섬세함을 더하기 위해 카메라 옵스큐라를 이용한 것으로 알려져 있다.

2 https://www.vanityfair.com/)culture/2013/11/vermeer-secret-tool-mirrors-lenses

베르메르, 〈우유를 따르는 여인(The Milkmaid)〉

베르메르, 〈음악 수업(The Music Lesson)〉

17세기 네덜란드에서는 카메라 옵스큐라를 비롯한 광학 장치가 화가들에게 상당히 친숙한 존재였다. 이 시기에 이탈리아에서는 갈릴레오 갈릴레이가 망원경을 발명(1609년)하고, 독일에서는 요한 케플러가 2장의 볼록렌즈로 구성한 망원경을 발명(1611년)했으며, 영국에서는 아이작 뉴턴이 반사 망원경을 만들어(1668년) 이전 세대에 이어 우주의 모습을 보다 자세히 관측하는 데 이바지하게 된다. 네덜란드에서도 크리스천 호이겐스(C. Huygens)가 빛의 파동설에 관한 체계를 세워 레이던(Leiden) 대학에 천문 관측 시설까지 세워졌다. 베르메르가 탄생한 시기는 이렇게 과학 혁명에서 광학이 정점에 있던 때였다.

카메라로 투사한 사진은 맨눈으로 본 풍경과는 다른 원근감과 빛의 반짝거리는 효과를 살릴 수 있다. 베르메르의 작품에도 그러한 독특한 분위기가 서려 있다. 사진이 아직 없던 시절, 초상화는 기념 사진을 대신하는 역할을 하고 있었다. 또한 풍경화는 그 시대를 기록하는 역할을 했다. 이런 의미에서도 카메라 옵스큐라의 힘을 빌려 창작한다는 것은 가치가 있었다. 원근법과 빛의 표현을 추구했던 베르메르가 당대의 첨단 광학 기기에 관심을 가졌다는 점은 놀랄 만한 일이 아니다.

베르메르의 카메라 옵스큐라 사용에 의문을 제기하는 사람들도 있다. 이 사람들은 '그의 작품에는 카메라 옵스큐라의 투영상과 일치하지 않는 점이 있다', '그 시대에는 아직 정밀도가 낮아 투사된 이미지를 따라 그릴 수 있을 만한 수준은 아니었다' 등과 같은 반론을 제기했다.

20세기를 대표하는 영국 출신의 팝아트 화가인 데이비드 호크니(David Hockney)도 베르메르가 사실적인 효과를 얻는 데 카메라 옵스큐라가 도움이 됐을 것이라고 추측한다. 그러나 그러한 장치가 실제로 걸작을 그리는 데 어떻게 사용됐는지를 정확히 이해하는 사람은 아무도 없으므로 여전히 미스터리로 남아 있다. 베르메르의 유품 중 카메라 옵스큐라는 없었다고 하므로 지인에게서 빌렸을 수도 있고 사용하지 않았다는 증거가 될 수도 있다.

카메라의 어원이 된 '카메라 옵스큐라'

출처: https://www.photowerkberlin.com

그런데 미국 텍사스 출신의 발명가 팀 제니슨(Tim Jenison)이 미술 역사상 큰 미스터리 중 하나를 해결하려는 프로젝트를 시도한다. 그는 베르메르가 과연 명화를 밑그림 없이 그렸을지에 의문을 던진다. 그는 컴퓨터 그래픽 및 3D 모델링 소프트웨어 분야에서 매우 성공한 발명가이자 엔지니어이다. 베르메르와 사랑에 빠진 나머지 전 세계를 여행하며 베르메르의 작품을 스토킹하는 예술 애호가이기도 하다. 그는 베르메르가 당시 어떤 기술을 동원해 빛을 마스터했을 것이라는 흥미로운 이론을 제시한다. 여기서 어떤 기술이란 '거울'이다. 거울은 이미지를 캔버스에 직접 투사하고 색상과 빛을 정확하게 일치시킬 수 있다. 돈이 많았던 그는 베르메르가 가장 많이 사용했던 방 중 하나를 재구성해 베르메르의 그림 중 하나를 재현할 수 있는지 확인하기로 한다. 그는 독자적인 가설을 세우고 총 1,825일(2008~2013년)에 걸쳐 렌즈와 거울을 조합한 광학 기기를 사용해 '음악 수업(The Music Lesson)'이라는 작품을 재현한다. 그리고 그의 친구가 'Tim's Vermeer'라는 다큐멘터리에 이 모든 과정을 담는 작가로 등장한다.

렌즈를 통해 나타난 풍경과 인물상은 때때로 맨눈으로는 포착할 수 없는 차원을 세밀하게 묘사할 수 있도록 해 준다. 빛이 반사되는 곳과 하이라이트 영역을 흰색의 점으로 묘사하는 점묘 기법을 '푸엥틸레(Pointille)'라고 한다. 푸엥틸레는 〈우유를 따르는 여인(The Milkmaid)〉을 비롯한 베르메르의 작품에서 흔히 사용된다. 팀은 이 점들이 긁힌 렌즈를 통해 비친 이미지일 것으로 추측한다. 베르메르가 죽은 후 금세 잊혀졌다가 19세기 중반 재발견되기 전까지 그의 작품은 일부 미술 수집가 사이에서만 알려져 있었다. 19세기에 베르메르를 재발견하게 된 이유도 사진 기술의 발전으로 이러한 묘사의 치밀함을 포착하기 쉬워졌기 때문으로 짐작한다.

그는 베르메르가 다음 그림과 같은 장치를 만들어 렌즈에 반사된 풍경의 거울 이미지와 자기 앞의 그림을 비교하는 객관적인 과정을 거쳐 그림을 완성했을 것이라는 가설을 세운다. 반년에 걸쳐 당시 '음악 수업'이 일어난 공간을 재현하고 자신이 그 방을 렌즈와 거울 너머로 보면서 혼자서 붓으로 '음악 수업'을 재현한다. 총 1,825일에 걸쳐 완성한 후에 눈물을 흘리던 그는 과학적 · 공학적 기법을 동원해 과연 무엇을 입증하고 싶었던 것일까?

팀 제니슨의 베르메르 명화 재현 프로젝트

출처: https://www.express.co.uk

먼저 '과학적 태도'와 '예술적 태도'를 구분해 보자.

'과학적 태도'는 반복 가능성에 초점을 맞춘다. 과학적 업적에는 재현할 수 있는 형태의 발견과 발명이 해당한다. 과학적 타당성을 입증받으려면 아이디어나 주장이 창의적인 것과 별개로 '추가 실험에서도 재현할 수 있는지'를 따지게 된다. 어떤 특별한 사람만이 인간 체세포를 이용한 배아줄기세포의 배양에 성공했다면 그것은 과학적 위업이라고 할 수 없다. 또는 어떤 고수가 가진 고도의 기술로만 배아줄기세포 배양이 가능하다고 하면 그것도 과학적 위업이라고 할 수 없다.

한편, '예술적 태도'는 반복할 수 없는 성질에 초점을 맞춘다. 피카소의 그림에 높은 가치를 매기는 것은 피카소만이 창조할 수 있는 작품이기 때문이다. 과감한 붓 터치, 두껍게 칠한 물감 층 등으로 뭉크의 화법을 흉내낼 수는 있을지언정 그 그림은 뭉크의 그림만큼은 가치가 없다. 예술 작품의 가치는 예술가에게 귀속된다는 믿음이 있기 때문이다.

마르셀 뒤샹(Marcel Duchamp)은 1917년 남성용 소변기를 뒤집어 서명한 후 '샘(Fountain)'이라는 제목을 붙여 미술 작품으로 출품한 적이 있는데 다른 사람이 똑같은 변기에 똑같은 작업을 한다고 해서 뒤샹만큼의 가치를 인정받을 수는 없다.

팀의 태도는 시종일관 '과학적'이다. 팀과 지인이 함께 그림을 그리는 장면도 나오지만 객관적인 과정에 따라 붓을 움직일 뿐이므로 누가 그려도 결과가 다르지는 않다. 팀은 유화를 그린 경험도 없기 때문에 어디까지나 과학 실험에서 말하는 '재현성'에 가깝다. 베르메르가 카메라 옵스큐라를 사용해 그림을 그렸을 것이라는 설에 반발하던 미술 평론가들의 태도는 예술적 태도에 가깝다. 팀이 기계의 도움을 받아 작품을 재현한다는 사실은 굳이 베르메르가 아니더라도 그와 같은 그림을 그릴 수 있다는 것을 암시하기 때문에 예술가의 창조성을 부정하는 셈이다. 따라서 얼핏 보면 이 영화는 과학적 태도와 예술적 태도 간의 경쟁처럼 보이기도 한다. 그러나 그렇지 않다.

무엇보다 팀이 완성한 그림은 의외로 베르메르와 유사하지 않다. 물론 물리적 조건의 제약 때문일 수도 있다. 팀은 베르메르에 대해 경외감을 느끼고 있고 재현을 마친 후에도 그의 창조성에 찬탄을 금치 못한다. 베르메르가 카메라 옵스큐라를 사용했다는 설이 이전부터 존재했기 때문에 팀이 이 프로젝트를 통해 그 설을 처음 제기한 선구자가 되는 것도 아니다. '내가 최초로 발견했어!'라는 명예욕에 넘친 과학자의 태도와는 사뭇 다르다. 팀이 만들어 놓은 장치로 누가 그려도 결과는 똑같기 때문에 베르메르의 재현은 팀의 그림 솜씨를 증명하지 못한다. 그러나 팀의 도전을 통해 '예술'과 '과학' 사이의 관점을 찾을 수는 있다.

옛날에는 아티스트(Artist)와 아르티장(Artisan), 즉 예술가와 장인 또는 직인을 확실하게 구분하는 것이 어려웠다. 베르메르는 작품을 창조한 예술가가 아니라 장치를 발명한 장인이었을지도 모른다. 이에는 반복 불가능한 과학성과 반복 가능한 예술성이 모두 포함된다. 베르메르가 기술을 사용했든, 사용하지 않았든 그것이 베르메르의 천재성을 희석시킬 수는 없다. 기술의 힘을 빌렸다고 해서 달에 착륙했다는 사실이 덜 감동스러울까? 물론 아니다. 베르메르는 천재 예술가라기보다 천재 기술자에 가까웠을 수도 있다. 베르메르가 이 기술을 사용했든, 사용하지 않았든 인간 창의력의 가능성을 최대한 추구했기 때문에 모든 사람은 베르메르를 예술가일 뿐 아니라 천재로 여긴다. 결론은 변하지 않았고 베르메르는 우리가 상상했던 것보다 훨씬 더 흥미로운 인물이었다는 점은 분명해 보인다.

미술 평론가들은 이 영화에 그다지 매료되지 못했다. 제니슨은 재능과 천재성을 배제하고 제대로 된 도구만 있다면 누구나 걸작을 재현할 수 있다고 주장한다. 재능이 부족한 사람들에게는 매우 고무적인 이야기일 수 있지만 그림에 천부적인 재능이 있거나 화가로 생계를 꾸려나가는 사람들에게는 불편하게 들릴 수 있다.

카메라 옵스큐라를 사용해 필치를 유도하는 것이 텍스트 프롬프트를 사용해 이미지 생성형 AI에 타인의 스타일로 뭔가를 그려 내도록 지시하는 것과 완전히 똑같다고는 할 수 없다. 그러나 인간이 가진 역량을 확장하기 위한 예술로서의 도구 또는 '진짜' 예술과 경쟁 관계에 놓인 기술에 대한 태도가 시대와 더불어 어떻게 변하는지를 살펴보는 데 있어서는 의미 있는 사례라고 할 수 있다.

'지성의 자전거'로서의 AI

이미지 생성형 AI를 활용하면 일러스트레이션에 소질이 없었던 사람들도 그림을 손쉽게 그릴 수 있고 고도의 합성 기술이 필요한 사진 소재도 생성할 수 있다. 셔터스톡, 어도비스톡, 게티이미지뱅크 등과 같은 스톡사진 웹사이트에서 구독료를 내고 이미지를 활용하거나 프리랜서를 고용해 사진을 촬영하는 기업을 떠올려 보자. 가까운 미래에는 이미지 생성형 AI가 이러한 일을 대체하게 될지도 모른다. 그렇게 되면 지금까지 창작자에게 돌아갔던 대가가 이제는 인터넷에서 이미지를 긁어모아 해당 이미지를 기반으로 알고리즘을 구축하는 이미지 생성형 AI 개발 기업에 돌아가게 된다. 그렇다면 일러스트레이터나 디자이너의 일자리는 어떻게 될 것인가? 한때 필자가 몸담았던 광고업계나 크리에이티브 업계에서는 이러한 변화를 어떻게 받아들이고 있을까? 이미지 생성형 AI가 좋은 것인지, 나쁜 것인지를 고려할 때 이 기술이 과연 누구에게 영향을 미칠지 우선 생각해 봐야 한다. 주로 창작자나 창의적인 사람들일 것이다. 이 집단들은 신기술로 무엇을 얻게 될 것인가?

AI를 사용하면 누구나 허접한 내용의 블로그 기사 1만 건을 작성할 수 있다. 그러나 우수한 작가와 편집자만이 AI를 사용해 독자에게 유익한 정보를 제공하고 흥밋거리를 주는 훌륭한 기사 1편을 작성할 수 있다. 페이스북은 광고를 집행할 때 보통 2개 이상의 광고 콘텐츠를 준비하고 이를 AB 테스트[3]한다. 디지털 마케터가 페이스북 광고 카피의 AB 테스트에 'Ink For All'과 같은 AI 툴을 사용하듯이 AI는 콘텐츠의 작성 그 자체를 대체하는 것이 아니라 툴로써 활용될 것이다.

이미지 생성형 AI도 이와 마찬가지이다. 이미지 생성형 AI 기술은 콘텐츠

3 기존 요소로 구성된 A안과 특정 요소를 변형한 B안을 비교해 어느 것이 더 나은 성과를 나타내는지 측정하는 실험

제작의 새로운 길을 열어 준다. 이미지 생성형 AI는 최근 몇 년 동안 제조, 유통 등에 도입된 수많은 자동화 및 AI 툴과 마찬가지로 창작자가 자신의 시간을 더욱 효율적으로 활용할 수 있도록 하는 잠재력을 지니고 있다. 필자는 아티스트가 아니기 때문에 블로그 스킨의 배경 화면에 사용하는 이미지를 찾느라 오랜 시간을 보내기도 한다. AI를 사용하면 필자가 원하는 독특한 이미지를 생성해 엄청난 도움을 받게 된다.

이스라엘 AI 스타트업인 라이트릭스(Lightricks)는 사진 편집 앱인 '포토리프(Photoleap)'와 정지 이미지를 움직이는 것처럼 처리하는 앱인 '모션리프(Motionleap)' 등에 AI 이미지 생성 기능을 구현했다. 라이트릭스의 CEO 겸 공동 창업자인 지브 파브만(Zeev Farbman)은 자사의 앱에 직접 이미지 생성형 AI를 구현함으로써 사용자의 가능성이 열리고 훌륭한 콘텐츠를 제작할 무한한 기회가 열리게 됐다고 말한다.

AI와 인간이 공동으로 창의력을 발휘한 좋은 사례로는 〈코스모폴리탄(Cosmopolitan)〉 지가 최초로 AI로 표지를 디자인한 것을 들 수 있다. 디자이너인 카렌 창(Karen X. Chang)이 트위터에 올린 동영상을 보면 그녀가 제작한 것이 창조적이지 않다거나 미적 감각이 떨어진다고 할 수 없다. 그녀는 단지 AI의 도움을 빌렸을 뿐이다.

카렌 창의 트윗에 따르면, 그녀는 이미지 생성형 AI 툴인 달리 2(DALL · E 2)의 사용을 연습하는 데 100시간 이상을 소요했다고 한다. 그 후 수백 차례에 걸쳐 이미지를 생성한 끝에 〈코스모폴리탄〉 지의 표지를 완성했다. 〈코스모폴리탄〉 지의 표지를 생성하는 데 사용한 프롬프트의 내용은 다음과 같다.

"광활하게 펼쳐진 우주 한가운데 화성에서 여성스럽고 위풍당당한 모습의 여성 우주비행사가 카메라를 향해 도전적으로 걸어가는 모습을 아래에서 광각으로 촬영한 신스웨이브 디지털 아트(Synthwave Digital Art)"

카렌 창은 이러한 제작 경험을 바탕으로 이미지 생성형 AI는 아티스트를 대체하는 것이 아니라 오히려 아티스트가 사용하는 악기와 같은 존재가 될 것이라고 말한다.

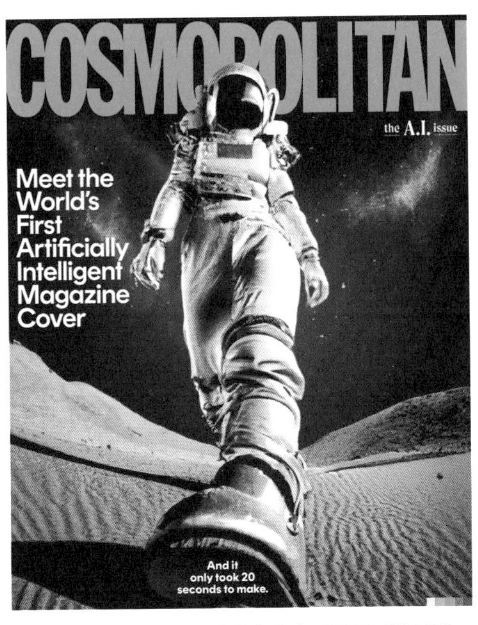

세계 최초로 생성형 AI(달리 2)가 만든 잡지의 표지

출처: https://www.cosmopolitan.com

1981년 매킨토시 개발 프로젝트를 주도하던 스티브 잡스는 이 프로젝트 이름을 '매킨토시'에서 '자전거'로 바꾸자고 고집을 부린다.[4] 프로젝트 구성원들은 잡스의 갑작스러운 변경 통보에 동의하지 않는다. 결국 컴퓨터도 우리가 익히 아는 '매킨토시' 브랜드로 출시된다. 잡스는 왜 느닷없이 '자전거'라는 이름을 붙이자고 했던 것일까? 자전거는 1980년 8월 13일 자 〈월스트리트 저널〉에 실린 애플 컴퓨터의 광고에도 나온다. '애플이 개인용 컴퓨터를 발명했을 때 새로운 유형의 자전거가 탄생한 것이다'라고….

4 https://www.folklore.org/StoryView.py?story=Bicycle.txt

1995년의 인터뷰에서 잡스는 자전거에 얽힌 이야기를 풀어 나간다. 잡스가 어릴 때 한 잡지에서 읽은 기사에 다음과 같은 내용이 실린다.

"곰, 침팬지, 너구리, 새, 물고기, 인간이 각각 1km 이동하는 데 필요한 소비 열량을 비교한 결과, 콘도르(새)의 효율이 가장 뛰어난 것으로 나타났다. 그러나 콘도르조차 자전거를 탄 인간의 이동 효율에는 미치지 못했다."

이 기사를 읽은 잡스는 인간이 도구(기술)를 손에 넣으면 타고난 능력을 극적으로 향상시킬 수 있다는 영감을 얻게 된다.

잡스는 컴퓨터를 가리켜 'Bicycle for the Mind'라고 표현한다. '지성의 자전거' 또는 '지적 자전거' 등으로 번역될 수 있지만 설명이 없으면 이해하기 어려울 수 있다. 잡스가 'Bicycle for the Mind'를 통해 전하고 싶었던 메시지는 대략 다음과 같다.

"인간은 생명체 중 이동성이 뛰어난 축에는 들지 않는다. 그러나 자전거를 사용하면 자신의 에너지만으로 가장 효율적으로 이동할 수 있다. 즉, 자전거는 인간의 능력을 확장하는 도구이다. 그리고 컴퓨터는 바로 지성을 위한 자전거이자 지성을 확장하는 도구이다."

자전거는 사람이 페달을 밟아 인간의 능력을 증폭시키고 목적지에 빠르고 편안하게 도착할 수 있도록 해 준다. 잡스에게 기술은 바로 자전거와 같았다.

AI도 인간의 창조성과 능력을 끌어 내어 증폭시키며 만들고자 하는 것, 이루고자 하는 것을 더 빠르고 편안하게 실현하기 위한 도구이다. 인간이 지식의 확장을 멈추는 순간, 인간으로서의 가치를 잃게 된다. 기술의 진화로 사회 자체가 업데이트되고 있다. 이러한 흐름은 바꿀 수 없다. 그러므로 우리도 '지성의 확장=자전거'의 정신을 계승해 능력의 연장선에서 AI를 바라보고 비즈니스 결과로 이어질 수 있는 관점에서 접근해야 한다. 균일적이고 완벽하며 기계적인 AI는 어딘가 재미가 없다. 이 세상이 흥미로운 이유는 인간이 비논리적으로, 감정적으로, 감각적으로 사물을 인식할 수 있기 때문이다.

〈월스트리트저널〉 지의 광고(1980년 8월 13일) Bicycle for the Mind: "PC를 발명했을 때 새로운 자전거를 창조해낸 것입니다."

출처: https://medium.learningbyshipping.combicycle-121262546097

인공지능 '제4차 붐'의 태동

심층학습의 등장부터 생성형 AI까지

1956년 '인공지능'이라는 단어가 처음 등장한 지 60년 이상이 흘렀다. 이 기간 동안 인공지능은 '붐(호황)'과 '겨울의 시대'를 되풀이했다. 지금까지 세 차례의 붐이 있었지만 중간에 단절이 일어났던 것은 아니다. 과거에 연구 및 개발된 기술과 개념이 계승됐으며 이를 기반으로 또다시 붐이 일어난다. 2012년 무렵부터 시작된 제3차 인공지능 붐에서는 막대한 양의 데이터에서 패턴을 찾아 학습하는 '심층학습(딥러닝, Deep Learning)'이 실용화 수준에 이르렀다. 이미지 인식의 제조 및 방범 현장, 음성 인식 기능은 콜센터에서 사용됐으며 기계 번역의 정확도도 크게 향상됐다.

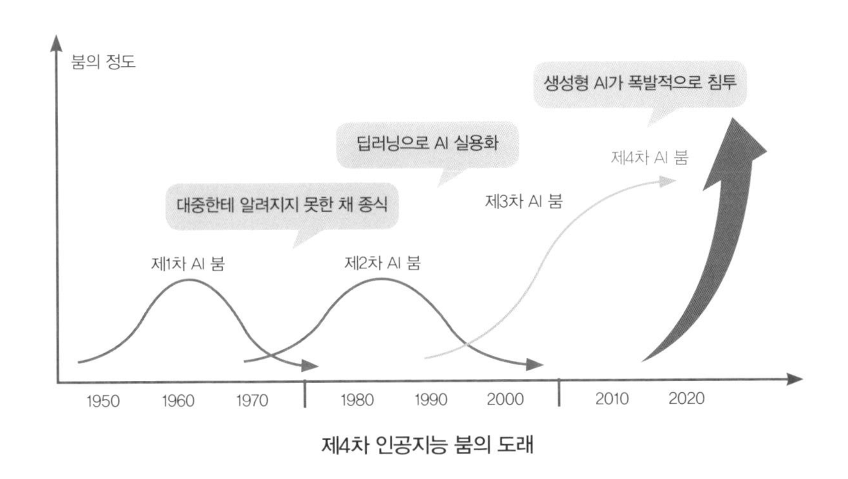

제4차 인공지능 붐의 도래

2022년 여름 드디어 제4차 인공지능의 붐이 도래했다. 2022년은 생성형 AI(Generative AI)가 기폭제로 작용해 인공지능의 역사에서 큰 전환점이 된 해이기도 하다. 생성형 AI는 AI가 스스로 답을 찾고 학습하는 심층학습을 활용해 구축한 기계학습 모델로, AI에서는 비교적 새로운 모델이다. AI가 인간처럼 창의적인 결과물을 만들어 낼 수 있다는 점에서 기존 AI와 다르며 이미지 생성, 비디오 생성, 텍스트 생성, 오디오 생성 등 여러 가지 유형이 있다. 최근 몇 년 동안 이미지 생성이나 비디오 생성 분야가 주목을 받아왔지만 텍스트 생성이나 오디오 생성에서도 기술이 발전하고 있다.

IT 분야의 리서치 기업인 가트너에서는 생성형 AI를 '콘텐츠와 사물에 관해 데이터로 학습한 후 그것을 이용해 창의적이고 현실적이며 완전히 새로운 결과물을 만들어 내는 기계학습 방식'으로 정의한다. 생성할 수 있는 콘텐츠의 종류에는 이미지, 텍스트, 음악, 도면, 프로그래밍 코드 등 모든 유형이 포함된다. 각각 성질에 맞는 활용 방식을 선택해 지금까지 인간이 수작업으로 일일이 처리하던 업무를 대폭으로 효율화하거나 생각지도 못했던 아이디어를 구현할 수 있게 됐다. 이 중에서 2022년에는 이미지 생성과 텍스트 생성에 관련된 AI가 전 세계를 뜨겁게 달궜다.

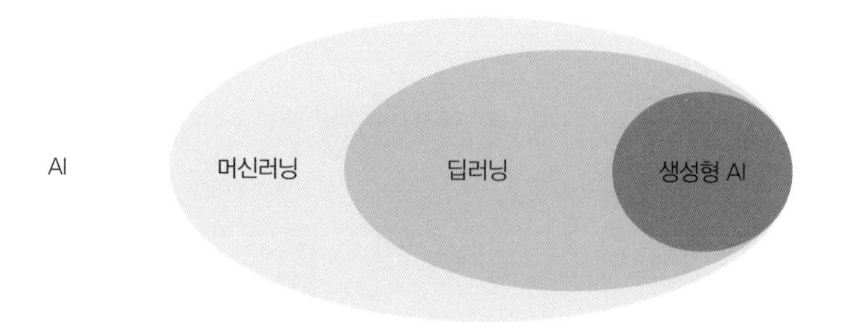

AI ⊃ 머신러닝 ⊃ 딥러닝 ⊃ 생성형 AI

제4차 AI 붐의 추동 원인

생성형 AI가 기폭제가 된 제4차 AI 붐은 크게 2가지 요인으로 일어난다.

첫째, 생성 기술이 발전해 실용화 수준에 도달했다.

제3차 AI 붐에서는 데이터의 예측과 분류 등이 중심이었다. 이미지 생성이나 텍스트 생성의 경우 'AI가 생성한 ○○' 사례는 많았지만 모두 단발성 기삿거리에 불과해 실용 수준에 도달했다고 말하기 어려운 상황이 계속되고 있었다. 엄밀히 말하면 일부 기업이나 연구 기관 등이 고정밀도의 생성 기술 자체를 개발하기는 했지만 사회에 미치는 파장이 커서 공개하지 않았을 것으로 추정한다. 그런데 2022년부터 이러한 기술이 단번에 대중에게 공개되고 실용화 수준의 정확도를 갖춘 생성 기술을 경험할 수 있게 되면서 그 활용이 급속히 확대됐다.

둘째, AI에 수반되는 진입 장벽이 크게 낮아졌다.

지금까지는 예측과 분류에 사용하는 AI에 학습시킬 데이터를 준비하는 과정 자체가 중요한 문제였다. 당초 데이터를 갖고 있지 않은 기업이나 개인이 시도할 방법이 없었으며 데이터를 준비하고 '어노테이션(Annotation)'하는 작업에 막대한 비용이 든다는 문제가 있었다.

그러나 최근의 생성형 AI는 사전학습 모델로, 기존의 인공지능처럼 수작업으로 레이블을 붙여 대량의 데이터로 학습하는 방식이 아니다. 위키피디아나 온라인 뉴스 등 인간이 일상에서 사용하는 언어(자연 언어)로 구성된 엄청난 양의 데이터 세트를 학습해 언어의 통계적 패턴과 맥락을 파악한다. 이렇게 하면 문장 속에서 다음 단어를 예측하는 언어 모델이 구축돼 문장을 읽고 그 문맥에 따라 문장과 답변을 생성할 수 있는 능력이 갖춰진다. 따라서 기계학습에 이용하는 수백만 개의 교사 데이터(Teaching Data)가 없더라도 원하는 이미지나 문장을 생성할 수 있게 됐다.

또한 이러한 기술이 API(Application Programming Interface)로 공개되거나 오픈소스로 배포돼 전문 AI 엔지니어나 데이터 사이언티스트가 아니더라도 다룰 수 있게 됐다. 데이터가 없는 기업이나 개인도 이제 생성형 AI를 활용하거나 자체적인 서비스에 통합할 수 있는 환경이 갖춰졌다.

생성 기술의 실용화와 낮춰진 진입 장벽이라는 2가지 요인이 결합하면서 지금 일어나고 있는 현상은 트렌드를 선도하는 주체가 엔지니어나 연구자에서 창작자로 바뀌고 있다는 점이다. 사용자 기반이 넓어지고 활용과 표현의 범위가 한꺼번에 열리면서 하나의 붐이 형성됐다.

그렇다고 제3차 AI 붐의 중심을 이뤘던 예측, 분류 등의 AI 기술이 시대에 뒤처져 쓸모없게 된 것은 아니다. 그 기술들도 산업계와 비즈니스 현장에서 끊임없이 활용 방안을 모색해야 한다. 지금 유행하는 생성형 AI와는 별개로 고민하는 일이 중요하다.

AI를 효율적으로 부려먹는 데 필요한 '프롬프트'

국내에 로봇청소기가 처음 도입된 시기가 2003년이므로 벌써 20년 전의 일이다. 자동으로 집을 청소하기 때문에 매우 편리하다는 것은 의심의 여지가 없다. 그러나 '여기저기 처박아대는 꼴을 보면 차라리 내가 하고 말지….' 하는 생각이 들곤 한다. 일본 파나소닉의 2020년 조사 결과에 따르면, "로봇청소기를 사용할 때 바닥 청소를 미리 해 놓는 것에 대해 스트레스를 느끼는가?"라는 질문에 71%가 "그렇다"라고 대답했다. "구체적으로 어느 정도 스트레스를 느끼는가?"라는 질문에는 "만원 지하철로 출퇴근하는 정도"(41세 남성), "식당에서 줄 서 있는 것"(28세 여성), "긴 술자리"(32세 남성), "날씨가 나쁠 때의 느낌"(43세 여성) 등으로 응답했다. 일 시키는 것이 얼마나 힘든 일인지 느껴진다.

식당에 가면 어떤 메뉴를 고를 것인지 잠시 망설이게 된다. 그럴 때 직원이나 주인에게 "여기 뭐가 맛있어요?"라고 물어본다. "다 맛있어요" 또는 "다 괜찮아요"라는 하나마나 한 대답도 있지만 그래도 가장 내세울 만한 대표 메뉴로 폭을 좁혀 주곤 한다. "여기 뭐가 맛있어요?"는 명령어는 아니지만 상대방의 답변을 유도 또는 재촉하는 메시지이다.

AI에 내가 원하는 작업을 명령하는 문장을 '프롬프트(Prompt)'라고 한다. 프롬프트는 '떠올리게 하는 단어'를 의미하는데, 원래 무대에서 배우가 대사를 잊어버렸을 때 무대 뒤쪽에서 대사가 생각나도록 외치는 짧은 단어를 말한다. 주로 현대에서는 컴퓨터에 커맨드(Command, 명령어)를 입력할 때 입력을 나타내는 기호, 예를 들어 '〉', '%', '#' 등을 가리킨다.

그리고 어느덧 프롬프트는 판타지 세계의 모험에서는 빠질 수 없는 마법의 '주문'처럼 그 사용법을 놓고 전 세계에서 각축을 벌이고 있다. 프롬프트를 탐색하려는 노력과 함께 어떠한 체계로 AI가 문장을 인식하고 어떤 단어가 생성 이미지에 어떤 영향을 미치는지를 탐구하는 '프롬프트 엔지니어링(Prompt Engineering)'이라고 부르는 새로운 업무 분야도 확산되고 있다.

생성형 AI가 일으키는 디지털 산업혁명

핵심은 '기반 모델'과 '오픈화'

AI가 미치는 영향력은 단순히 이미지나 텍스트를 쉽게 생성해 주는 차원에 그치지 않는다. 앞으로 일어날 변화의 주축을 담당하는 것은 AI가 '기반 모델'이라는 점 그리고 '오픈화'라는 점이다.

우선 기반 모델(Foundation Model)은 '대량의 데이터를 학습해 특정한 용도가 아니라 다양한 업무에 대응할 수 있는 범용성 높은 AI'를 의미한다. 기존 대다수의 AI는 특정한 목적에 맞게 데이터를 학습하고 출력하는 형태였다. 예를 들어 영어와 한국어를 쌍으로 학습시키면 기계 번역이 가능하다. 그러나 최근에는 많은 양의 텍스트 데이터를 학습시켜 퀴즈부터 번역, 프로그래밍에 이르기까지 텍스트와 관련된 모든 것을 처리할 수 있는 다재다능한 모델이 늘어나고 있다.

또한 최근에는 텍스트 데이터뿐 아니라 대량의 이미지나 음성 등도 학습해 데이터 형식에 구애되지 않고 작업을 수행할 수 있게 됐다. 이미지 생성형 AI는 바로 이 기반 모델의 기능 중 하나이다.

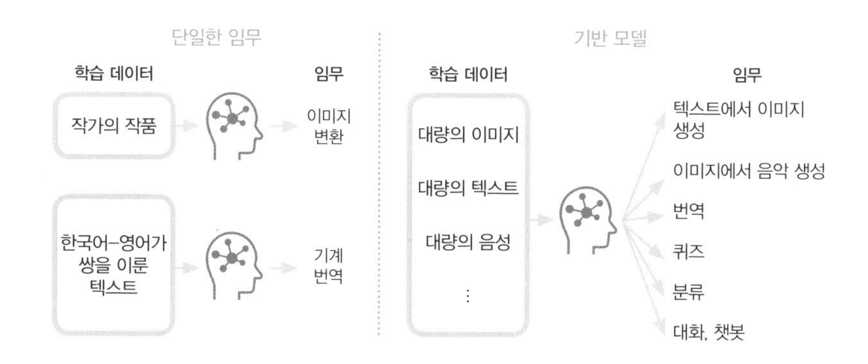

기존의 AI는 단일한 업무에 최적화, 최근의 AI는 다재다능한 기반 모델

또 다른 하나는 '개방화의 물결'이다. 기반 모델에 관한 연구는 몇 년 전부터 진행됐지만 획기적이었던 점은 무료 또는 저렴한 사용료로 대중화가 이뤄지고 학습 데이터도 공개됐다는 점이다. 기반 모델을 구축하려면 수십 억 또는 수백 억에 이르는 대량 데이터와 연산 리소스(자원)가 필요하다. 지금까지는 오픈 AI나 구글 리서치를 비롯한 주요 연구 기관에서 거의 독점적으로 개발을 수행했으며 상업적인 사용은 제한됐다. 그러나 2022년 여름 이러한 서비스가 공개되면서 지금까지 전례 없는 서비스가 속속 출현해 왔다. 그리고 기반 모델의 기능은 이미지 생성에 국한하지 않는다. 앞으로는 누구나 다양한 기능을 사용할 수 있게 될 것이다. 다종다양한 AI가 동시다발적으로, 폭발적으로 출현하는 '캄브리아기 대폭발'[5] 시기에 돌입했다.

식별하는 AI, 생성하는 AI

AI가 하는 작업에는 '식별'과 '생성'이 있다. 심층학습 등의 기계학습을 현실 문제에 적용할 경우, 공장에서 외관을 검사하는 AI, 암의 영상 이미지를 진단하는 AI 등 뭔가를 식별하는 영역일 경우가 많다. 사자와 호랑이로 구성된 이미지 데이터 세트가 있다고 가정해 보자. 사자와 호랑이 각각의 이미지에 레이블을 붙인 후 이미지와 레이블을 한 쌍으로 구성해 훈련 데이터를 만든다. 그런 다음 그 데이터를 입력해 신경망 등의 모델을 학습시킨다. 학습이 제대로 이뤄졌을 경우, 이 모델에 호랑이나 사자 이미지 데이터를 입력하면 각 동물의 얼굴 특징을 단서로 포착해 사자와 호랑이 양쪽 중에서 어느 과에 속하는지 판별할 수 있다. 이처럼 입력 데이터를 줬을 때 그것을 카테고리로 분류하거나 어떤 카테고리로 분류할 것인지 확률을 추정하는 모델을 '식별 모델(Discriminative Model)'이라고 한다.

5 캄브리아기(약 5억 4,100만 년 전부터 4억 8,500만 년 전까지)에 다양한 종류의 동물 화석이 갑작스럽게 출현한 지질학적 사건(출처: 네이버 지식백과)

한편 식별 모델과 달리, 훈련 데이터와 비슷한 새로운 데이터를 생성하는 것이 '생성 모델(Generative Model)'이다. 즉, 훈련 데이터의 특징을 포착해 진짜와 같은 가짜 데이터를 만들어 내는 모델이다.

사자 이미지를 예로 들어 보자. 생성 모델에서는 '어떤 확률 분포에서 생성된 사자의 입력 이미지에 대해 그것이 어느 정도의 확률로 사자 카테고리로 분류될 것인지'를 생각한다. 이때 사자의 입력 이미지가 따르는 확률 분포를 제대로 모델화할 수 있다면 그것을 바탕으로 비슷한 사자 이미지를 생성할 수 있다. 지금까지 기계학습을 발전시킨 추진력의 바탕은 식별 모델이었지만 최근에는 이미지, 음성, 영상, 문장 등의 콘텐츠 생성에 생성형 AI를 응용하는 생성 모델 연구가 한창이다.

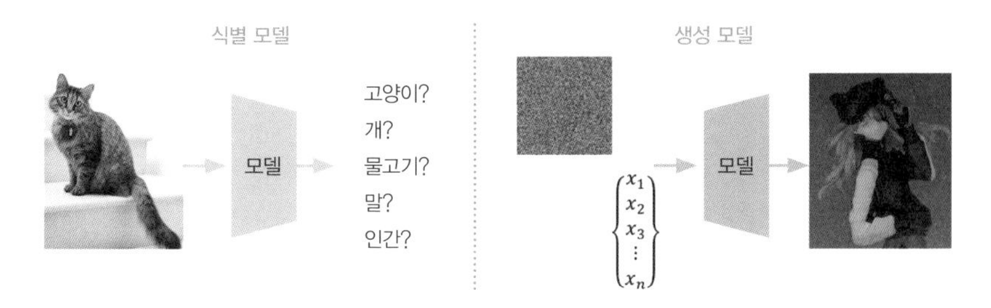

식별 모델과 생성 모델의 차이

생성형 AI 모델의 종류

2022년 7월 달리(DALL · E)의 베타판 공개를 시작으로 8월에는 미드저니(Midjourney), 스테이블 디퓨전(Stable Diffusion) 등 이미지 생성형 AI 서비스가 연달아 출시됐으며 11월에는 텍스트 생성형 AI 서비스인 챗GPT가 출시되면서 전 세계적으로 생성형 AI의 엄청난 붐이 일어났다. 대부분은 무료이거나 누구나 소액의 이용료로 이용할 수 있어 대중성을 단번에 확보했다.

2022년 출시된 4개의 생성형 AI 서비스

AI 서비스 이름	출시	종류	요금	내용
챗GPT(Chat GPT)	2022년 11월	텍스트 생성형 AI	무료 및 유료	미국 오픈 AI에서 개발한 대규모 언어 처리(Large Language Model) AI
스테이블 디퓨전 (Stable Diffusion)	2022년 8월	이미지 생성형 AI	무료	영국 스테빌리티 AI(Stability AI) 사가 개발한 텍스트에서 이미지를 생성하는 AI 모델. 오픈소스화돼 있다.
미드저니 (Midjourney)	2022년 7월	이미지 생성형 AI	무료 및 유료	미국 미드저니 사가 개발한 텍스트에서 이미지를 생성하는 AI 모델(Text-to-Image). 디스코드(Discord)상에서 구동
달리(DALL · E)	2022년 4월	이미지 생성형 AI	신용카드 구매(무료는 횟수 제한 있음)	미국 오픈 AI가 개발한 텍스트에서 이미지를 생성하는 AI 모델(Text-to-Image)

생성형 AI 분야를 이해하기 쉽도록 세분화하면 이미지, 언어, 음성 등을 취급하는 데이터의 유형별로 정리할 수 있다. 이미지 생성 모델은 스테이블 디퓨전, 달리 등 생성하고자 싶은 이미지의 특성을 언어(자연어)로 입력하면 입력에 맞는 이미지를 생성해 준다. 언어 모델의 대표적인 예로는 오픈 AI의 챗GPT나 구글의 팜(PaLM)을 들 수 있고 이 언어 모델들은 문장 요약, 번역 등 원하는 작업에 따라 자연어를 입력하면 요약이나 번역 결과를 생성한다. 음성 모델은 음성 데이터를 모델에 입력하면 텍스트 등을 생성한다.

다음 그림은 이미지, 언어, 음성 그리고 그것들을 조합해 멀티모달(Multimodal)로서 정리한 생성형 AI 모델을 보여 준다. 멀티모달은 이미지, 오디오, 비디오 등 다양한 형태의 콘텐츠를 AI가 이해할 수 있는 기능이다. GPT-3은 텍스트 데이터만 학습해 문자로 물어보면 문자로 답을 얻을 수 있었다. 반면, GPT-4는 이미지를 함께 학습했다. 오픈 AI는 가까운 장래에 GPT-4가 멀티모달에 대응할 수 있게 될 것이라고 발표했다. 예를 들어 이미지 지원을 통해 사진의 내용을 설명하는 문장을 생성하거나 그래프를 통해 도출할 수 있는 내용을 요약하는 텍스트를 생성할 수 있다. GPT-4에 달걀, 밀가루, 우유 등이 있는 사진과 함께 '이 재료들로 무엇을 만들 수 있을까?'라고 질문하면 계란빵, 와플, 프렌치토스트 등을 제시한다.

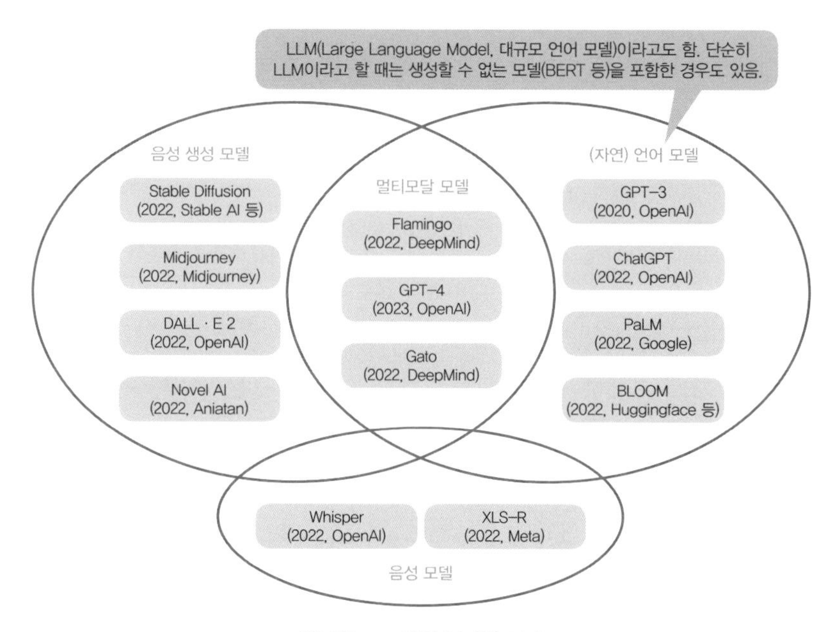

생성형 AI 모델의 분야별 정리

4가지 유형의 이미지 생성 모델

일반적으로 심층학습을 이용해 자동으로 이미지를 생성하는 이미지 생성 모델에는 크게 4가지 유형이 있다.

변이형 오토인코더

변이형 오토인코더(VAE, Variational Auto-Encoder)는 정보를 압축하고 압축한 정보에서 원래의 정보로 되돌리는 구조를 갖는 오토인코더(Auto Encoder)의 일종이다. 오토인코더는 단순히 데이터의 압축과 재구축만 하지만 VAE는 확률 모델의 이론을 도입해 미지의 데이터를 확률적으로 작성할 수 있다.

예를 들어 어떤 일러스트레이터의 작품을 대량으로 학습시키면 VAE는 일러스트레이터 작품의 화풍을 가진 새로운 일러스트레이터를 생성할 수 있게 된다. 저작권 침해 우려 문제는 있지만 편의성이 높은 모델이다.

적대적 생성 신경망

적대적 생성 신경망(GAN, Generative Adversarial Network)은 생성기(Generator)와 판별기(Discriminator)의 네트워크로 구성된다. 이미지를 생성할 경우에는 생성기가 훈련 데이터를 바탕으로 진짜와 똑같은 이미지를 출력하고 식별기는 그 이미지가 진짜인지 가짜인지를 판정한다. 생성기는 식별기를 속이는 법을 배우고 판별기는 더 정확하게 판단하는 법을 배운다. GAN은 생성기와 판별기의 네트워크가 상반된 목적을 위해 경합해 생성 이미지의 정밀도를 높여 나가는 모델이다.

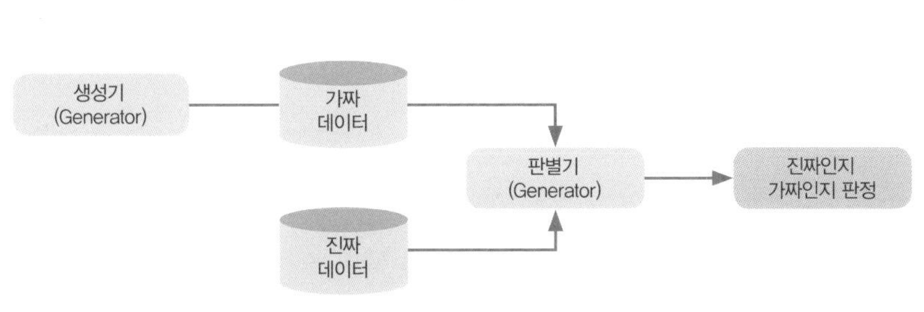

GAN의 생성기와 판별기의 구조

흐름 기반 생성 모델

흐름 기반 생성 모델(Flow-based Generative Model)은 정규화된 흐름(Normalizing Flow)이라는 방식을 활용해 확률 분포를 명시적으로 모델링함으로써 복잡한 분포를 기반으로 한 새로운 표본을 생성할 수 있다.

확산 모델

확산 모델(Diffusion Model)은 원본 데이터에 노이즈를 서서히 추가해 완전히 노이즈될 때까지 프로세스를 역전시킨다. 그런 다음 노이즈를 서서히 제거해 데이터를 복원하는 프로세스를 모델화해서 새로운 데이터를 생성하는 데 이용하는 모델이다. 확산 모델은 훈련의 안정성과 생성 이미지의 고품질로 최근 주목을 받고 있다. 달리 2 등과 같은 최신 이미지 생성 모델에 사용한다.

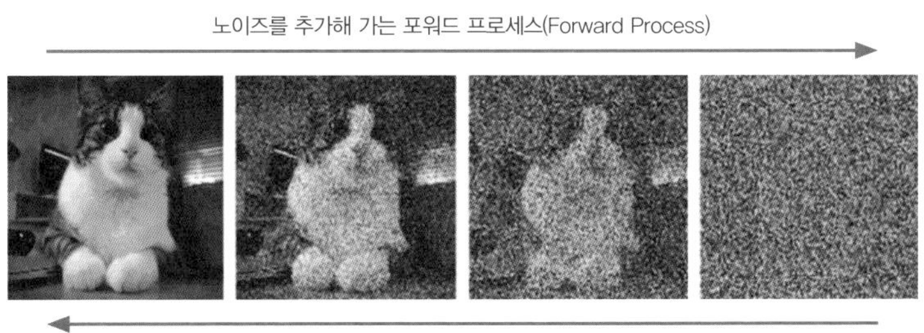

확산 모델의 포워드 프로세스와 리버스 프로세스

출처: https://note.comit_navi/n/n54d94b1f77d1

생성형 AI를 지탱하는 GAN

최근 AI의 혁신은 이미지 인식 AI의 등장과 함께 시작됐다. 이것이 기계학습과 심층학습이 관심을 끄는 큰 계기가 됐다. 이 시점에서 AI의 콘텐츠 생성 능력은 그다지 대단한 것이 없었다. 기껏해야 형태를 분간하기 어려운 추상적인 물체를 만들어 내는 데 그쳤다. 그러한 인식 AI의 성능을 향상하는 과정에서 탄생한 것이 '적대적 생성 신경망(Generative Adversarial Network, 이하 GAN)'이라는 학습 방법이다.

달리를 도입하기 전에 텍스트에서 이미지를 생성하는 데 가장 일반적으로 사용하는 이미지 생성 모델이 GAN 기반 모델이었다. 2014년 몬트리올 대학에서 당시 박사 과정생이었던 이언 굿펠로(Ian Goodfellow)가 발표한 모델로, 이미지 생성 분야에서 많은 발전을 거듭해 왔으며 실제 사진과 구별할 수 없는, 존재하지 않는 사람의 얼굴을 자동으로 생성해 세상을 놀라게 했다.

GAN은 생성기와 판별기 유형의 신경망을 경쟁시켜 보다 고도의 이미지를 생성하는 메커니즘이다. GAN의 특징은 인간이 작성하고 수집한 '진짜 데이터'와 생성형 AI가 생성한 '가짜 데이터'를 판별 AI에게 판별시킴으로써 판별 AI의 판단 정확도를 높이면서 생성형 AI의 가짜 데이터를 점차 현실에 가깝게 만들 수 있다는 점이다. 생성기와 판별기의 관계는 위조지폐에 비유되곤 한다. 위조자(생성기)는 진짜에 가까운 위조지폐를 만들려고 하고 경찰(판별기)은 그것이 위조지폐라는 것을 금방 알아차린다. 그러면 생성기는 더 정교하고 치밀한 위조지폐를 만들도록 기술을 발전시킨다. 생성기와 판별기를 몇 번이고 반복적으로 비교하면 고해상도 이미지가 생성된다.

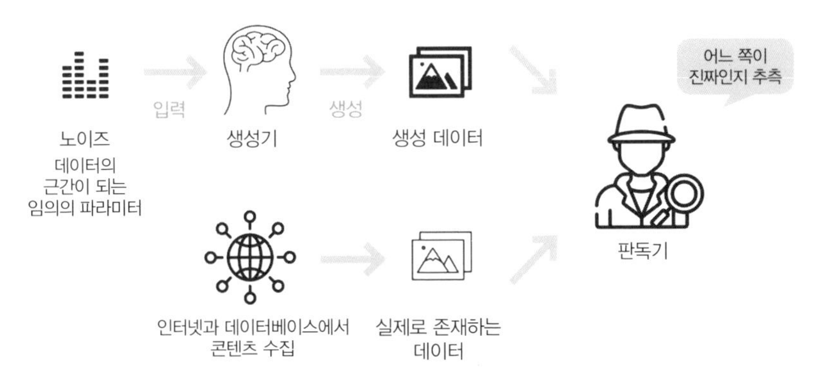

GAN(적대적 생성 네트워크)의 프로세스

데이터의 근간이 되는 노이즈 데이터(시드 값)는 랜덤한 수치로 주어지기 때문에 만들고 싶은 얼굴이 같아도 만드는 방법은 매번 조금씩 바뀐다. 이렇게 하면 동일한 학습 모델을 사용해도 매번 다른 데이터가 생성된다. 점토로 얼굴을 빚을 때 점토의 질에 따라 얼굴이 미묘하게 달라지는 상황과 비슷하다.

GAN은 원래 개인정보 보호의 관점에서 데이터를 수집하기 어려웠던 얼굴이나 진단 이미지 등의 학습에 사용했다. 그러나 학습 시스템이 고도로 발달하면서 그림이나 일러스트의 생성에 널리 사용하게 됐다. 이 학습 방법으로 생성형 AI의 학습 능력이 획기적으로 향상되고 이미지 생성을 중심으로 다양한 생성형 AI가 만들어진다. AI · 기계학습의 1인자로, 당시 페이스북(현재 메타)의 AI 연구소 소장이었던 얀 르쿤(Yann LeCun)은 "GAN은 최근 10년간 기계학습 분야에서 가장 재미있는 아이디어"라고 평가했다.

2022년을 장식한 3개의 이미지 생성형 AI

오늘날 기계학습 접근 방식의 AI는 우리 주변에서 무관한 영역을 찾기 어려울 정도로 사회에 깊숙이 침투했다. 저명한 기계학습 연구자였던 페드로 도밍고스(Pedro Domingos)는 "데이터 수집에 있어 '승자독식'의 역학이 기계학습 알고리즘으로 강화된다"라고 지적한다. 2022년에 접어들어 미드저니나 스테이블 디퓨전 등의 이미지 생성형 AI가 차례차례 공개됐던 것은 기계학습 접근 방식의 AI가 다음 단계에 진입했다는 것을 확신시키기에 충분했다. 생성형 AI는 새로운 '붓'이자 '지성의 자전거'로, 누구나 비교적 저렴한 비용으로 고품질의 이미지, 음향, 동영상 등을 순식간에 생성할 수 있는 시대가 도래했다. 이는 AI가 사회에 미치는 영향이 자동화, 효율화, 고도의 분석 예측에 그치지 않고 창조의 영역에까지 미치게 됐다는 것을 의미한다.

달리 2

달리 2(DALL · E 2)는 오픈 AI에서 발표한 확산 모델을 사용한 이미지 생성형 AI이다. 화가 살바도르 달리(Salvador Dalí)와 픽사(Pixar)의 장편 애니메이션 영화 월이(WALL-E)의 캐릭터 이름을 붙였다. 오픈 AI는 2021년 1월 지금까지 존재한 이미지 생성형 AI보다 한차원 높은 고성능 달리를 발표하고 더 나아가 2022년 4월에 최신판 달리 2를 발표했다. 달리 2는 클립(CLIP)과 확산 모델을 사용한다. 클립은 텍스트에 대한 이미지의 유사도를 측정해 이미지 데이터를 분류하는 모델로 달리가 처음 나왔던 2021년에 발표했다. 달리 2의 특징은 이미지 생성형 AI 중에서도 창의적인 이미지를 출력할 수 있다는 점이다. 예를 들어 '우주에 있는 고양이와 우주에서 농구 경기를 하는 남국 리조트에 있는 말타기'처럼 얼토당토 않은 문장을 입력해도 '찰떡같이' 요소를 포착해서 이미지를 제대로 생성해 준다.

그러나 달리 2가 지명도 높은 오픈 AI에서 출시한 이미지 생성형 AI이다 보니 초상권, 저작권 문제 등에 신경을 쓴다. 연예인이나 저작권이 있는 이미지는 훈련 데이터에서 제외하다 보니 유명인이나 애니메이션, 영화, 전문가가 촬영한 풍경 사진 등의 이미지는 사용할 수 없다는 단점이 있다. 또한 인종이나 성별 등 정치적 올바름(Political Correctness)도 고려하고 두루두루 무리가 없는 선에서 레퍼런스 데이터를 참고해 이미지를 생성하는 경우가 있어 이미지 품질이 저하되는 요인이 되기도 한다.

사용자 계정에 매달 무료로 15개의 크레딧이 주어지고 크레딧을 모두 소진하면 유료로 구매할 수 있다. 크레딧은 115 크레딧(15달러) 단위로 구매한다.

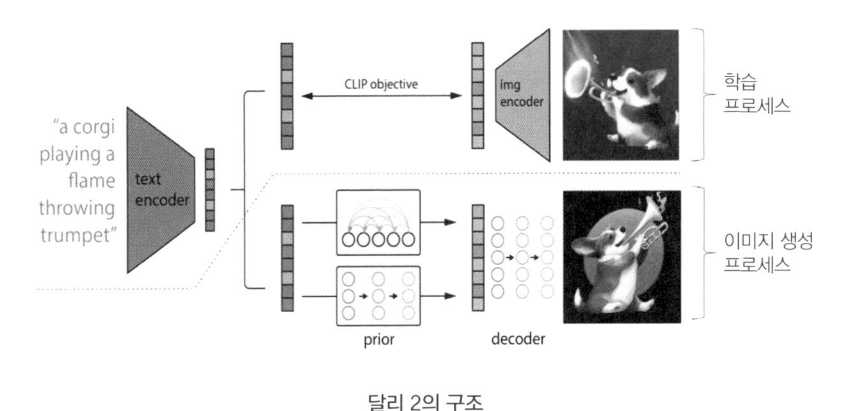

달리 2의 구조

출처: https://toukei-lab.comdalle

미드저니

미드저니(Midjourney)는 2022년 7월 12일 오픈베타 버전으로 출시된 이미지 생성형 AI이다. 2022년 11월 버전 4(V4)가 등장하면서 생성 이미지의 품질이 비약적으로 향상됐다. 13세 이상이면 누구나 사용할 수 있으며 이미지를 생성하는 데 10분도 채 걸리지 않는다. 미드저니가 달리 2나 스테이블 디퓨전 등에 비해 인기가 높은 이유는 역동적이고 웬지 멋져 보이며 현대인의 취향에 맞는 이미지를 생성해 주기 때문이다. 사이버펑크나 리얼 판타지 계열의 그림에 특화돼 있으며 우수에 찬 신비감이 느껴지는 풍경 묘사가 현대인의 마음을 끈다. 미드저니는 유명 애니메이션, 영화, 만화가 등의 이름으로 그림 스타일을 지정할 수 있으며 어딘가에서 본 적이 있는 듯한 익숙한 이미지인 경우도 많아 높은 평가를 받고 있다.

미드저니의 CEO인 데이비드 홀츠(David Holz)는 인터뷰에서 "보다 아름다운 이미지를 생성하기 위해 사용자의 지시를 그대로 따르기보다는 약간의 편견을 감수하더라도 어느 정도는 회사가 의도하는 대로 최종 결과를 유도한다"라고 말한다. 이것이 아름답고 호감이 가는 이미지를 만드는 비결일 수도 있다. 미드저니에서 아름다운 이미지를 생성하기 위한 팁을 준다면 이미지 내용을 자세히 설명하기보다는 어느 정도 대략적인 내용을 지시하고 나머지는 AI에 맡기는 편이 나을 수 있다.

미드저니는 채팅 서비스 디스코드를 통해 사용한다. 무료로 약 25회 사용할 수 있으며 그 이상 사용하려면 월 10달러 또는 30달러 유료 요금제에 가입해야 한다. 미드저니의 서비스 약관에 따르면, 성인용 콘텐츠나 그로테스크(괴상망측)한 이미지는 금지하며 일부 텍스트는 입력이 자동으로 차단된다.

스테이블 디퓨전

스테이블 디퓨전(Stable Diffusion)은 런던과 캘리포니아를 거점으로 삼는 AI 스타트업인 스테빌리티 AI(Stability AI)와 독일의 루트비히 막시밀리안(Ludwig Maximilian) 대학 연구팀 등이 협력해 개발했다. '아름다움'을 강조하는 데이터 세트인 레이온 에스테틱스(LAION Aesthetics)로 훈련했다.

스테이블 디퓨전도 달리 2와 마찬가지로 확산 모델 기반의 이미지 생성형 AI이다. 확산 모델의 단점은 노이즈 제거 과정을 반복하다 보니 계산량이 늘어나고 많은 메모리를 소비한다. 그러나 스테이블 디퓨전은 잠재 확산(Latent Diffusion)이라는 기술을 도입해 이미지 특징량의 차원을 줄이고 정보의 양을 압축해 계산량과 메모리를 줄인다. 그 결과 적은 메모리로 동작하고 고속 처리가 가능하다.

스테이블 디퓨전은 사용자가 생성 이미지에 대한 사용 권한을 갖는다. 위법적인 이미지나 사람에게 위해를 가하는 이미지, 잘못된 정보를 전파하는 이미지 등은 사용 금지되며 부적절한 이미지의 유통을 막기 위해 필터 기능도 구현한다. 스테이블 디퓨전은 마치 인간 아티스트가 그린 듯한 고화질 이미지를 생성할 수 있어 화제를 불러 모았지만 '예술가의 권리를 침해한다', '포르노 및 정치와 관련된 가짜 이미지를 생성한다' 등의 문제로 SNS와 온라인 게시판에서 논란을 불러일으켰다.

크리에이티브 AI와 과제

광고, 제품 디자인에 활용되는 생성형 AI

하인즈: AI조차도 케첩하면 '하인즈'를 떠올린다!

세계 3대 광고상 중 하나인 CLIO 어워드(CLIO Awards)에서 생성형 AI 기술을 활용한 하인즈의 광고 캠페인이 브랜드 엔터테인먼트 및 콘텐츠 부문에서 금상을 수상했다.

광고 캠페인의 이름은 'A. I. 케첩(A. I. Ketchup)'이고 광고 회사는 캐나다에 본사를 둔 '리씽크(Rethink)'이다. 2021년 하인즈는 '하인즈'라는 이름을 언급하지 않고 케첩 그림을 그리도록 하는 캠페인을 전 세계에서 진행했다. 그 결과, 거의 모든 사람이 병에 '하인즈'라고 그려 넣었기 때문에 '역시 케첩은 하인즈'라는 인상이 각인돼 있다는 것을 확인했다.

하인즈, 첨단 AI를 활용한 차세대 광고 캠페인 디자인

출처: https://campaignsoftheworld.comdigital/heinz-a-i-ketchup

그리고 2022년 여름 속편을 기획해 달리 2에 동일한 임무를 부여했다. '케첩 병', '토마토케첩', '케첩 스트리트 아트' 등의 텍스트를 무작위로 입력하자 AI가 그린 그림은 인간과 마찬가지로 모두 '하인즈'였다. 여기에서 '인공지능조차도 케첩이라는 단어를 하인즈로 인식한다(Even Artificial Intelligence knows 'Ketchup' looks like Heinz)'라는 카피에 착안해 AI가 그린 그림을 북미 전역의 옥외와 매체에 게재하는 'A. I. 케첩 캠페인'을 개최했다. 케첩과 관련된 어떤 단어를 AI에 입력해도 모두 하인즈 병이 나온다는 흥미로운 결과를 그대로 활용했다. 그리고 소비자에게도 AI로 케첩 이미지를 생성해 투고하라고 SNS 등에서 홍보했다. 2022년 말부터 이미지 생성형 AI의 포문이 일반인에게도 열렸기 때문에 사실상 특별한 디자인 기술이 필요한 것도 아니었다. 따라서 종전의 사용자 참여형 이벤트와 비교해도 장벽은 한층 낮아진 셈이었다. 예술, 라이프스타일, IT 등과 관련된 일반 잡지부터 여러 잡지에 게재됐으며 인터넷에서 노출(임프레션) 횟수는 11억 5,000만 회나 됐다.

투고 이미지는 옥외 광고(정류장 및 외벽)나 제품 포장에도 사용됐다. 하인즈의 기본 SNS 마케팅과 비교할 때 참여율은 38% 증가하는 성공을 거뒀다.

하인즈 A. I. 케첩 캠페인 옥외 광고

출처: https://marketingmagazine.com.my/rethink-ketchup-ai

AI조차도 '케첩=하인즈'로 인식한다는 내용을 광고 캠페인에 활용

출처: https://brandingforum.org/featured/heinz-asked-ai-to-draw-ketchup

코카콜라: AI 생성 툴을 활용한 디자인 콘테스트

코카콜라는 '크리에이트 리얼 매직(Create Real Magic)'이라는 소비자 참여 예술 프로젝트를 개최했다. 소비자가 코카콜라 제품의 광고 아카이브를 소재로 달리 2와 GPT-4를 조합해 새로운 크리에이티브를 만드는 콘테스트이다. 참가자는 과거 광고에 사용됐던 콜라의 로고 병, 마스코트 등 모든 이미지에 접근할 수 있다. 이미지 생성형 AI에 등장하는 작품은 그럴듯하게 보이는 가짜에 불과하지만 코카콜라는 과감하게 현존하는 제품 이미지를 넣어 이미지를 생성할 수 있도록 했다. 예를 들어 '콜라병을 들고 무중력 공간을 떠도는 22세기의 우주비행사'를 입력하면 AI가 충실하게 재현한다. 코카콜라 브랜드에 맞지 않는 괴상한 이미지가 만들어질 위험도 있었지만 코카콜라는 과감하게 도전장을 내밀었다. 종전에는 코카콜라의 제품 광고를 만들려면 어느 정도의 기술과 재능이 있어야 했다. 그러나 지금은 이미지 생성형 AI에 요청만 하면 누구나 일정 수준의 이미지를 만들 수 있다.

미국, 호주 등 일부 지역의 소비자를 대상으로 해당 웹사이트를 특별히 개설했으며 2023년 3월 21일에서 3월 31일까지만 공개됐다. 특별 웹사이트에 게재된 응모 작품은 향수를 불러일으키는 복고풍 스타일의 광고부터 미래 지향적인 디자인에 이르기까지 다양했다. 창작은 AI가 하지만 프롬프트에 지시하는 인간이 인적 요소를 불어넣어 따뜻한 감성이 전해지는 창작물이 완성된다. 우수 작품은 뉴욕 타임스 스퀘어와 런던 피커딜리 서커스에서 빌보드를 통해 소개됐다.

코카콜라 이미지에 창의성을 가미할 기회를 주는 '크리에이트 리얼 매직' 캠페인

출처: https://www.campaignasia.com

▌로베르타 디 까메리노: AI 디자이너 채용, 방대한 아카이브가 강점

1946년 설립한 이탈리아 브랜드 로베르타 디 까메리노(Roberta Di Camerino, 이하 로베르타)는 가방과 지갑으로 유명한 패션 브랜드이다. 이 브랜드의 특징은 색채의 마술사로 불리는 독창적인 컬러, 입체 프린트, 'R' 심볼의 버클 벨트를 강조한 디자인이다. 모나코 왕국의 공주였던 그레이스 켈리(Grace Kelly)가 '바곤기(Bagonghi)' 가방을 들게 되면서 글로벌 인지도를 얻게 됐다. 바곤기가 로베트라의 대표 아이템으로, 형태는 바꾸지 않으면서 매년 색상과 소재를 변형한 다양한 제품을 출시한다.

2023년 2월, 로베르타는 "디자인 생성형 AI를 활용한 AI 디자이너를 선임한다"라고 발표했다. 연구는 디지서치 앤 애드버타이징(DigiSearch and Advertising, 이하 디지서치)이 총괄한다. 디지서치는 2018년부터 동경대학 대학원 정보 이공학계 연구과의 아이자와 키요하루(相澤清晴) 교수 연구실과 디자인 생성계 AI의 공동 연구를 시작했다. 디지서치는 로베르타의 마스터 상표권을 보유한 미쓰비시상사(三菱商事)로부터 상표권을 획득했다. 디지서치가 창업자와 함께 디자인 생성을 주도하고 AI가 더욱 세부적인 디자인을 제안하는 사이클을 반복해서 상품 개발을 추진해 나간다. 디지서치는 지금까지도 로베르타 제품을 개발해 왔지만 AI 기반의 디자인이 실용화 수준에 이르렀기 때문에 브랜드 상표권을 매입해 AI 디자이너를 본격적으로 소개하게 됐다. 디지서치의 CEO인 구로코시 세이지(黒越誠治)는 "지금까지 디렉터로서 많은 디자이너와 접촉해 왔다. 그런데 2023년 2월 무렵부터 같은 비용이면 디자이너를 고용하느니 차라리 AI 디자이너가 낫다고 생각하게 됐다"라고 말한다.

디지서치가 AI를 사용해 디자인한 로베르타 디 카메리노의 '바곤기'
지금까지의 로베르타 디자인 아카이브를 학습시켜 생성한다.

출처: https://xtrend.nikkei.com

디지서치의 디자인 생성형 AI는 로베르타가 보유한 수많은 텍스타일 소재나 핸드백 등의 컬렉션을 학습해 1,000개 이상의 디자인을 생성한다. 예를 들어 로베르타에는 과거에 출시한 스카프 텍스타일이 많다. 그것을 학습시키고 적용해 '로베르타다움'을 유지하면서도 새로운 디자인의 바곤기가 대를 이어 탄생하게 된다.

디지서치에서는 직관적으로 튜닝(조정)할 수 있는 UI(사용자 인터페이스)를 로컬 서버에 구축해 모양, 색상, 디테일 등을 세부적으로 맞춤화할 수 있도록 했다. 이를 통해 디자인 이미지의 정확도가 크게 향상되고 인간이 손으로 디자인할 때보다 더욱 짧은 시간에 훨씬 많은 디자인을 만들 수 있다. 인간은 이렇게 만들어진 디자인 중에서 선택하고 AI에 변형 작업을 시키는 과정을 되풀이해서 실제 제품 디자인에 통합한다.

구로코시 세이지는 "디지서치는 2018년부터 이미지 생성 모델로 주목받고 있던 GAN을 응용한 '스타일간(StyleGan)'[6]을 이용하려고 했지만 전혀 쓸모가 없었다"라고 말한다. GAN은 생성자와 식별자가 서로 경쟁하며 정확도를 높여 나가지만 제품 디자인에 사용할 만한 수준은 아니었다.

그러다 전환점이 된 것은 2020년에 등장한 확산 모델이었다. 확산 모델에서는 원본 데이터에 다양한 수학적 노이즈를 적용해 이미지가 보이지 않도록 만든 후, 노이즈를 점차 제거해 원본 이미지를 유추해 되돌리는 학습 방법을 사용한다. 이에 따라 매우 자연스러운 생성 결과를 얻게 된다.

디지서치는 확산 모델 중 하나인 스테이블 디퓨전을 채용한다. 그 결과 품질이 크게 향상됐다. 또한 전문 지식 없이도 사용할 수 있도록 입력을 지원하는 고유 툴을 개발해 사내 크리에이터가 자유롭게 사용할 수 있도록 했다. 이번에 AI 디자이너를 선임한 것도 그러한 노력에 따른 성과 중 하나이다.

AI 디자이너를 사용할 때 중요한 것은 어떤 이미지를 기억시킬 것인지, 그것을 어떤 단어와 결부해 기억시킬 것인지 하는 점이다. 또한 디자인만으로는 실제 제품으로 완성할 수 있을지를 알 수 없으므로 실제로 제조에 관여하는 장인의 피드백도 학습시켜 제조가 가능한 디자인으로 만든다. 앞으로는 재료의 특성이나 장인마다 만드는 방식의 차이 등 이미지만으로는 이해할 수 없는 물리적인 기법을 데이터에 어떻게 통합하느냐가 관건이다. 그렇지만 디자인부터 제작 공정에 들어가는 시간은 대폭 단축됐다.

브랜드의 과거 아카이브를 데이터로 활용하기 때문에 이미지 생성형 AI의 문제로 자주 거론되는, AI에 학습시키는 이미지의 법적 문제가 발생할 가능성이 적다는 것도 강점이다.

6 2018년 12월 엔비디아(Nvidia) 연구원이 도입한 GAN으로, 2019년 2월 소스를 공개했다.

더욱 현실적인 문제: 소유권과 알고리즘의 편향성

스테이블 디퓨전은 소스 코드나 모델을 오픈소스화해서 누구나 파생적인 모델을 작성 및 공개할 수 있다. 스테이블 디퓨전 출시 이후 맞춤형 버전이 등장했으며 다른 서비스와 통합되면서 국내에서도 엔씨소프트, 크래프톤, 넥슨 등 게임 회사에서 활용하기 시작했다. 이곳에서부터 생성형 AI 기술은 가속도가 붙어 진화하게 될 것이다. 그런데 AI에는 아직 규제 사각지대도 있어 해결되지 않은 현실적인 문제가 있다.

첫째, 아티스트가 생성형 AI와 제휴해 새로운 작품을 만들 때 소유권 문제가 발생한다.

AI로 생성한 협업 작품의 소유권 주체가 인간인지, 기계인지보다 훨씬 근본적인 질문이 남아 있다. 그것은 바로 'AI로 생성한 작품의 독창성을 과연 인정받을 수 있느냐' 하는 논점이다. 결국 생성형 AI는 엄청난 데이터를 기반으로 훈련을 받았기 때문에 저작권으로 보호돼야 마땅한 요소가 '새로운' 창작물에 섞여 들어갈 수밖에 없다는 것이 밝혀졌다.[7]

우선 거의 모든 이미지 생성형 AI 모델은 동의 없이 수집한 예술 작품으로 훈련받는다. 스테빌리티 AI는 학습 데이터 중에서 저작권으로 보호받는 작품을 필터링하지는 않는다. 그 결과 스테이블 디퓨전이 생존하는 아티스트의 스타일이나 미학을 모방하는 능력은 잠재적으로 저작권뿐 아니라 윤리에도 위배될 가능성이 있다. 이러한 능력은 옹호할 수 없다고 보는 사람들이 많다.

전 세계 그 누구도 뾰족한 답을 내놓을 수 없는 까다로운 이슈이다. 미국에서는 창작물의 생성 주체가 인간이 아니면 저작권 보호 대상이 되지 않는다. 따라서 인간과 AI 간에 창작한 부분을 명확하게 분리해 낼 수 있다면 인

7 https://decrypt.co/137160/ai-oasis-aisis-breezer-liam-gallagher-music-copyright

간과 AI가 협력해 만든 작품도 부분적으로는 저작권의 보호 대상이 될 수도 있다. 2022년 9월 작가 크리스 카쉬타노바(Kris Kashtanova)가 미드저니로 만든 만화 '새벽의 자리야(Zarya of the Dawn)'가 이 분야에서 도화선을 지피는 계기를 마련했다. 미국 저작권청(USCO)은 처음에는 해당 작품의 저작권 등록을 승인했다. 그러나 AI가 생성한 이미지는 작가의 산물이 아니라는 점을 이유로 2023년 2월 22일 미국 내 저작권 등록을 취소하겠다고 밝혔다.

미국 저작권청, 사람의 창의성이 입증된 AI 작품에 한해서만 저작권을 인정

출처: https://www.patentnext.com

웹 3 생태계 내에서 다양한 수단으로 생성한 작품의 저작권 문제는 생성형 AI와 인간 사용자에게 막대한 영향을 미칠 수 있다. 그러나 이 문제가 해결되기까지 얼마나 많은 논쟁과 시간이 필요한지는 아무도 모른다.

둘째, 인터넷에서 대량으로 긁어온 학습용 데이터에 포함된 편향되고 독성 있는 콘텐츠와의 연관성이 증폭될 수 있다.

창작자들은 일관성을 요구하는 알고리즘을 충족하기 위해 번아웃(소진)될 정도로 콘텐츠를 게시하도록 강요받곤 한다.[8] 또한 시청자에게 콘텐츠를 전달하는 알고리즘에 편향성이 있다는 것쯤은 누구나 알고 있다. 트위터와 페이스북은 증오, 선거, 코로나19 등 관련해 잘못된 정보를 퍼뜨렸다는 비난을 받았다. 인스타그램은 자신들의 알고리즘이 10대 소녀들의 정신건강을 해치고 있다는 것을 알면서도 거짓말을 하는 것으로 밝혀졌다.[9]

이와 같은 맥락에서 과연 이미지 생성형 AI가 주도하는 콘텐츠 생성이 창작자의 욕망에 휘둘리지 않으리라는 보장이 있을까? 대규모로 빠르게 생산되는 콘텐츠를 원하는 작금의 현실에 비춰 AI 생성 이미지가 대량으로 투입되면서 가뜩이나 알고리즘에 영향을 미치는 편향성이 더욱 심화하지는 않을까? 달리 2가 이 문제로 논란에 휩싸인 적이 있다. 예를 들어 프롬프트에 '과학자'를 입력하면 대부분 백인과 남성이 생성됐다. 인종차별적이고 성차별적인 이미지를 계속 생성한다고 비난받은 이후 개발자는 알고리즘을 업데이트했다고 주장했다. 그러나 그들이 실제로 한 일은 사용자가 작성한 프롬프트 중 일부에 '여성' 및 '흑인'을 조용히 추가하는 것에 지나지 않았다.

또한 이미지 엔진이 무엇을 생성할 수 있는지에 대한 규제와 제한이 없기 때문에 대부분 모니터링 체계가 없다. 누구나 포토샵으로 나체 모델에 유명인의 머리를 떼어다 붙일 수 있지만 이미지 생성형 AI는 그러한 작업을 대규모로 처리할 가능성이 농후하다. 국제 개인정보 보호전문가협회(International Association of Privacy Professionals)의 보고서에 따르면, 달리 2의 개발자는 "가짜 정보의 생성을 방지하기 위해 유명인과 정치인의 이미지 복제를 허용하지 않는다"라고 말한다. 그러나 그 외의 이미지 생성형 AI의 경우 이를 금지하는 법은 아직 없다.

8 https://whatsnewinpublishing.com/)youtube-demands-consistency-but-publishers-must-avoid-burnout

9 https://www.wsj.com/)articles/facebook-knows-instagram-is-toxic-for-teen-girls-company-documents-show-11631620739

이 문제는 인간의 모니터링과 의사결정에 대한 필요성이 높아지고 있다는 점을 시사한다. AI에 편견을 불어넣는 주체는 인간이다. 이를 극복하고 더 적절한 이미지를 생성할 수 있도록 노력하려는 의식이 중요하다.

국내에서도 AI의 상업적 창작물에 대한 논란이 진행 중이다. 아마추어 웹툰 작가들은 생성형 AI가 학습을 위해 자신들의 작품을 무단 도용한다며 'AI 웹툰 보이콧 운동'을 시작했다. 네이버웹툰에서는 '신과 함께 돌아온 기사왕님'이 AI로 제작됐다는 이유로 별점 테러를 당했다. 이에 네이버는 모두 웹툰 공모전에 AI를 사용하는 것을 금지하기로 했다.

15세기 사람들은 인쇄기에 회의적이었다. 19세기에는 사진 때문에 그림이 사라질 것이라는 두려움이 있었다. 최근에는 디지털 아트가 실제 예술인지, 포토샵이 실제 예술인지에 대한 논쟁이 있었다.[10] 기술이 창작자를 대체할 것인지에 대한 논쟁은 수백 년 동안 계속 돼왔다. 이러한 논쟁이 불거질 때마다 창작자는 '창작자의 작품이 기술로 무용지물이 될 것인가?'라는 질문에 대해 신기술을 사용해 더 많은 작품을 만들어 내는 것으로 응답했다. 오래된 방식을 타파하려고 동분서주하는 창작자는 새로운 기술의 등장을 위협으로 받아들이지 않았다. 오히려 베르메르와 같은 기존 예술가는 새로운 기술의 도움을 받아 놀라워할 만한 결과를 만들어 낼 수 있게 됐으며 사진이나 인쇄기처럼 완전히 새로운 창작의 길을 열 수 있었다.

19세기 인상주의 탄생의 배경에는 기술 혁신이 크게 자리한다. 사진 기술의 보급, 철도망의 발달, 튜브식 물감의 발명 등을 배경으로 자연의 모습은 실로 생생하고 다양하게 표현되기 시작한다. 사진 기술의 발전으로 1840년대에 초상 사진 붐이 일어나면서 그전까지 기록을 충실히 수행하던 역할에 머물던 화가의 역할이 바뀌게 된다. 그리고 1850년대에 파리와 프랑스 교외를 연결하는 철도가 등장해 화가들의 반경이 넓어지면서 시골의 풍경을 모

10 https://shelleyhannafineart.com/)is-digital-painting-real-art

티브로 그리는 것도 가능해졌다. 그러나 당시 화가들은 팔레트 위에서 안료와 기름을 섞어 물감을 만들어 놓은 후에야 작업에 임할 수 있었기 때문에 스튜디오 밖에서 그림을 그리는 일이란 사실상 불가능했다. 그때 우연히도 밀봉이 가능한 '튜브 물감'이 발명돼 그림을 야외에서도 그릴 수 있게 됐다. 당시 르누아르는 튜브 물감이 발명되지 않았다면 인상파도 탄생하지 않았을 것이라고 말한다. 레오나르도 다빈치는 과학을 공부하고 원근법을 활용해 르네상스 예술을 완성한 것으로 유명하며 소위 다른 천재 예술가들도 예술을 창조하기 위해 다양한 기술과 기법을 사용했다. 페인트 브러시도 처음 출시됐을 때 훌륭한 신기술이었다.

이미지 생성형 AI는 창작 세계를 파괴하는 것이 아니라 강화할 것이다. 창작자의 노동력에 대한 대가 지급이나 알고리즘이 편견을 영속화하지 않도록 하는 등 예전에 기술이 제기했던 것과 같은 문제가 이미지 생성형 AI에도 존재한다. 그러나 이미지 생성형 AI는 지금까지 일어났던 거의 모든 신기술의 진보와 마찬가지로 기존의 창작자와 잠재적으로 새로운 창작자에게 기회를 열어 줄 것이다.

PART

02

대화형 AI 혁명과 빅테크 기업의 존망

챗GPT가 일으킨 AI 혁명의 본질

2022년 연말부터 현재에 이르기까지 챗GPT에 관한 화제가 IT 업계를 석권하고 있다. 챗GPT는 오픈 AI가 2022년 11월에 공개한 대화형 AI 서비스로, 대규모 언어 모델을 기반으로 한 챗봇이다. 기존의 챗봇처럼 미리 준비한 답변을 돌려 주는 것이 아니라 사용자가 웹사이트의 챗GPT 화면에 알고 싶은 질문을 입력하면 곁에서 사람이 조언하듯이 자연스러운 문장으로 답변해 주는 점이 큰 특징이다.

챗GPT가 주목받는 이유는 매우 광범위한 장르의 질문과 요청에 대응하고 사용자의 기대치 이상의 답변을 제시해 주기 때문이다. 단순히 알고 싶은 것을 가르쳐 줄 뿐 아니라 질문에 따라 여러 가지 선택지를 제시하거나 문제점이나 우려 사항까지 언급하고 조언해 준다. 예를 들어 커피를 맛있게 끓이는 방법, 프레젠테이션할 때 긴장하지 않는 방법 등 정해진 답이 있는 질문이 아니어도 '능청스럽게' 답변해 준다. 필자가 가장 놀라워한 점은 부적절한 질문이나 요청을 거부하는 기능이 내장돼 있다는 점이다. 예를 들어 필자가 '아픈 척하고 회사를 쉬었으면 좋겠는데 적당한 핑계를 알려달라'고 요청하자 답변을 거부할 뿐 아니라 그런 행동은 도덕적으로 적절하지 않다고 따끔한 일침을 가한다.

2023년 4월 맛집 정보 서비스인 '식신'은 챗GPT를 도입했다. 식신이 보유한 빅데이터의 학습을 기반으로 레스토랑을 더욱 매력적으로 소개할 수 있는 문장을 생성할 수 있고 개인화된 맞춤형 스타일의 맛집도 추천해 줄 수 있다. 앞으로는 국내외 레스토랑 검색 및 추천 서비스가 가능한 챗봇 형태의 'AI 맛집 비서'를 출시할 예정이다.

식신, 맛집 정보 서비스에 챗GPT 적용

출처: 전자신문, 2023년 4월 19일

챗GPT는 말 그대로 GPT 모델과 챗봇 인터페이스를 합친 것이다. 그렇다면 GPT는 무엇일까? GPT는 'Generative Pre-trained Transformer'의 약자로, 직역하면 '사전에 학습한 생성적인 트랜스포머'가 된다. 사전학습(Pre-training)을 통해 언어의 기본 지식을 학습한 후 사후학습(Post-training)에서 미세 조정(파인 튜닝, Fine-tuning)을 거쳐 특정한 임무에 적응해 나간다. GPT는 이 2개의 과정을 거쳐 질문 답변, 문장 생성 등과 같은 다양한 작업을 처리할 수 있다.

오픈 AI는 웹사이트에서 계정을 만든 사람이라면 누구나 챗GPT를 무료로 사용할 수 있도록 했기 때문에 출시된 지 일주일 만에 사용자가 100만 명이 넘었으며 두 달 만에 1억 명이 넘었다. 사용자 수가 100만 명에 도달하기까지 걸린 기간이 넷플릭스가 3.5년, 트위터가 2년, 페이스북이 10개월, 스포티파이가 5개월, 인스타그램이 2.5개월이었으므로 챗GPT의 인기가 어느 정도인지 짐작할 수 있다. 챗GPT의 출시는 오랫동안 존재했는데도 그다지 인상적인 활약을 펼치지 못했던 인공지능을 재평가하는 계기를 마련했다.

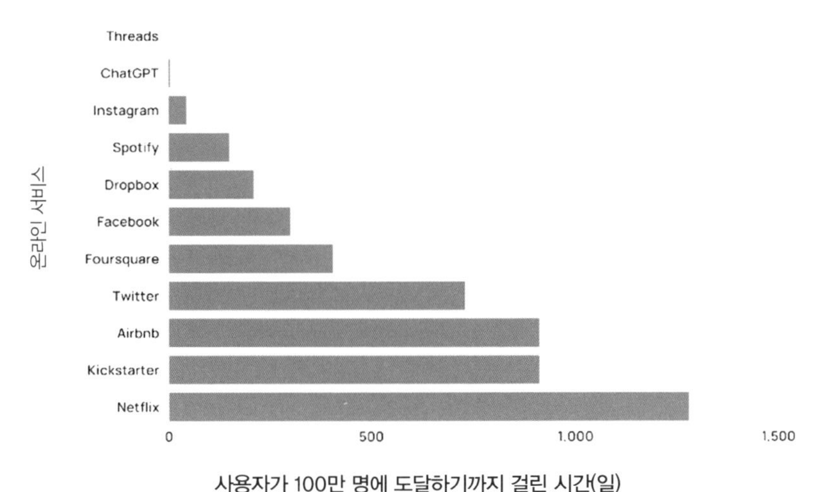

출처: https://explodingtopics.comblog/chatgpt-users

2023년 3월에는 1인당 세션 수(방문 횟수)나 평균 체류 시간 모두 2022년 12월 대비 약 2배가 늘어났다. 이는 챗GPT가 일시적인 트렌드가 아니라 인지도가 확대되는 동시에 헤비유저도 증가하는 경향이 있다는 것을 보여준다.

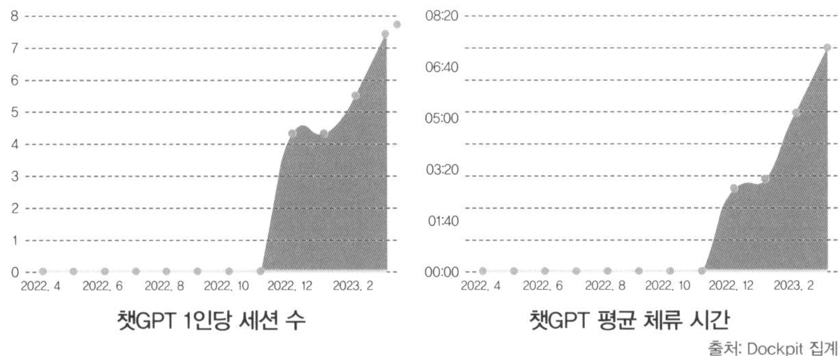

챗GPT 1인당 세션 수

챗GPT 평균 체류 시간

출처: Dockpit 집계

진화를 비약적으로 거듭한 GPT의 역사

오픈 AI는 비영리 법인인 오픈 AI 본체와 영리법인인 오픈 AI LP로 이뤄진 하이브리드 조직이다. 2015년 12월 샘 알트먼(Sam Altman), 일론 머스크(Elon Musk) 등이 실리콘밸리의 저명 인사들로부터 10억 달러(약 1조 3,000억 원)를 기부받아 비영리 법인인 오픈 AI 본체를 설립했다. 머스크는 테슬라에서 연구 중인 AI와의 이해 상충을 이유로 2018년 2월 이사회에서 물러났다. 2019년 3월에는 펀드 출자를 받아 영리 부문인 오픈 AI LP를 설립했으며 2019년 7월에는 마이크로소프트(이하 MS)로부터 10억 달러를 투자받아 양사가 협력 관계를 굳혀 나간다. 이후 MS는 추가 출자를 단행해 2023년 1월에 총 100억 달러(약 13조 원)에 달하는 오픈 AI의 지분 49%를 인수했다.

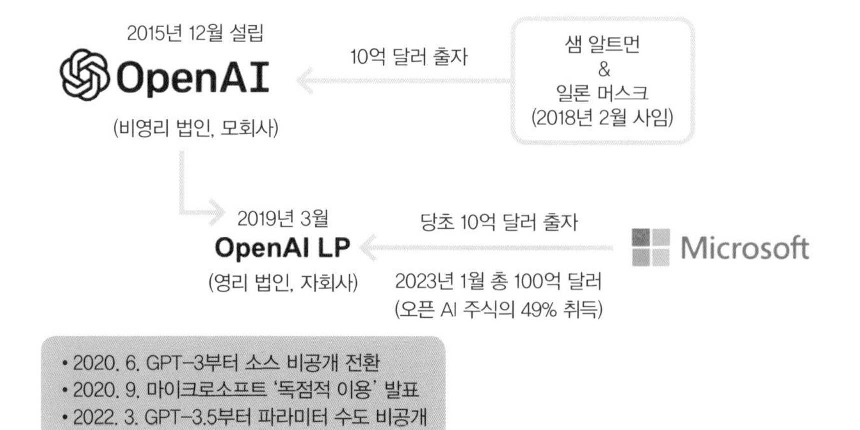

오픈 AI 조직의 개요

GPT 시리즈는 오픈 AI의 설립 정책에 따라 2018년 GPT-1, 2019년 2월 GPT-2까지 오픈소스였다. 그러나 2019년 3월 영리 조직인 오픈 AI LP를 설립하고 MS 등으로부터 투자를 유치하면서 입장이 바뀌었다. MS는 2020년 9월 22일 GPT-3의 독점적 사용을 발표했다. 2020년 6월 GPT-3이 발표된 이후 소스는 비공개로 전환돼 챗GPT에서는 파라미터 숫자 등도 비밀에 부치게 됐다. AI를 무기로 삼아 구글의 아성에 도전하려는 MS로서는 당연한 전략이지만 태생이 오픈소스였던 만큼 비판도 받게 된다.

오픈 AI는 2018년 GPT-1을 공개한 이후 2019년 GPT-2, 2020년 GPT-3, 2022년 GPT-3.5에 해당하는 챗GPT, 2023년 GPT-4를 발표했다. 파라미터는 모델의 복잡성과 표현력에 대한 중요한 지표로, 많은 수의 파라미터를 통해 모델은 더 복잡한 패턴과 관계를 학습할 수 있다. 오픈 AI는 GPT-1 출시 이후 매년 파라미터 수를 늘려 나갔다. GPT-3이 1,750억 개를 보유하고 있는 데 비해 GPT-3.5는 약 2배인 3,550억 개를 보유하고 있다. GPT-4의 파라미터 수는 공개하지 않았지만 100조 개 이상일 것으로 추측한다. 다음 그림은 GPT의 역사를 표현한 것이다.

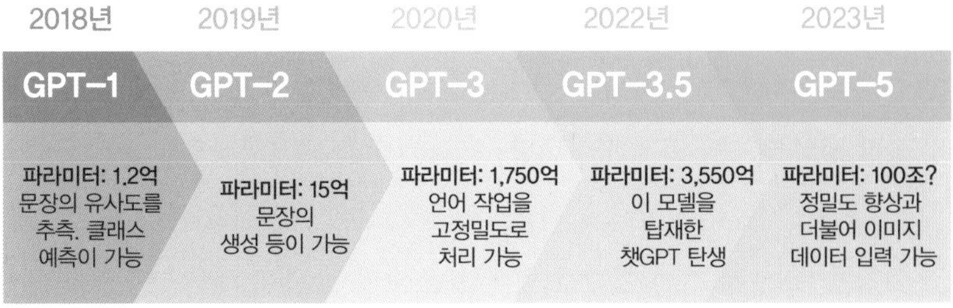

2018년	2019년	2020년	2022년	2023년
GPT-1	GPT-2	GPT-3	GPT-3.5	GPT-5
파라미터: 1.2억 문장의 유사도를 추측, 클래스 예측이 가능	파라미터: 15억 문장의 생성 등이 가능	파라미터: 1,750억 언어 작업을 고정밀도로 처리 가능	파라미터: 3,550억 이 모델을 탑재한 챗GPT 탄생	파라미터: 100조? 정밀도 향상과 더불어 이미지 데이터 입력 가능

※ 파라미터 수는 공식적으로 공개되지 않지만 대략적인 숫자가 위와 같다고 추측

GPT의 역사(2018~2023년)

챗GPT의 사용에 관해서는 논란이 일어나고 있다. 오픈 AI를 설립한 머스크를 비롯한 기술 리더와 연구원들은 2023년 3월 29일 공개 서한[11]에서 "AI 도구는 사회와 인류에 심각한 위험을 초래한다"라고 경고했다. 또한 기술 개발의 윤리적 문제를 연구하는 비영리 연구 단체인 'AI디지털정책센터(CAIDP)'가 미국연방거래위원회(FTC)에 오픈 AI의 최신 언어 모델인 GPT-4의 상업적인 출시를 중단할 것을 요청하는 서한을 제출했다.[12] 이탈리아 당국은 한때 GPT 사용을 금지했던 적이 있다.

트랜스포머와 대규모 언어 모델

챗GPT의 중추를 이루는 기술은 2017년에 발표한 '트랜스포머(Transformers)'라는 심층학습 모델이다. 트랜스포머는 구글이 2017년 12월 〈Attention Is All You Need〉라는 논문에서 제안한 모델의 명칭이다. 컴퓨터에 문장을 학습시킬 때 기존의 언어 처리는 문장을 처음부터 읽도록 하는

11 https://futureoflife.org/open-letter/pause-giant-ai-experiments
12 https://www.caidp.org/cases/openai

것이 일반적이었다. 반면, 트랜스포머는 단어나 문절의 연관성을 수치화해서 문맥을 학습한다. 이를 통해 학습 중 연산 효율성이 향상되고 기계 번역 및 문장 생성 성능이 크게 향상된다.

GPT는 이 기술을 기반으로 대규모 텍스트 등의 데이터를 미리 학습해 두고 실행할 때는 몇 가지 예만 입력해도 문장 생성, 질의 응답(채팅) 등이 가능하도록 한 대규모 언어 모델(Large Language Models, 이하 LLM)이다. LLM에는 GPT 외에도 구글이 발표한 버트(BERT)와 팜(PaLM), 메타가 발표한 라마(Llama) 등이 있다. LLM을 구축하려면 인터넷에서 수집한 대량의 텍스트 데이터를 사전에 읽어들여 학습시켜야 한다. 학습용 데이터 세트로 사용하는 텍스트의 양이 많을수록 보다 고도의 자연어 처리 작업을 수행할 수 있다. LLM은 문장 생성, 번역, 요약, 소스 코드의 생성 등 서로 다른 작업을 단일한 모델로 처리할 수 있다. 전에는 각 임무에 특화된 고유의 데이터를 사용해 학습한 전용 모델이 필요했던 점을 감안하면 현격한 진화가 이뤄진 셈이다.

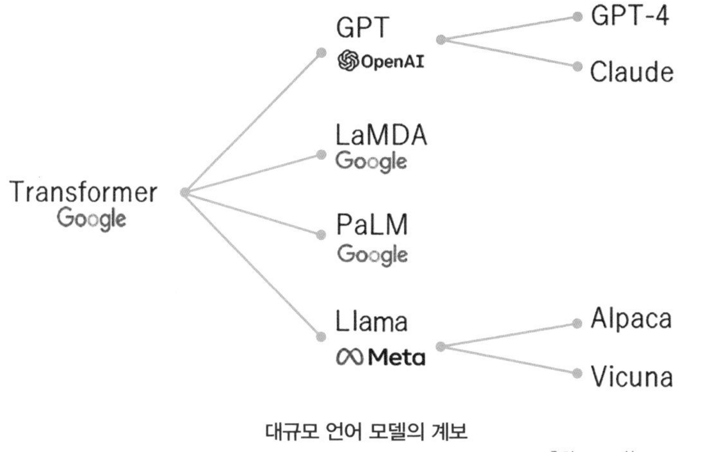

대규모 언어 모델의 계보

출처: https://resanaplaza.com

대규모, 소규모를 구분하는 구체적인 기준은 없지만 학습 데이터로 사용하는 텍스트 데이터가 소규모 언어 모델은 수백 KB~수GB 정도인 데 비해 오픈 AI가 개발한 GPT-3에서는 570GB 이상, GPT-4에서는 30TB 이상이다. 또한 계산에 필요한 파라미터 수도 1,000억 개를 가뿐히 넘기 때문에 학습시키려면 억 단위의 비용을 투입해야 한다. 완성된 AI(훈련 모델)의 크기도 수백 GB에 달하기 때문에 일반 컴퓨터의 로컬에서는 동작시킬 수 없다.

2023년 들어 LLM이 속속 발표됐다. 오픈 AI는 API를 통한 종량 과금, 구글과 MS는 자사 서비스에 통합하는 형태로 제공하고 있다. 한편 메타가 개발한 오픈 라이선스의 LLM을 미국 대학이 튜닝해서 발표하는 등 앞으로도 다양한 기업과 연구 단체가 LLM 연구에 뛰어들 것으로 보인다.

대규모 언어 모델의 개요

언어 모델명	기업명	파라미터 수	발표 연월
GPT-3	오픈 AI	1,750억 개	2020년 5월
GPT-4	오픈 AI	2,000억 개 이상	2023년 3월
람다(LaMDA)	구글	미공개	2021년 5월
팜(PaLM)	구글	5,400억 개	2022년 4월
클로드(Claude)	앤스로픽(Anthropic)	불명	2022년
NEMO LLM	엔비디아(NVIDIA)	불명	2021년
라마(Llama)	메타(Meta)	70~650억 개	2023년
알파카(Alpaca) 7B	스탠퍼드 대학	70억 개	2023년 3월
비쿠나(Vicuna) 13B	캘리포니아 대학	불명	2023년 4월
오픈 플라밍고 (Open Flamingo)	레이온(LAION)	불명	2021년

대화형 AI의 본질적인 문제–거짓 정보의 생성

챗GPT에 '노량진 지역의 맛집을 알려 줘'라고 입력하면 '안녕하세요. 저는 인공지능 어시스턴트입니다. 서울시 노량진 맛집 중 추천해 드릴 만한 곳은 다음과 같습니다. …(후략)…' 하는 서두와 함께 자연스러운 한국어로 요약해 준다. 답변을 보면 전라도 통영에 소재한 식당, 폐업을 했는지 상호가 없는 식당, 맛집과는 거리가 먼 익숙한 프랜차이즈 상호 등이 나와 '차라리 내가 검색하고 말지' 하는 한탄이 나오기도 한다. 상당히 그럴싸하게 바꾼 '세련된 짜깁기', 즉 할루시네이션(hallucination, 환각) 현상이다.

이 기술이 작동하는 방식은 온라인에서 제공하는 정보를 확실하게 도출하는 검색 엔진의 접근 방식과는 근본적으로 상충된다. 대규모 언어 모델은 확률과 통계로 결과물을 얻기 때문에 할루시네이션 현상이 발생할 수밖에 없다. 웹에는 이미 부정확한 정보가 많지만 챗GPT는 너무나도 간단하게 가짜 정보를 새롭게 생성할 수 있다.

챗GPT는 원본을 찾아 일일이 사실을 확인하는 작업을 거치지 않고 데이터를 축적한다. 그 근간이 되는 알고리즘은 사실이나 링크의 데이터베이스에 직접 의존하는 것이 아니라 진위를 막론하고 훈련 데이터의 단어 시퀀스와 통계적으로 비슷한 단어 시퀀스를 생성한다. 챗GPT와 같은 시스템의 또 다른 문제는 답변이 훈련된 데이터에만 기반한다는 점이다. 모델 전체를 다시 훈련하게 되면 데이터의 크기와 규모 때문에 수백만 달러가 소요될 수 있다.

대화형 AI 모델은 때때로 출처가 다른 정보원을 조합하는 경우가 있다. 예를 들어 어떤 인물에 관해 물어보면 같은 이름을 가진 여러 인물의 이력으로 정보를 조합해 답변을 생성할 가능성이 있다. 거짓에 기반한 결과물은 거짓 정보의 확대 재생산으로 이어져 지식 생태계를 혼란에 빠뜨린다.

원래 구글은 2022년 5월 고도의 언어 능력을 가진 대화형 AI인 '람다'를 발표하는 등 LLM 개발에 박차를 가하고 있었다. 다만 AI가 부정확한 정보나 부적절한 표현을 출력해 확산·악용되는 리스크를 감안해 널리 일반에게 공개하는 것은 피해 왔다. 챗GPT가 기대에 못 미치는 답변을 내놓을 때 사용자는 볼멘소리를 내겠지만 어차피 실험 단계에 있다는 것을 이해하고 그것을 전제로 사용한다. 챗GPT 웹사이트에도 결과를 신뢰하지 말라는 주의가 있다. 따라서 지난 몇 년 동안 정확도가 크게 향상됐다고 해도 오답을 제시하는 경우가 많은 기술을 당장 구글 검색 서비스에 도입하면 사용자나 광고주에게 큰 피해를 주고 결국 광고 매출에 크나큰 타격을 준다. 구글이 챗GPT에 대해 저항 태세를 드러낸 것은 챗GPT의 존재가 구글에 위협으로 작용했기 때문이다.

특화형 생성형 AI의 진화

현재 챗GPT가 텍스트 생성형 AI의 대표격과 같은 존재이지만 텍스트 생성형 AI 시장에는 여러 플레이어가 있고 생성형 AI의 인지도 향상과 함께 앞으로 경쟁이 치열해질 것으로 예상된다.

챗GPT는 채팅, 텍스트 생성, 번역, 코딩 등 다양한 작업을 수행하는 만능 AI이지만 번역, 요약, 쓰기, 코딩 등 각 기능에 특화한 유사 서비스도 있다. 벤처비트(Venturebeat)의 시장 분석에 따르면, 이미지 생성형 AI를 제외한 텍스트 생성형 AI 기업만 700개 이상이다.

특화형 생성형 AI의 종류

구분	주요 서비스	핵심 기능
종합형	챗GPT, Bard	생성형 AI 붐의 주역으로, GPT-3.5와 GPT-4를 기반으로 대화형 문장을 자동으로 생성함.
번역 특화	ModernMT, Taia.io, Textunited, Smartling, Phrase	뉴럴 머신 번역 기능으로 문서 수준의 번역과 피드백에 따른 개선이 가능함.
요약 특화	scholarcy, intellippt, Quillbot, SpaCy, Upword	요약에 수반되는 다양한 업무를 자동화하는 기능을 갖춰 학술 논문 등 대량의 정보를 접하는 사람을 대상으로 함.
마케팅 집필	Jasper, Writesonic, Rytr, Copy.ai, grammarly, wordtune	블로그나 SEO(검색 엔진 최적화) 기사 등 마케팅 분야에서 광고를 활용함. 구글 광고나 페이스북 광고의 헤드라인, 아마존에서 판매하는 상품의 소개 등으로 활용할 수 있음.
코딩 지원	Tabnine, Mutable AI, Codacy, Debuild	코드를 제로부터 생성하는 것이 아니라 개발자의 코딩을 보완하는 툴이 보급되기 시작함. 주요 편집기와의 통합도 가능함.

전문 용어와 문맥을 이해하는 번역 특화형 생성형 AI

번역은 챗GPT의 주요 기능 중 하나이다. 최근 유료 사용자를 대상으로 출시한 GPT-4에서는 기존 GPT-3.5에 비해 다국어 기능이 크게 향상돼 번역 정확도가 높아졌다는 것을 시사한다.

전문적이지 않은 일반 번역의 경우 챗GPT와 구글 번역을 사용하지만 전문 분야에서는 번역 특화형 AI 툴이 유리할 수 있어 실제로 비즈니스, 법률, 의학, 학계 등에서 활용한다. 번역 특화형 AI 툴의 강점 중 하나는 각 분야의 전문 용어와 맥락을 이해하는 능력이다. 일반적인 번역 툴은 단어 또는 문단 단위로 번역하므로 문장이 길어지면 단어와 문단이 문장 전체의 맥락에서 의미를 잃어버리는 상황이 종종 일어난다. 한편 모던엠티(ModernMT)의 번역 AI는 먼저 문장 전체와 분야를 파악한 후에 문맥에 따라 단어와 문단을 번역하기 때문에 전체적으로 의미가 통하는 번역 문장을 생성할 수 있다.

문맥에 맞는 정확도가 높은 번역이 가능하기 때문에 법률 및 의료뿐 아니라 웹사이트 로컬라이제이션에도 사용한다. 모던엠티의 웹사이트에 따르면, 온라인 숙박 예약 업체인 '에어비앤비'가 웹사이트의 로컬라이제이션에 모던엠티의 번역 AI를 사용한다. 번역 AI 분야에는 모던엠티 외에도 타이아드(Taia.io), 텍스트유나이티드(Textunited), 스마트링(Smartling), 프레이즈(Phrase) 등과 같은 여러 플레이어가 있다.

폭증하는 텍스트 정보와 데이터를 정리하는 요약 AI

생성형 AI가 화두가 되기 몇 년 전만 해도 데이터의 양이 폭발적으로 증가할 것으로 예상했다. 그런데 텍스트 기반의 생성형 AI가 확산하면서 텍스트 정보와 데이터가 한층 증가할 가능성이 커지고 있다. 이러한 상황에서 생성형 AI의 하위 범주 중 하나인 '요약 AI'의 중요성이 점점 커지고 있다. 생성형 AI를 활용한 비즈니스 보고서, 뉴스 기사, 연구 논문 등의 발표 횟수가 한층 늘어나는 한편, 정보를 받아들이는 인간의 정보 처리 능력에 한계가 있어 이를 요약하는 작업이 필요하므로 중요성이 높아지고 있다.

번역 AI와 마찬가지로 요약 AI에서도 이미 스칼라시(Scholarcy), 인텔리피피티(Intellippt), 퀼봇(Quillbot), 스페이시(SpaCy), 업워드(Upword) 등과 같은 많은 플레이어가 치열한 경쟁을 벌이고 있다. 요약 특화형 AI는 일반적인 생성형 AI와 달리 요약에 수반되는 다양한 작업을 자동화하는 기능도 갖추고 있어 날마다 많은 양의 정보를 접하는 사람들에게 유용하다. 예를 들어 학술 분야 요약에 특화된 '스칼라시(Scholarcy)'는 논문 요약 외에도 논문의 주제를 이해하는 데 필요한 기본 도서 추천, 논문의 중요한 사항을 자동으로 하이라이트하는 기능, 참고문헌 자동 첨부, 참고문헌 검색, 도표 데이터 가져오기 기능 등을 갖추고 있다.

마케팅 자동화를 가속하는 글쓰기 AI

텍스트 기반 생성형 AI의 본질은 고유한 문장을 만들어 내는 역량이다. 현재 상황에서는 블로그나 SEO(Search Engine Optimization, 검색 엔진 최적화) 기사 등 마케팅 분야에서 재스퍼(Jasper) 등의 글쓰기 AI 비서가 널리 활용되고 있다. 구글이나 페이스북 광고의 헤드라인, 아마존에서 판매할 제품의 추천 글, 부동산 거래 물건의 소개 글, 인스타그램에 게시하는 사진의 캡션, 마케팅 이메일의 제목 등이 대표적인 예이다. 이러한 텍스트는 챗GPT에서도 생성할 수 있지만 재스퍼에서는 자체 템플릿이 있으므로 정확한 목적에 맞춰 단시간에 효율적으로 마케팅 콘텐츠를 생성할 수 있다. 또한 마케팅 이론을 추가해 문장을 생성할 수 있는 템플릿도 갖춰 놓았다.

첫째, AIDA 프레임워크 템플릿이다. AIDA 프레임워크는 고객의 구매 프로세스를 주의(Attention), 관심(Interest), 욕구(Desire), 행동(Action)의 4단계로 나눠 효과적인 광고 및 판촉 전략을 개발하기 위한 기본 가이드라인으로 활용한다. 오래된 이론이지만 여전히 마케팅 콘텐츠를 만들 때 참고 자료로 사용한다.

둘째, PAS 프레임워크 템플릿이다. PAS는 문제(Problem)를 제기하고 문제를 선동(Agitate)해서 심화시킨 후 해결책(Solution)을 제시하는 콘텐츠 생성 프레임워크이다. 이 템플릿을 사용하면 AI가 프레임워크에 맞는 문장을 자동으로 생성한다.

재스퍼 외에도 라이트소닉(Writesonic), 라이터(Rytr), 카피(Copy.ai), 그래머리(Grammarly), 워드튠(Wordtune) 등이 이 분야에서 주목할 만하다.

▌수요 증가가 예상되는 코딩 보완 AI 툴

코딩 분야에서는 코드를 완전히 처음부터 생성하는 것이 아니라 개발자의 코딩을 보완하는 생성형 AI 툴이 대중화되기 시작했다. 주요 플레이어 중 하나가 탭나인(Tabnine)이다. 탭나인은 개발자가 작성한 코드를 기반으로 다음 행의 코드를 예측하고 적절하게 제안하는 AI 툴이다. 자바스크립트(JavaScript), 파이썬(Python), 타입스크립트(TypeScript), 러스트(Rust), 고(Go), 배시(Bash) 등 다양한 프로그래밍 언어를 지원하며 브이에스 코드(VS Code), 인텔리제이(IntelliJ), 서브라임 텍스트(Sublime Text) 등과 같은 주요한 코드 편집기와도 통합된다.

코딩을 예측, 제안하고 보완하는 영역은 챗GPT를 개발한 오픈 AI도 관심을 기울이는 분야이다. 실제로 오픈 AI는 깃허브(GitHub)와 협력해 코딩 완료 AI 툴인 깃허브 코파일럿(GitHub Copilot)을 출시하기에 이르렀다. 이 밖에도 코딩 AI 툴인 뮤테이블 AI(Mutable AI), 코딩 오류를 확인하고 코드 품질을 평가하는 AI 툴인 코다시(Codacy), 웹사이트 개발에 특화된 디빌드(Debuild) 등과 같은 경쟁 업체도 많다. 이러한 툴은 개발자의 생산성 향상이나 코딩의 효율성, 코드 품질의 향상에 기여하리라 예상하며 앞으로도 수요가 늘어날 공산이 크다.

챗GPT에 이르기까지

트랜스포머의 기원이 된 '어텐션(Attention)'

GPT-3은 자연어 기술 처리 모델 중 하나로 인간처럼 자연스러운 문장을 만들어 낼 수 있다. GPT-3이 인간처럼 자연스러운 문장을 작성할 수 있는 능력이 다른 언어 모델보다 탁월한 이유는 '어텐션(Attention)'이라는 신경망 알고리즘을 사용하기 때문이다. 어텐션은 기존의 알고리즘과 달리, 문장의 중요한 부분에만 착안하는 특성이 있다. 문맥에 따라 단어의 의미가 달라지는 문장의 특성상 기존의 알고리즘은 특정한 문장을 몇 번이고 순환해 문장을 정확하게 학습하는 방식을 취했다. 그러나 이러한 방법은 네트워크를 순환해야 하므로 학습 데이터의 양이 방대해지면 부하가 걸리는 문제점을 안고 있다. 결과적으로 실용성이 높은 언어 모델을 만들어 낼 수가 없었다. 그에 비해 어텐션은 문장의 요점에만 착안하기 때문에 학습 데이터의 양이 방대해져도 문제 없이 처리할 수 있다. 결과적으로 GPT-3은 2016년부터 2019년도 사이의 인터넷에서 수집한 570GB 이상의 문장 데이터를 학습할 수 있으므로 다른 언어 모델에 비해 정교한 문장을 작성할 수 있다.

특정 편향을 제거한 인스트럭트GPT를 개발

한편, GPT-3은 도덕적이지 않은 문장을 생성한다는 결함도 있었다. GPT-3은 인터넷상의 문장을 데이터 세트로 사용하기 때문에 그 안에 포함된 부도덕하거나 공격적인 문장을 학습해 생성하는 경향이 있었다. 이 문제를 해결하기 위해 내놓은 대책이 'RLHF(Reinforcement Learning from Human Feedback)'라는 학습 방법이다. RLHF는 인간의 피드백을 기반으로 한 강화학습으로, 언어 모델을 튜닝하는 방식이다. GPT-3에 있는 특정 편향을 RLHF로 제거하도록 튜닝한 언어 모델을 '인스트럭트GPT(InstructGPT)'라고 부른다.

인스트럭트GPT를 기반으로 챗GPT를 개발

챗GPT는 인스트럭트GPT를 기반으로 개발한 학습 방법으로, 그 자체는 인스트럭트GPT와 다르지 않다. 하지만 챗GPT는 더욱 대화에 특화한 출력을 생성하므로 인스트럭트GPT와는 다른 학습 데이터를 사용한다. 사용자와 AI 간 대화를 인간이 재현한 데모 데이터이다. 챗GPT는 이 데모 데이터를 이용해 학습이 끝난 보상 모델(출력 결과별로 평가를 매기는 모델)에 따라 사용자가 어떤 대화를 더 원하는지 학습해 사용자의 의도에 더욱 가까운 답변을 출력할 수 있다.

챗GPT는 자연스러운 문장을 작성할 수 있는 'GPT-3'의 문제점(편견)을 배제한 새로운 모델인 '인스트럭트GPT'를 바탕으로 삼고 있어 사용자와의 대화에 높은 성능을 발휘한다.

대규모 언어 모델: GPT 시리즈의 변천

구분	GPT-3	인스트럭트GPT	챗GPT
학습 방법	비지도학습	지도학습	지도학습
데이터 세트	인터넷상의 문장 (570GB 이상)	편견을 배제하기 위한 문장 (질문/답변 세트로 1만 3,000 문장)	사용자와의 AI 대화 문장
활용 예	문장의 작성 • 스토리 작성 • 카피라이팅 • 기사 작성 • 에세이 작성 코딩 질의응답 (→ 대화 특화)	문장의 작성 (※편견 배제 + 정밀도 향상) • 스토리 작성 • 카피라이팅 • 기사 작성 • 에세이 작성 코딩 질의응답 (→ 편견 배제)	문장의 작성 (※편견 배제 + 정밀도 향상) • 스토리 작성 • 카피라이팅 • 기사 작성 • 에세이 작성 코딩 질의응답 커뮤니케이션 토론

챗GPT의 최종 병기 '플러그인'

▌챗GPT의 문제점 해소

오픈 AI는 2023년 3월 23일 챗GPT의 기능을 확장할 수 있는 추가 모듈 '플러그인'을 도입했다. 오픈 AI가 제공하는 플러그인에는 (1) 자체 제공 플러그인과 (2) 써드파티(Third Party, 제삼자) 제공 플러그인 2가지 종류가 있다. 레스토랑에서 제공하는 메뉴 자체를 기본적인 챗GPT의 기능이라고 하면 요리의 양념이나 추가 토핑을 직접 선택할 수 있는 옵션이 플러그인에 해당한다. 그리고 그 옵션을 레스토랑이 아니라 다른 회사나 셰프(즉, 외부인)가 제공하는 경우 이것이 써드파티 제공 플러그인이 된다.

- 오픈 AI 자체적으로 제공하는 플러그인: 2개(Browsing[13], Code Interpreter[14])
- 외부 개발자나 기업이 제공하는 써드파티 플러그인: 358개(2023년 6월 기준)

챗GPT 플러그인으로 써드파티의 API(Application Programming Interface)[15]와 통합할 수 있다. 예를 들어 사용자가 '파리에서 2박3일 체류할 예정인데 어디에 묵으면 좋을까요?'라고 질문하면 챗GPT는 호텔 예약 정보 웹사이트의 플러그인 API를 호출하고 API로부터 응답받은 후 자신의 자연어 모델 처리 능력을 결합해 사용자를 대상으로 응답을 생성하게 된다.

또 하나의 예를 들면, 챗GPT에는 일기예보를 실시간으로 제공하는 기능이 없다. 이 경우 일기예보 정보를 제공하는 기능을 갖춘 플러그인을 써드파

13 웹 검색 결과를 제공해 주는 플러그인으로, MS의 빙 검색 API를 사용해 인터넷에 접속해 사용자가 입력한 데이터를 바탕으로 검색

14 파이썬 코드를 챗GPT상에 실행해 주는 플러그인

15 API는 프로그램 및 애플리케이션이 외부 소프트웨어 및 시스템과 통신하기 위한 인터페이스이다. 표준화된 프로토콜과 형식을 사용해 서로 다른 프로그래밍 언어 및 플랫폼 사이에서 데이터 전송을 단순화함으로써 웹 개발의 효율성을 높일 수 있다.

티가 개발해 챗GPT에 추가할 수 있다. 그렇게 되면 챗GPT는 그 플러그인을 통해 일기예보를 제공하는 셈이 된다. 이처럼 써드파티를 이용해 챗GPT가 더욱 편리하게 진화하게 된다.

2023년 6월 26일을 기준으로 이미 358개의 플러그인이 사용되고 있다. 플러그인으로 챗GPT는 개발자가 정의한 API와 대화할 수 있고 사용자를 대신해 다음과 같은 광범위한 작업 활동을 수행할 수 있다.

- 실시간 정보의 수집(스포츠 경기 결과, 주식 시세, 최신 뉴스 등)
- 지식 정보의 수집(회사 문서, 개인 메모 등)
- 사용자를 대신해 작업 수행(항공편 예약, 식사 주문 등)

플러그인은 챗GPT 플러스(챗GPT Plus, 월 20달러 유료 요금제) 가입자만 이용할 수 있다. 무료 버전에서는 시간대에 따라 로그인이 되지 않거나 좀처럼 답변을 생성하지 못한 채 오류가 발생하곤 한다. 서버가 혼잡할 때 일어나기 쉬운 문제이다. 반면, 유료 버전인 챗GPT 플러스는 더욱 안정적으로 이용할 수 있는 장점이 있다.

플러그인이 챗GPT 발전에 새로운 획을 그었다고 말하는 이유는 챗GPT가 가진 단점을 보완할 수 있기 때문이다. 챗GPT는 2021년 9월 이전의 정보만 학습해 이후의 정보는 대답하지 못한다는 것이 단점으로 꼽혔다. 또한 GPT-4는 확률적 AI이기 때문에 수학과 숫자 등 기본 지식이 약했다. 그러나 앞으로는 실시간 정보 검색이 가능하고 답변 출처도 확인할 수 있으며 울프럼 알파(Wolfram Alpha) 계산 지식 엔진과 연결돼 복잡한 수학 문제도 풀 수 있다.

오픈 AI의 공식 웹사이트에서는 현재 챗GPT의 다음과 같은 문제점을 플러그인이 해결할 것이라고 밝히고 있다.

- 실시간 정보 수집: 현재 모델은 2021년 9월까지의 정보만 학습하고 그 이후의 사건, 뉴스, 데이터 등은 모른다. 그러나 플러그인을 활용하면 스포츠 결과 주가, 최신 뉴스 등의 실시간 정보를 얻을 수 있다.
- 지식 기반 정보의 취득: 사용자가 챗GPT에 입력한 정보는 기계학습에 사용되기 때문에 개인정보나 기밀 정보와 관련된 사항을 입력하면 데이터가 유출된다. 그러나 플러그인을 사용하면 입력한 정보는 플러그인과 연동된 서비스 내에서 처리되기 때문에 챗GPT 학습에 사용되는 것을 방지할 수 있다.
- 액션의 실행: 기본적으로 챗GPT의 출력은 텍스트 기반의 답변이다. 따라서 이메일 문장을 작성해 준다고 해도 실제로 발송은 별도로 해야 한다. 그러나 플러그인을 사용하면 챗GPT가 사용자의 지시에 따라 항공권 예약이나 식사 주문, 이메일 보내기와 같은 작업을 대신 수행할 수 있다.

플러그인 11개 활용 사례

챗GPT의 공식 플러그인 파트너/서비스로 선정된 11개 서비스에는 익스피디아(Expedia), 카약(Kayak), 오픈테이블(OpenTable), 숍(Shop), 인스타카트(Instacart), 쇼피파이(Shopify), 밀로(Milo), 스피크(Speak), 피스칼노트(FiscalNote), 울프럼(Wolfram), 슬랙(Slack), 자피어(Zapier)가 있다.

챗GPT 플러그인은 챗GPT를 보다 편리하고 효율적으로 만들어 주는 새로운 툴이다. 여행객이 익스피디아 플러그인을 활성화하면 챗GPT와 대화로 작성한 여정에 익스피디아 여행 데이터(항공권, 호텔, 휴가 렌탈, 액티비티, 렌터카의 실시간 이용 상황과 가격)를 활용해 입체적이고 구체적인 여행 계획이 완성된다. 예약이 준비되면 익스피디아로 전송되고 사용자가 서비스에 로그인하면 자신이 선호하는 옵션, 멤버십 할인, 로열티 혜택 등을 확인할 수 있다.

현재 챗GPT 플러그인은 3개까지 조합해 사용할 수 있다. 예를 들어 추천

레스토랑 정보를 검색해 관련 레시피를 확인하고 울프럼에서 열량을 계산한 후 그 재료를 인스타카트에 주문하는 작업을 프롬프트 1개에서 처리할 수 있다. 현재는 한 번에 3개의 플러그인만 사용할 수 있지만 앞으로 보다 고도의 사용 사례를 지원하도록 발전할 것으로 예상한다.

11개 공식 플러그인을 여행/레스토랑, 리테일, 학습, 비즈니스로 나눠 활용 영역을 보면 다음 표와 같다.

11개 공식 플러그인

구분	제공 기업	주요 사업	챗GPT 플러그인 활용 영역
여행/레스토랑	익스피디아 (Expedia)	여행 예약	최신 정보를 활용해 대화형으로 여행 계획 및 예약
	카약 (Kayak)	항공권, 호텔 비교 검색	최신 정보를 활용해 대화형으로 여행 계획 및 예약
	오픈테이블 (OpenTable)	레스토랑 예약	최신 정보를 활용해 대화형으로 레스토랑 선정 및 예약
리테일	숍(Shop)	전 세계 유명 브랜드 제품 검색	수백만 개의 다양한 제품을 손쉽게 검색
	인스타카트 (Instacart)	온라인 택배	인근 매장에 식료품 및 생활용품의 주문
	쇼피파이 (Shopify)	전자상거래 플랫폼	채팅으로 상품 검색이나 상품 트렌드 분석
학습	밀로(Milo)	자녀를 양육하는 부모	상세 내용 불명
	스피크 (Speak)	영어 회화 특화형 학습 앱	챗GPT의 산출물을 언어 학습에 특화
비즈니스	피스칼노트 (FiscalNote)	법규제 인텔리전스	손쉽게 법 규제 정보에 접속
	울프럼 (Wolfram)	수학 컴퓨터	챗GPT의 약점인 수학과 계산을 보완
	슬랙 (Slack)	챗 커뮤니케이션	슬랙에 챗GPT 탑재
	자피어 (Zapier)	복수의 웹 애플리케이션을 통합/자동화	대화형으로 자동화 워크플로 구축

Expedia

Bring your trip plans to life—get there, stay there, find things to see and do.

FiscalNote

Provides and enables access to select market-leading, real-time data sets for legal, political, and regulatory data and information.

Instacart

Order from your favorite local grocery stores.

KAYAK

Search for flights, stays and rental cars. Get recommendations for all the places you can go within your budget.

Klarna Shopping

Search and compare prices from thousands of online shops.

Milo Family AI

Giving parents superpowers to turn the manic to magic, 20 minutes each day. Ask: Hey Milo, what's magic today?

OpenTable

Search for restaurants available for booking dining experiences.

Shop

Search for millions of products from the world's greatest brands.

Speak

Learn how to say anything in another language with Speak, your AI-powered language tutor.

Wolfram

Access computation, math, curated knowledge & real-time data through Wolfram|Alpha and Wolfram Language.

Zapier

Interact with over 5,000+ apps like Google Sheets, Trello, Gmail, HubSpot, Salesforce, and more.

출처: https://www.chaserich.com

여행 및 레스토랑 분야

• 익스피디아

익스피디아(Expedia)는 국내에도 가장 잘 알려진 여행 예약 서비스 플랫폼이다. 익스피디아 플러그인을 이용해 챗봇 형식으로 질문하면 여행 계획을 세울 수 있다. 챗GPT로도 여행 계획을 세울 수는 있지만 챗GPT(GPT-3.5)의 학습 정보가 2021년 9월까지로 한정돼 있으므로 생성된 정보가 일반적인 수준이며 최신 가격과 추세를 반영하지 않는다. 한편, 플러그인으로 항공권, 호텔, 렌터카, 레지던스의 공실 상황이나 요금 등 최신 정보까지 추가해 여행 계획을 생성할 수 있다.

• 카약

부킹홀딩스(Booking Holdings) 산하에는 아고다(Agoda), 프라이스라인(Priceline), 카약(Kayak) 등이 있다. 이 중에서 카약은 항공편과 호텔을 비교 검색할 수 있는 메타 검색 엔진[16]을 제공한다. 익스피디아와 마찬가지로 카약 플러그인을 사용하면 최신 정보를 기반으로 여행 계획을 세울 수 있다. 익스피디아 플러그인과 함께 예약 페이지로 연결되는 링크를 제시해 준다.

• 오픈테이블

오픈테이블(OpenTable)도 부킹홀딩스의 자회사로, 레스토랑 예약 서비스를 개발하는 기업이다. 챗GPT의 오픈테이블 플러그인을 사용하면 특정 조건에 맞는 최신 레스토랑 정보를 제공한다.

오픈테이블 웹사이트에서 작성하는 질문(프롬프트)의 예로는 "데이트하려는데 뉴욕의 어퍼웨스트사이드에서 해산물과 훌륭한 칵테일을 즐길 수 있는 레스토랑이 어디입니까?" 또는 "샌프란시스코 워싱턴스퀘어에 어버이날 부모님을 모시고 가기 좋은 고급 브런치 식당은 어디입니까?" 등이 있다. 목적, 지역뿐 아니라 요리 스타일이나 참가 인원 등 세부적인 조건을 고려한 검색 기능이 확대될 예정이다.

리테일 분야

• 숍

숍(Shop)은 전자 제품, 패션, 미용, 가정 및 정원, 스포츠 등의 다양한 카테고리의 제품을 빠르고 쉽게 검색할 수 있는 플러그인이다. 챗GPT 인터페이스에서 직접 제품의 탐색부터 가격 비교, 구매까지 원활한 쇼핑 경험을 제공

16 키워드 검색 쿼리를 전송하면 서버가 이를 받아 미리 지정한 포털 웹사이트들에 쿼리를 전송하고 각 포털 웹사이트의 검색 결과를 받아 사용자에게 한 번에 보여 주는 엔진이자 검색 도구이다(출처: 위키백과).

한다. 고객에게 개인화된 쇼핑 경험을 제공하려는 기업에 특히 유용하다. 예를 들어 전자상거래 웹사이트는 숍 챗GPT 플러그인을 자사 웹사이트에 통합함으로써 고객이 자연어 쿼리(질의)로 제품을 검색할 수 있다. 이는 고객 참여를 개선하고 전환율을 높이며 판매를 늘리는 데 도움이 된다.

- 인스타카트

인스타카트(Instacart)는 미국과 캐나다에서 식품 및 생필품을 온라인으로 배달하는 서비스를 제공한다. 이 회사의 챗GPT 플러그인은 인근 매장의 식료품이나 생활용품에 대한 정보를 실시간으로 제공하고 구매나 보관 요청도 가능하다. 2023년 하반기에 출시한 '애스크 인스타카트(Ask Instacart)'에는 고객들이 품목을 작성하는 동안 예산, 건강, 영양, 준비 시간 등도 물어볼 수 있는 기능이 추가됐다.

- 쇼피파이

쇼피파이(Shopify)는 캐나다 최고의 전자상거래 플랫폼이다. 챗GPT 플러그인으로 쇼피파이 플랫폼에서 제품을 검색하고 제품 트렌드를 분석할 수 있다. 찾는 물건을 프롬프트에 설명하면 그에 적합한 아이템을 쇼피파이 라인업에서 소개해 준다. 판매자는 고객의 요구 사항을 정확하게 이해하며 제품 라인업을 조정하고 보여 주기 방식을 최적화하도록 개선할 수 있다.

학습 분야

- 밀로

밀로(Milo)는 자녀를 둔 부모를 돕는 AI 서비스를 제공한다. 식사 준비, 자녀의 학교 행사 및 수업, 쓰레기 버리기 등과 같은 가사 노동이나 업무로 바쁜 부모를 돕는 도구이다. 투두 리스트(To Do List) 작성, 리마인드 설정 등과 같은 일상 업무를 관리할 수 있다.

• 스피크

스피크(Speak)는 미국 교육 지원 업체인 스피크이지랩스(Speakeasy Labs)가 개발한 영어 회화 앱이다. 언어 학습의 일반적인 문제인 '새로운 표현을 어떻게 사용하면 좋을까?'라는 의문을 플러그인으로 해결한다.

예를 들어 영어 구문을 배우고 싶을 때 스피크 플러그인을 사용하면 챗GPT가 자연스러운 대화 맥락에서 해당 구문을 사용한 예문을 생성한다. 스피크 플러그인은 챗GPT를 활용해 더욱 풍부하고 자연스러운 대화 기술을 습득할 수 있도록 도와준다.

비즈니스 분야

• 피스칼노트

피스칼노트(FiscalNote)는 워싱턴 DC에 본사를 둔 시장 정보 회사이다. 특히, 비즈니스에 영향을 미치는 정부 법률 및 규정에 대한 정보를 제공한다. 전 세계의 법률 시스템과 규제, 소송 등 공공 기관의 정보를 매일 업데이트하고 통합하는 SaaS(Software-as-a-Service)형 플랫폼이다. 예를 들어 제약 회사의 경우 각국의 보건 기관 법률이나 마케팅 규정 등 나라마다 특수한 상황에 익숙하지 않으면 사업을 원활하게 할 수 없다.

글로벌 기업은 정책과 법률을 최신 상태로 유지해야 한다. 피스칼노트를 사용하면 해당 정보를 한 번에 볼 수 있고 어떤 법률이 의회에서 통과됐는지, 특정한 법률에 대해 정치인과 정당이 소셜미디어에서 어떤 발언을 했는지를 확인할 수 있다.

• 울프럼

챗GPT 공식 플러그인 중에서 가장 주목할 만한 것이 울프럼 플러그인(Wolfram Plugin)이다. 챗GPT는 텍스트 데이터를 기반으로 하는 AI로 수학과 계산에 서툴다. GPT-4에서는 미적분학의 개선을 보여 주지만 GPT-3.5의 계산 능력은 벤치마크상으로도 신통치 않은 것으로 나온다.

울프럼 플러그인으로 챗GPT에서 고급 수학 계산 및 데이터 분석을 수행할 수 있다. 표준적인 수학 계산부터 복잡한 통계 분석, 물리 계산, 화학 계산 더 나아가 금융 계산까지 광범위한 문제를 해결할 수 있다.

• 슬랙

슬랙(Slack)은 세일즈포스 산하의 커뮤니케이션 서비스이다. 슬랙에 챗GPT 플러그인을 도입하면 채널이나 스레드에서 오고 간 대화를 요약해 부재중에 진행된 회의 내용을 빠르게 파악하고 후속 미팅에 참여할 수 있다. 또한 익숙하지 않은 프로젝트나 주제에 대해 질문해 내용을 이해할 수 있으며 비교적 긴 게시물을 작성할 때 쓰기 지원을 받을 수 있다.

• 자피어

자피어(Zapier)는 5,000개 이상의 웹 애플리케이션을 연계해 자동화를 실현하는 기능을 추가하는 툴이다. 자피어 플러그인을 사용하면 다음과 같은 작업이 가능하다.

- 캘린더 이벤트 작성: 챗GPT에 지정한 일시에 새로운 캘린더 이벤트를 생성하도록 지시하면 자피어를 통해 구글 캘린더 또는 아웃룩 캘린더에 새 이벤트가 생성된다.
- 이메일 보내기: 챗GPT에 이메일을 보내도록 지시하면 자피어를 통해

지메일 또는 아웃룩에서 이메일을 보낸다.

– 새로운 트위터의 트윗 및 구글 스프레드시트 업데이트: 특정한 해시태그가 포함된 새로운 트위터의 트윗이 게시되면 해당 트윗의 내용을 구글 스프레드시트에 추가한다.

앱스토어의 대항마 가능성

오픈 AI는 애플의 앱스토어나 구글의 플레이스토어처럼 독자적인 AI 모델용 앱스토어 개발을 검토하고 있다고 한다. 이 앱 스토어는 특정한 용도에 맞게 맞춤화된 AI 모델을 고객이 판매할 수 있는 마켓플레이스와 같은 형태가 될 것이라는 예측이다. 예를 들어 온라인 거래에서 금융 사기를 검출하는 모델 또는 특정 시장에 관한 질문에 최신 정보로 답변해 주는 모델과 같은 형태가 될 가능성이 있다.

따라서 챗GPT에 플러그인을 도입하는 것은 기존 앱스토어에 위협이 됨과 동시에 새로운 수익을 낳는 새로운 플랫폼이 탄생하는 셈이다. 챗GPT는 서비스를 제공할 뿐 아니라 개발자가 사용자의 이익을 위해 독자적인 플러그인을 만들어 배포할 수 있는 생태계를 만들어 냈다. 이는 애플의 앱스토어 써드파티 앱이 단말에서 활발히 유통될 수 있도록 함으로써 모바일 산업에 혁명을 일으킨 것과 비슷하다. 그런 의미에서 챗GPT의 플러그인 기능으로 향후 AI 채팅의 새로운 가능성과 시장이 열리게 된다.

AI가 사람들 대신 온라인에서 업무를 처리할 수 있어 컴퓨터, 앱, 웹과의 관계가 크게 변화할 수도 있다. 지금까지 챗GPT는 온라인 세계와는 동떨어져 있었기 때문에 최신 정보를 조회해 현실 세계의 상황을 반영할 수 없었다. 그러나 이러한 발전을 보면 앞으로 챗GPT는 점점 인터넷상의 최신 정보를 흡수해 AI의 완성체를 보여 줄 가능성이 있다. 오픈 AI는 곧 도래할 새로운 AI 시대의 중심 플레이어로 자리잡아 가고 있다.

엔비디아(NVIDIA)에서 자율형 에이전트를 연구하는 AI 과학자인 린지 짐 팬(Linxi "Jim" Fan)은 오픈 AI의 플러그인 도입을 '가히 천재적인 행보'라고 평한다. 팬에 따르면, 챗GPT는 설명서나 프로그래밍 코드를 이해하는 데 능숙하므로 새로운 플러그인을 도입하는 일도 매우 쉽다고 한다. 플러그인 수가 늘어나면 챗GPT가 애플이나 구글 등의 빅테크에 도전할 가능성도 생긴다. 지금까지는 앱을 판매하려면 애플이나 구글 등의 앱스토어를 거쳐야 했지만 앞으로는 이러한 플랫폼의 필요성이 점차 줄어들 수 있다. 팬은 '앞으로 챗GPT는 다른 앱을 사용하는 데 필요한 앱으로 자리잡게 될 것'이라고 평한다.

챗GPT 플러그인의 등장으로 현재의 소프트웨어 개념이 무너지고 챗GPT 상에서 모든 인터넷상의 활동을 완결하는 미래가 머지않아 올지도 모른다.

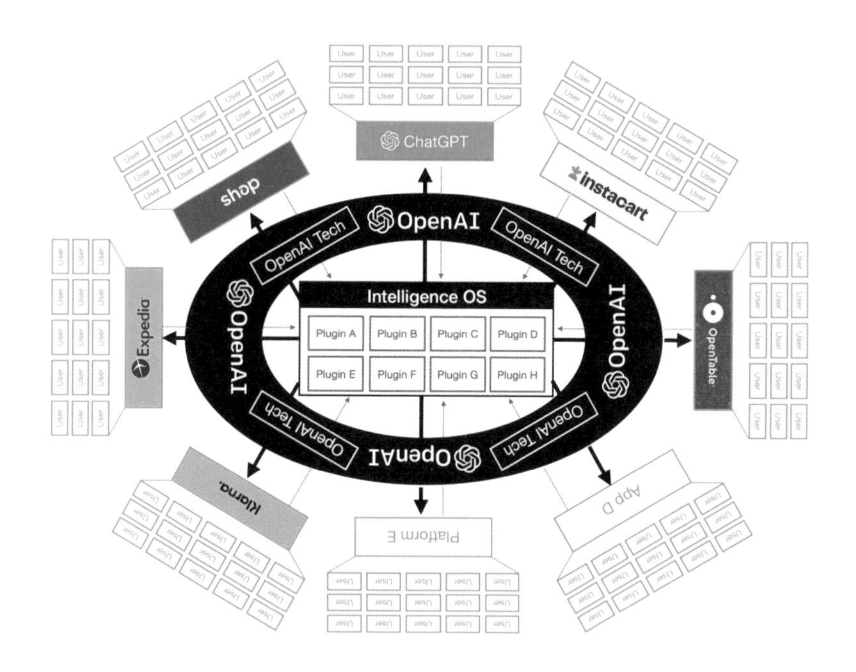

플러그인을 포함한 기능을 API화해서 타사에 제공하는 오픈 AI

출처: https://note.com

채팅 검색이 바꾸는 고객과 마케팅

챗GPT가 개척한 검색의 새로운 시대 도래

마케팅 관점에서 챗GPT의 도입으로 인한 가장 파괴적인 변화는 채팅 검색에서 일어난다. 웹사이트 검색 엔진이 관련된 웹사이트 목록을 찾아 제시해 주는 방식이라고 한다면 채팅 검색은 웹을 크롤링해 사용자의 질문에 대한 정보를 수집하고 연결해 정보만을 알려 주는 서비스이다. 사용자는 웹사이트를 일일이 클릭해 확인할 필요 없이 필요한 정보를 바로 입수할 수 있다. 회의를 하거나 업무를 처리하면서 검색하고 싶을 때 하던 일을 멈추지 않고 정보를 얻을 수 있다. 대표적인 서비스로는 MS의 빙, 구글의 바드(Bard)가 있다.

기존의 검색 방식과 비교했을 때 채팅 검색만의 유용한 점은 무엇일까? 필자도 채팅 검색을 종종 활용하지만 기존 검색과는 다른 편리함이 있다.

검색 과정이 단순

기존 검색에서는 필요한 정보에 도달하기까지 '검색어 떠올리기 → 웹사이트 목록에서 적절한 검색어 선택하기 → 웹사이트에서 정보 탐색' 등의 단계를 거쳐야 한다. 그러나 채팅 검색을 사용할 경우 지시만 내리면 필요한 정보만 표시해 준다. 정보 탐색에 필요한 조작 과정이 매우 단순하다.

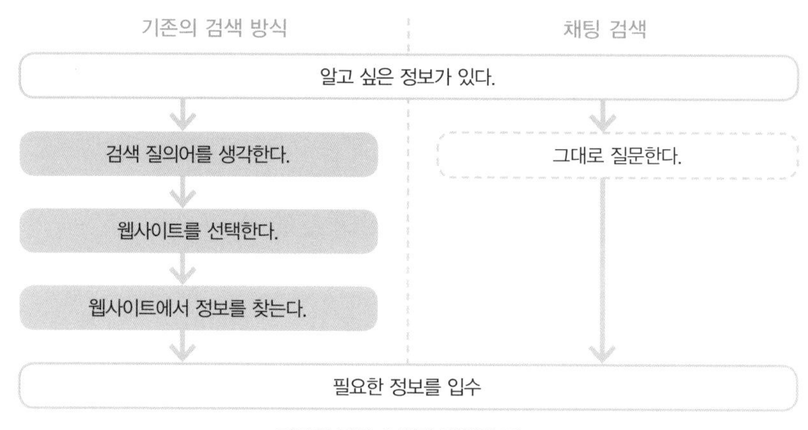

기존의 검색과 채팅 검색의 비교

하나의 동작으로 여러 웹사이트 비교 가능

기존 방식에서는 웹사이트를 여러 차례 둘러보고 조사해야 하지만 채팅 검색에서는 한 번의 작업으로 정보를 검색할 수 있다. 현재는 아직 완벽하다고 할 수는 없지만 여러 정보 출처를 횡단해서 조사할 수 있기 때문에 정보 수집이 점점 쉬워지고 있다.

광고 도배로 인한 피로도가 적음

현재 검색 화면이나 웹사이트에는 얻고자 하는 정보와 관련이 없는 검색 결과, 다른 웹사이트로 유도하는 링크, 광고 등이 많이 포함돼 있다. 반면 채팅 검색은 (적어도 현재까지는) 이러한 현상이 벌어지고 있지 않기 때문에 열람할 때 인지 부하가 적다.

반면, 가장 큰 약점은 '정보의 정확성 부족'이다. 챗GPT를 비롯해 그 밖의 언어 생성형 AI도 그렇지만 기술 특성상 잘못된 정보를 제시할 수 있다. 현 시점에서도 매일 버전 업데이트가 이뤄지고 있지만 영어를 제외한 언어로 질문할 경우 답변의 정확도가 떨어지고 잘못된 답변인 경우에도 그럴듯하고 설득력 있는 응답을 신속하게 내놓기 때문에 속기 쉽다.

인터넷상의 정보도 옳은 것과 잘못된 것이 혼재돼 있다. 그리고 그것들을 분간하는 요령은 우리가 오랜 시행착오를 거쳐 터득한 검색 기술이다. 결국 채팅 검색에서도 잘못된 정보를 골라 내서 줄이려는 기술이 확립돼 갈 것이다. 아직 정식 서비스로 간주하기에는 미숙하고 조악한 부분도 있지만 적어도 현재로서는 기존 검색과는 확실히 다른 특성이 있다는 점에서 어느 정도 평가받고 있다.

끊임없이 변화하는 고객 여정

그렇다면 만약 이러한 채팅 검색이 일정한 점유율을 갖게 될 때 소비자가 정보와 상호작용하는 방식은 어떻게 바뀔까?

웹사이트 방문 감소

정보 접촉이 채팅 검색으로 완결되고 웹사이트를 방문할 일이 없어질 가능성이 있다. 채팅 검색에서는 질문에 대해 추천 상품을 제시하고(인지 획득), 상세 정보를 파고들며(흥미 환기), 다른 제품과 비교해(비교 검사) 구매까지 이어지는 모든 동선이 끊김 없이 연결된다.

기존의 동선과 비교하면 꽤 파격적인 변화이다. 검색을 통해 홈페이지를 방문한 사용자에게 구매를 유도하는 방식의 기존 정보 접촉 단계는 완전히 무너질지도 모른다. 또한 일련의 과정에서 얻던 사용자의 행동 데이터 등을 파악할 수 없게 될 가능성도 생긴다.

채팅 검색으로 바뀌는 고객 여정

구분	인지 (Attention)	흥미/검색 (Interest)	비교 (Compare)	행동 (Action)	공유 (Share)
기존의 정보 접촉	광고	검색 엔진	웹사이트	전자상거래	
채팅 검색 정보 접촉	이런 것이 있어요.	성능은 이렇습니다.	다른 상품과 이렇게 달라요.	여기에서 살 수 있어요.	

기업과 브랜드의 창구 일원화

한편, 챗봇 기술의 진화는 기업에 좋은 기회이다. 다양한 정보를 자유롭게 조작할 수 있는 챗봇 구축이 가능해지면 지금까지 분리돼 있던 고객 접점, 예를 들어 카탈로그, 영업, 튜토리얼, A/S 등의 창구를 하나의 챗봇으로 통합하는 것이 가능해질 수도 있다.

또한 챗봇에 '페르조나(인격)'를 부여할 수도 있다. 회사와 브랜드에 맞는 챗봇을 디자인하고 그 브랜드에 맞는 내러티브로 고객 응대, 영업, 지원 활동을 벌일 수 있다.

챗봇의 등장으로 인한 고객 접점의 일원화

구분	정보 발신	추천	커뮤니케이션	지원
기존의 정보 발신	자사 매체	매장/창구	SNS	콜센터
챗봇의 정보 발신	자사 챗봇			

▌정보와 체험의 분리

단순한 정보라면 채팅 검색으로 AI가 추출할 수 있다. 즉, 아무리 회사가 자사 웹사이트에 단순한 정보를 그럴싸하게 포장해 올려도 사용자에게 전달이 안 될 수도 있다. AI가 정보를 원활하게 읽을 수 있도록 하는 최적화 기술(현재 SEO에 해당)도 미래에는 등장할지 모른다.

한편, 앞에서 언급했듯이 접점을 일원화해서 챗봇을 캐릭터로 만들면 그 가치는 '체험'과 '서비스'라고 부를 수 있다. 채팅 검색으로 정보가 유통되고 챗봇에 의해 체험과 서비스가 확립되는 이른바 '정보와 체험의 분리' 현상이 일어나게 된다. 바꿔 말하면 사용자의 체험이 일어나는 장(場)이 '웹사이트에서 웹서비스로' 옮겨가게 되는 셈이다.

정보는 채팅 검색, 체험은 챗봇으로 분리

채팅 검색과 챗봇만이 고객의 경험을 바꾸는 것은 아니다. 우리가 상상하지 못했던 새로운 기술과 서비스가 등장하고 완전히 다른 시나리오가 펼쳐질 가능성도 있다.

월마트 – 소매업 AI의 변혁을 주도

월마트는 최근 상품 제안이나 재고 관리 등 비즈니스의 다양한 분야에서 AI를 도입하고 있다. 월마트는 2022년 12월 고객이 스마트폰 인터랙티브 앱으로 문자 메시지를 보내기만 하면 상품을 주문할 수 있는 서비스인 'Text to Shop'을 상용화했다. 우유, 기저귀, 건전지 등을 텍스트로 입력해 보내면 후보 상품의 이미지와 가격이 표시된다. 그중에서 원하는 상품이 있으면 클릭해서 카트에 추가한다. Text to Shop은 월마트 회원 계정에 연결돼 있으며 계정에 등록한 결제 수단으로 결제를 처리한다. 구매 품목은 배달시키거나 월마트 매장에서 픽업할 수 있다. 재주문을 입력하면 자주 주문하는 제품 목록이 표시되며 필요한 제품을 장바구니에 추가할 수 있다.

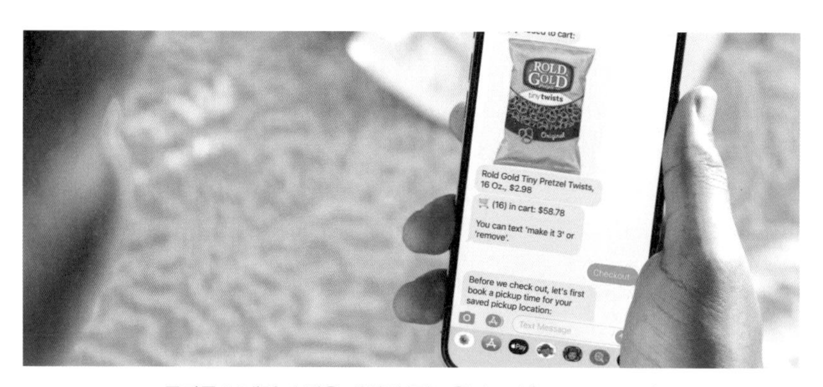

문자를 보내면 쇼핑을 대신해 주는 월마트의 'Text to Shop'

출처: https://blog.cheapism.comwalmart-text-to-shop

월마트는 매출을 늘리고 고객 체험을 높이기 위해 GPT-4를 이용한 독자적인 플랫폼 개발에 전력을 쏟고 있다. 2023년 4월 초에는 마케팅 개혁의 하나로 웹사이트와 모바일 쇼핑 앱의 최신 디지털 디자인을 발표했다. 새로운 디자인은 더욱 크고 보다 반짝거리는 사진, 동영상, 소셜미디어에서 영감을 얻은 콘텐츠로 소비자의 구매 전환율이 높아질 것으로 기대한다.

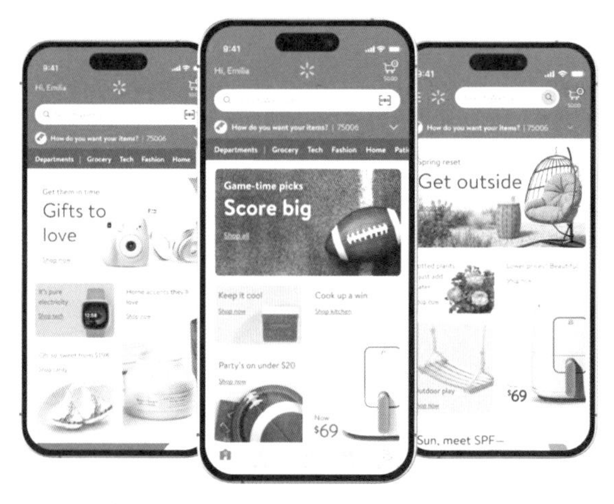

고객의 디지털 경험 혁신을 위해 수백 가지 사항을 개선해 론칭한 Walmart.com

출처: https://corporate.walmart.com

월마트는 LLM 중에서도 자연어 이해(NLU, Natural Language Understanding) 분야를 대규모로 추진한다. 현재는 GPT-4를 중심으로 활용을 모색하고 있지만 앞으로는 다른 LLM의 가능성도 모색할 계획이다. Text to Shop 등 기존의 서비스를 강화하는 방안도 포함된다.

Text to Shop은 현시점에서 간단한 메시지만 처리할 수 있지만 GPT-4와 통합되면 크게 발전할 것으로 예상한다. 월마트의 이머징 테크놀로지스 분야 부사장인 데지레 고스비(Desirée Gosby)에 따르면, GPT-4로 인해 챗봇은 '작업 기반'에서 '문제 기반'으로 진화하게 된다. 문제 기반이 됨으로써 챗봇은 사용자의 과제를 인식하고 해당 과제에 대한 개별 솔루션을 제시할 수 있게 된다. 월마트가 지향하는 바는 고객이 원하는 것을 예측할 수 있도록 하는 것이다. 고스비는 "아들이 여름에 캠핑을 갈 계획이고 평소 알레르기가 있다는 사실을 챗봇이 인식하고 있으면 카트에 알레르기약을 추가한다"라고 설명한다.

챗GPT는 앞으로 어떻게 진화해 나갈까? GPT-4에서 언어 처리의 정밀도가 이미 상당히 높은 수준에 이르렀기 때문에 학습량이 더 늘어난다고 해도 극적으로 진화하지 않을 가능성이 높다. 가까운 시일 내에 구현되리라 예측되는 것은 기존의 인터넷 서비스를 결합한 개인 맞춤형 서비스의 출현이다. 예를 들어 저녁 메뉴의 추천이나 반찬 재료 주문, 현상황에서 최고의 조건으로 식당 좌석 예약에 이르기까지 챗GPT는 이제 거의 모든 일을 척척 알아서 할 수 있다.

또한 챗GPT를 업무용 애플리케이션에 결합해 더욱 자연스럽게 사용하는 시도도 확대되고 있다. 예를 들어 콜센터에서 사용하는 업무용 단말에 챗GPT를 내장하면 고객과의 대화를 실시간으로 요약하고 후보 답변을 자동으로 생성할 수 있다. 단, 이러한 시스템을 만들 때 챗GPT를 그대로 사용하면 고객 등의 데이터가 오픈 AI로 전송되기 때문에 개인정보 보호 측면에서 문제가 있다. GPT의 확산에 따라 기업들은 GPT의 오남용, 기술력 등 핵심정보 유출 가능성에 대한 우려의 목소리를 내고 있다. 해외 AI에 의존하다 보면 국내 이용자가 생산하는 데이터가 해외 AI 원천 기술 기업에게 흘러들어가는 문제가 있다. 따라서 앞으로는 국내 기술 기반으로 GPT를 자체적으로 학습시켜 운용하는 쪽이 주류가 될 것이다.

구글의 코닥 모멘트

검색 엔진과 대화형 AI의 융합

구글의 위협받는 검색 광고 사업

'모난 돌이 정 맞는' 사례는 세상 어디에서나 흔히 볼 수 있다. 구글은 압도적인 속도를 자랑하는 검색 엔진, 구글 앱스토어, 구글 애즈 광고 서비스 등 창업 당시부터 유독 자주 정 맞는 돌이었다. 2020년 10월 미국 법무부가 구글의 인터넷 광고 사업을 「반(反)독점법」 위반으로 기소함으로써 역사적인 반독점 소송전의 서막이 올랐다. 「반독점법」은 말 그대로 독점을 규제하거나 금지하는 법을 말한다. 바이든 행정부는 초대형 IT 기업의 확장을 막기 위해 반독점법을 점점 더 많이 적용하고 있다.

2023년 1월 미국 법무부는 구글이 디지털 광고 시장에서 불법적으로 지배력을 남용해 공정한 경쟁을 해치고 있다면서 「반독점법」 위반 소송을 제기했다. 또한 구글의 광고 관리 플랫폼 중 일부를 매각하라고 요구했다. 이 기소로 인한 재판의 향방에 따라 구글 비즈니스 모델의 기반이 흔들릴 수 있다.

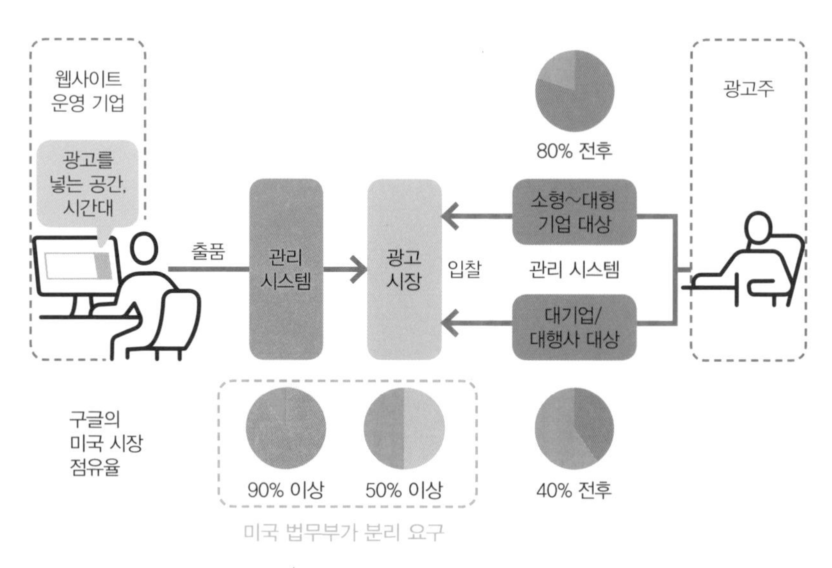

온라인 광고 전송 서비스의 구조

스마트폰과 PC에서 사용하는 검색 엔진의 세력 지형이 조금씩 바뀌고 있다. 챗GPT 등의 생성형 AI가 구글의 압도적인 검색 시장 점유율을 뒤흔들지도 모른다는 이야기가 많다. 검색 서비스부터 이메일, 스마트폰 운영 체제나 스마트폰 단말, 유튜브, 온라인 스토리지, 전자책, 동영상 등의 콘텐츠 판매 등 구글이 운영하는 비즈니스나 제공 서비스의 영역은 폭이 넓다. 그러나 구글 매출의 80% 이상이 온라인 광고에서 발생하기 때문에 비즈니스 측면에서는 광고 대행사 사업이라고 할 수 있다. 특히, 구글 검색에서 얻은 결과에 광고를 게재하고 클릭할 때마다 광고 수익을 올리는 검색 광고의 비중이 두드러진다.

구글 검색 광고는 연간 1,620억 달러(약 208조 원) 이상의 수익을 창출하는 주력 사업이다. 온라인 검색 분야에서는 지금까지 구글이 압도적인 점유율을 유지해 왔다. 인터넷상의 다양한 웹 트래픽을 분석하는 스탯카운터(StatCounter)에 따르면, 2023년 3월 기준으로 구글이 전체 검색 엔진에서 차지하는 비율은 93.3%로 압도적이며 빙이 2.81%, 바이두가 0.45%로 그 뒤를 잇는다.

구글의 광고 수입은 (1) 구글 검색 관련, (2) 구글 네트워크, (3) 유튜브 광고로 나뉜다. 이 중 (1)과 (2)가 검색과 관련된 영역이다. 구글의 모회사인 알파벳의 2022년 실적을 살펴보면, 구글 검색 관련이 57.4%, 구글 네트워크가 11.6%로, 전체 수익의 약 70%(69.0%)가 검색과 연동된 광고 수입이다. 따라서 검색 엔진 이용이 줄어들면 매출에 악영향을 미친다. 지금까지는 검색 엔진에서 좀처럼 원하는 정보를 찾기 어려운 경우가 많았지만 AI가 사용 빈도를 학습하기 때문에 개인이 좋아하는 검색 결과를 단숨에 찾아 줄 가능성이 높다. 굳이 구글 검색 엔진에 의존하지 않아도 알고 싶은 것을 대화형 AI가 즉시 알려 준다면 구글 검색 이용이 더 줄어들 수 있다. 그렇게 되면 구글 최대의 수입원인 광고 수익은 직격탄을 맞게 된다.

또한 검색 방법도 시간이 지나면서 바뀌었다. 테크크런치(TechCrunch)에 공개된 구글 내부 데이터에 따르면, 최근에는 Z세대의 거의 40%가 구글 대신 트위터나 인스타그램, 틱톡 등의 SNS를 검색할 때 이용한다. 지금까지는 검색 엔진 의존 일변도였지만 젊은 세대는 맛집은 검색 엔진이 아니라 인스타그램이나 구글 지도, 재해 정보 등 속보성이 높은 뉴스는 트위터 등에서 검색하는 방식을 사용한다. 팔로우하는 인플루언서들이 언급하는 상품, 인물, 이벤트 등 중에서 자신의 취향에 맞는 정보를 선별할 수 있을 뿐 아니라 '#(해시태그)'에 링크된 태그 검색이나 급상승하는 키워드를 통해 지금, 이 시각에 주목받고 있는 정보를 손쉽게 파악할 수 있다. AI를 탑재하면 SNS에 들끓는 온갖 악덕 장사꾼이나 사기꾼이 퇴출당하는 긍정적인 효과가 나타날 수도 있다.

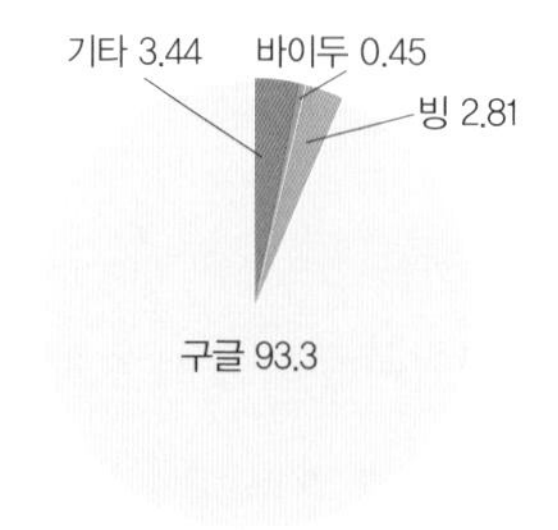

검색 엔진 점유율(단위: %)

출처: StatCounter

알파벳의 수익 구조(2022년, 단위: 백만 달러)

출처: 구글IR

MS, 구글 및 오픈 AI와 모두 경쟁 관계

MS는 모바일화와 클라우드화의 물결에 뒤처졌다는 비판을 받는다. MS는 원래 새로운 사업 아이템의 발굴을 추구하기보다는 선행 기업을 따라잡으려는 '추격 전략' 면에서 높은 평가를 받고 있었다.

2009년 서비스를 시작한 빙은 MS에서 개발한 검색 엔진으로 MS 제품과의 친화성이 높다. 윈도우 10과 11에 탑재한 웹브라우저인 엣지(Edge)에서 채용한 표준 검색 엔진이기도 하다. 엣지 웹브라우저는 2019년부터 시장 점유율을 빠르게 확대하고 있다.

또한 디지털 광고 시장에서는 구글, 메타와의 격차를 좁히기 위해 2016년부터 다음과 같은 회사들의 인수 작업을 꾸준히 벌여오고 있다.

- 2016년 링크드인(LinkedIn): 글로벌 비즈니스 인맥 웹사이트
- 2019년 프로모트IQ(PromoteIQ): 전자상거래 광고 플랫폼을 제공
- 2021년 잰더(Xandr): 온라인 디지털 광고 회사
- 2022년 액티비전 블리자드(Activision Blizzard): 게임 소프트웨어 개발 회사

선행하는 라이벌 기업을 따라잡기 위해 MS가 주목한 것이 AI이다. 2014년 12월 인터넷 전화의 동시 통역 기능을 갖춘 '스카이프 트랜스레이터(Skype Translator)'를 출시했다. 최고의 기계학습을 손에 넣는 것이 MS의 경쟁력을 결정한다고 선언한다. AI 기술은 시간이 지나면서 비약적인 진보를 거듭해 왔다. MS는 오픈 AI에 수십억 달러의 추가 투자를 단행함과 동시에 GPT 기술을 빙에 탑재하고 더 나아가 챗GPT를 MS의 애저(클라우드서비스)에서도 사용할 수 있도록 할 계획이다.

MS는 빙에 오픈 AI의 챗GPT를 탑재해 구글 검색 엔진과의 격차를 줄이려고 하지만 구글 역시 독자적인 생성형 AI를 탑재해 경쟁해 나갈 것이다. MS의 CEO인 사티아 나델라(Satya Nadella)는 새로운 기능이 검색의 패러다임 전환을 의미한다고 주장한다. 혹자는 MS의 이러한 시도를 '인터넷 검색의 재발명'이라고도 부른다.

그렇다고 해서 MS와 오픈 AI의 관계가 마냥 좋지만은 않다. MS와 오픈 AI 양사의 관계는 2019년 MS가 오픈 AI에 10억 달러를 투자하면서 시작됐다. 따라서 표면적으로는 두 회사 간의 관계가 좋아 보인다. 그렇지만 두 회사는 AI 분야에서는 경쟁 관계에 있다. 빙이 챗GPT-4상에서 구동된다고 해도 빙과 챗GPT가 라이벌이라는 점은 부정할 수 없다. 양사의 가장 큰 차이점은 빙은 인터넷 전체에 접속할 수 있는 데 비해 챗GPT는 학습한 데이터에 국한해서만 정보를 추출할 수 있다는 점이다.

챗GPT가 내놓는 답변은 인터넷상의 정보를 요약한 것이지만 그 정보의 출처가 어디인지까지는 표시하지 않는다. 출처를 알면 그 웹사이트에서 내용을 확인할 수 있기 때문에 그런 기능을 원한다는 목소리가 컸다. MS가 출시한 GPT 기반의 빙은 바로 그러한 사용자 경험을 제공함으로써 상업화된 검색 엔진 사이에서 새로운 대안으로 떠오를 것이라는 기대를 받았다. 그러나 MS가 빙에 챗GPT를 연동한 '뉴빙(Newbing)' 서비스를 2023년 2월에 출시한 지 두 달이 채 지나지 않아 광고가 붙기 시작했다. 뉴빙이 질문자가 원하는 더욱 근본적 지식을 제시해 주리라 믿었지만 오픈 AI에 투자한 비용을 회수하기 위해 수익화에 너무 빨리 돌입한 MS의 행보에 '그러면 그렇지' 하는 씁쓸한 여운이 남게 됐다.

뉴빙에 '방배동 맛집을 찾아 주세요'라는 검색어를 입력한 화면

챗GPT가 완전하지 않은 것은 온라인상의 잘못된 정보나 불확실한 사실 등을 포함한 텍스트를 학습하기 때문이다. 그러나 뉴빙이나 챗GPT-4에서는 온라인 검색이나 전문 정보 웹사이트의 데이터를 참고함으로써 보다 정확한 답변에 가까워지고 있다.

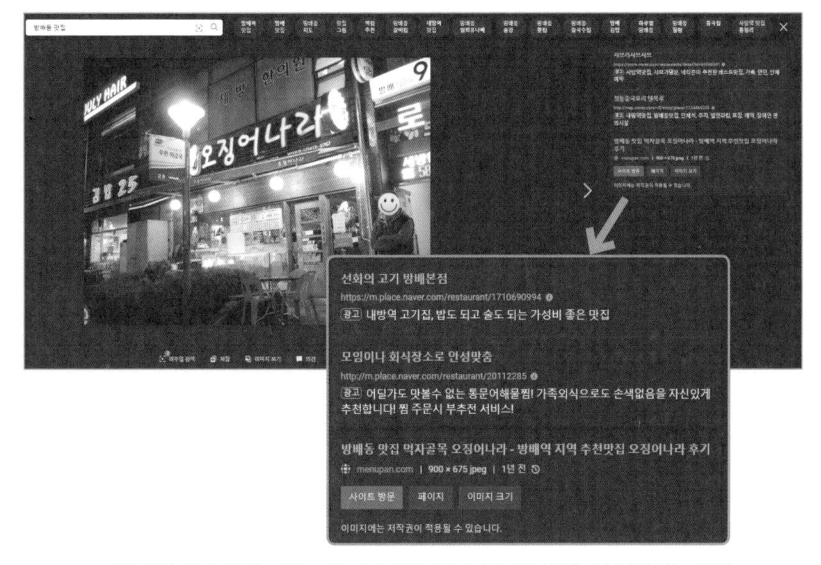

뉴빙 검색 결과 중에 나타난 이미지 중에서 하나를 클릭했을 때 나타나는 화면

뉴빙 광고는 뉴빙에 검색했을 때 나타나는 결과와 연동된 링크에 광고 정보를 노출한다. 대화처럼 생성된 검색 결과에 신뢰를 높이기 위해 일부 정보값에 링크를 붙인다. 이때 해당 정보가 광고라면 링크에 '광고' 표시가 나타난다. 네이버에서 상품을 검색했을 때 광고가 집행된 웹사이트를 상단에 노출하는 '파워 링크'와 비슷한 방식이다.

구글의 코닥 모멘트와 캐니벌라이제이션

구글은 AI 기술에 있어서 세계에서 가장 앞선 회사이기도 하다. 2014년에는 영국의 AI 개발 회사인 딥마인드(DeepMind)를 약 5억 달러에 인수했다. 생성형 AI의 근간이 되는 트랜스포머 기술은 구글 연구진이 개발한 것으로, 구글은 당연히 생성형 AI 분야에서 가장 앞선 기술을 보유하고 있다. GPT의 근간이 되는 GPT보다 강력한 기반 모델이 있기 때문에 오픈 AI의 기술을 빙에 탑재한다고 해서 MS가 압도적인 우위에 설 수 있다고는 단언할 수 없다.

검색 점유율이 1% 늘어나면 광고 수입이 20억 달러(2조 6,000억 원) 늘어난다는 추산이 있다. 따라서 MS 입장에서는 막대한 비용을 치르더라도 점유율을 높이기 위해 광고 시장에 뛰어들 만한 인센티브가 충분하다. 검색 광고 시장에서 '왕좌'를 고수해 온 구글은 그 자리를 노리는 MS의 공세에 가만히 있을 수 없는 입장이 됐다. 2023년 3월 구글은 챗GPT의 대항마로 '바드'를 출시했다. 바드는 람다(LaMDA)의 라이트 모델 버전으로, 챗GPT와 같은 기술을 사용한다. 구글은 "챗봇을 더 많은 사용자에게 제공해 피드백을 수집하고 챗봇의 응답 품질과 정확성 문제를 해결할 수 있게 됐다"라고 설명한다. 또한 AI 스타트업 앤트로픽(Anthropic)에도 약 4억 달러(약 5,000억 원)를 투자해 참전 준비를 끝냈다.

대화형 AI 서비스와 관련 서비스의 세력도

그런데도 구글은 MS처럼 자사 제품에 AI를 빠르게 도입하지 못했다. 글로벌데이터(GlobalData)의 주제별 인텔리전스(Thematic Intelligence) 디렉터인 사이러스 메와왈라(Cyrus Mewawalla)는 이를 두고 "구글이 코닥 모멘트(Kodak Moment) 상황에 부닥쳐 있기 때문"이라고 말한다. 1881년 조지 이스트만이 설립한 코닥은 전 세계 최초로 디지털카메라를 개발했다. 그러나 회사는 필름을 더 이상 팔지 못할 것을 우려한 나머지 디지털카메라 사업을 소홀히 해서 변화에 뒤처졌고 결국 2012년 1월 파산 신청을 했다. 구글도 검색 광고 시장에서 영향력이 너무 크기 때문에 검색에 AI를 접목하면 자기 시장을 스스로 잠식하는 캐니벌라이제이션(Cannibalization) 효과가 나타날 수도 있다.

아직 챗GPT의 답변에는 문제점이 많다. 검색 웹사이트의 경우 답이 틀렸다고 생각하면 다른 웹사이트로 옮겨가면 그만이다. 그러나 대화형 AI는 질문 하나에 답변이 하나라서 만일 답변이 틀리면 100% 잘못된 셈이 된다. 하지만 대화형 AI가 진화하고 정답률이 높아지면 검색 웹사이트를 능가할 수 있다. 챗GPT나 뉴빙을 사용한 적이 있는 사람이라면 잘 알고 있을 것이다.

검색 창에 질문이나 요청을 입력하면 챗GPT의 데이터베이스를 검색하고 '나름대로' 최적의 답변을 표시해 준다. 한편으로는 또 다른 질문을 제안해 주는데 이 질문을 차례로 클릭해 나가는 것만으로도 꽤 정확한 답변을 얻을 수 있다. 그렇게 되면 더 많은 사용자가 구글 검색창이 아니라 대화형 AI를 클릭하게 될 것이다. 결국 구글 사용자 수가 줄어들고 구글 경영에 심각한 영향을 미치게 된다.

광고에 지친 사람들

AI를 사용하면 사용자가 답변을 얻기 위해 광고를 클릭할 필요가 없다. 어쩌면 이것이 구글이 검색에 대화형 AI를 도입하는 것을 주저했던 가장 큰 이유일 것이다. 따라서 챗GPT 서비스는 검색과 경쟁할 수 있고 검색의 개념을 바꿔놓을 가능성이 있다. 2022년부터 챗GPT를 사용한 많은 사람은 '어쩌면 앞으로는 번거로운 검색이 없어질지도 모른다'라고 느꼈다. 실제로 구글 임원이 코드 레드(Code Red, 심각한 위기 상황)를 발령한 이유로 "챗GPT 때문에 사용자가 구글 광고 링크를 클릭하지 않게 될 수도 있다"라고 언급했다.

질문에 질문을 거듭하며 챗GPT와 대화를 이어 나가다 보면 정말 개인 비서에게 지시하고 조언을 얻는다는 착각에 빠지기도 한다. 챗GPT를 한동안 사용하고 나서 기존의 검색 방식으로 돌아가면 짜증과 피로감이 몰려오는 광고가 화면을 뒤덮는다. 일단 챗GPT를 경험하고 나면 원래의 검색으로 돌아갈 수 없다는 말이 나오는 지점이다. MS가 노린 게 바로 이 점이다.

광고 스페이스가 충분치 않은 대화형 AI 인터페이스

풍부한 자금과 인력을 기반으로 개발한 구글의 바드가 챗GPT 등 타사의 대화형 AI 성능을 능가할 수는 있다. 그러나 기존의 검색과 대화형 AI에서는 웹 레이아웃이 다르다. 대화형 AI는 하나의 질문이나 요청에 하나의 답변만을 표시하므로 광고를 삽입할 공간이 없다. 검색의 경우 여러 검색 결과가 화면에 정렬되므로 그 사이에 광고를 끼워 넣을 수 있다. 답변 근처에 광고를 게재할 수는 있겠지만 검색 결과 리스트 중에서 선택하는 형태보다는 소구 효과가 낮을 것이다. 더욱이 스마트폰처럼 작은 화면에 답변 결과 외에 광고를 게재한다면 사용자의 원성은 높아질 것이다. 결국 대화형 AI 검색 결과와 광고를 혼합하기는 어렵다. 답변 문장 중에 광고를 끼워 넣으면 답변 결과의 신뢰성이 떨어지면서 사용자들이 언젠가는 떠나게 된다.

막대한 비용을 상쇄할 신규 수익 모델 부재

또 다른 이유는 아마도 비용일 것이다. 챗GPT의 기반이 되는 GPT-3은 3년이 지난 기술인데도 1,750억 개에 달하는 파라미터를 가진 대규모 AI 모델이다. 이를 막대한 기반의 사용자에게 제공하려면 엄청난 리소스가 필요하다. 사실 지금도 챗GPT는 사용자가 동시에 몰려들면 사용할 수 없는 경우가 많다. 그리고 비용 회수를 위해 2023년 2월부터 월 20달러의 유료 서비스(챗GPT 플러스)를 시작했다. 구글이 정식 서비스로 제공했다고 하면 비교할 수 없을 정도로 막대한 리소스가 필요했을 것이다. 그렇다고 해서 지금까지 무료였던 검색을 유료화할 수도 없는 노릇이다.

철옹성과 같았던 구글의 아성이 자신이 견인한 AI 기술로 위협받게 된다는 참으로 아이러니한 상황에 부딪힌 셈이다. 한편 구글로서는 수입을 올릴 수 있는 다른 방법을 생각해낼 가능성이 높다. 그중 하나는 구글 지도와 지메일의 유료화다. 완전 유료는 아니더라도 데이터 용량 한도를 강화하는 등 무료 제공 범위를 줄일 수도 있다.

AI 검색은 아직 해결되지 않은 많은 의문과 불확실한 요소가 있다. 그러나 한 가지 확실한 점은 오랫동안 '키워드 조합'이라는 UI가 검색 기술의 표준이었다고 하면 지금부터는 패러다임의 전환이 일어나고 있다. 궁극적으로 어떤 기술이 살아남든 지금부터 5년 후에는 검색 경험이 완전히 달라질 것이다.

검색 서비스의 쇄신 'Perspectives on Search'

구글은 2023년 5월 새로운 검색 방식인 'Perspectives on Search'를 발표했다. 사용자들이 '보다 쉽게 이용하고 간단히 답변을 찾을 수 있으며 개인적이고 인간적인' 검색 엔진을 지향한다. 검색 결과의 표시 방법을 변경해 대화형 AI를 도입한다. 숏폼(Short-Form, 짧은) 동영상이나 SNS 게시물에 관한 검색 결과도 기존보다 더 많이 보여 준다. 또한 검색 서비스 쇄신의 하나로 음성 소재를 확충하고 콘텐츠 제작자에 대한 지원도 실시한다.

기존 온라인 검색에서는 답변을 도출하기 어려웠던 검색어에도 중점을 둔다. 현재 웹사이트에는 수많은 웹사이트와 페이지가 존재하고 그중에서 가장 필요한 정보를 찾는 작업은 바다에 빠진 보물을 찾는 것만큼이나 어렵다. 따라서 실제로 체험한 콘텐츠와 실시간 정보를 직감적으로 쉽게 찾을 수 있는 인스타그램, 트위터, 유튜브 등의 SNS나 동영상 웹사이트를 활용한 검색 방식이 널리 활용된다. 구글에서도 가까운 시일 내에 검색 결과 상단에 'Perspectives'라는 필터(버튼)를 탑재해 게시판, Q&A, SNS 등에서 공유되는 비디오 및 이미지 콘텐츠에 접속해 보다 유용한 검색 결과를 간단히 찾을 수 있도록 한다. 또한 콘텐츠 작성자의 이름이나 프로필 사진, 인기도(예

좋아요 및 채널 등록자 수)와 같은 세부 정보도 표시되며 이렇게 검색 방법이 바뀌면 구글에서도 SNS에서 검색하는 것과 같은 결과를 얻는다.

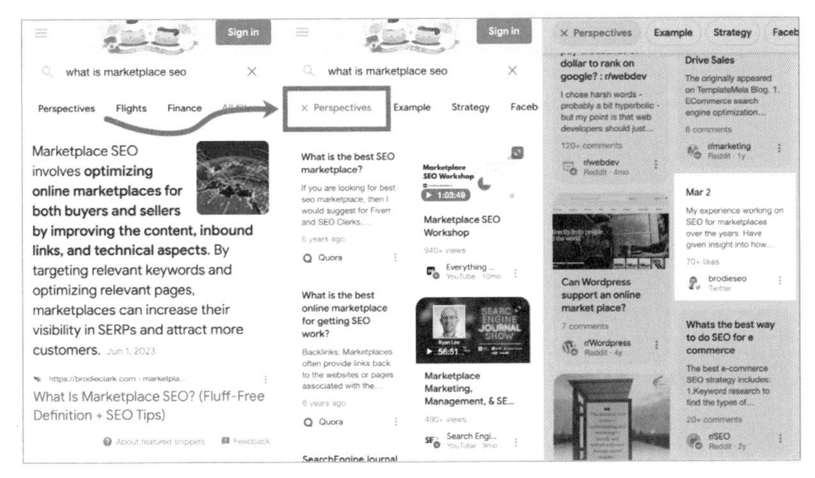

구글 'The Perspectives Search'의 예

출처: https://brodieclark.comgoogle-perspectives-filter

빅테크 신화의 붕괴와 웹 3의 부상

GAMMA와 혁신 기업의 딜레마

2000년대 말 이후 세계 경제는 GAMMA(Google, Amazone, Meta, Microsoft, Apple) 5개 회사를 중심으로 전개됐다고 해도 과언이 아니다. 툴루즈 대학(University of Toulouse)의 니코스 스미르나이오스(Nikos Smyrnaios) 교수는 이 5개 사의 특별한 영향력을 '자본주의 맥락에서 시장과 금융력을 집중시키고 특허권과 저작권을 이용해 인터넷을 쥐락펴락하는 과점 기업'이라고 지적한다.

구글뿐 아니라 GAMMA는 수익과 이용자 수, 축적된 데이터의 양 등으로 전 세계적으로 여러 문제를 일으키고 있다. 2020년 법무부로부터 「독점 금지법」 위반 혐의가 있다며 소송을 당했을 때 문제가 됐던 것은 애플의 사파리 웹브라우저에서 구글 검색을 기본 설정으로 만들도록 구글이 거금을 지불했다는 점이다. 구글은 미국에서만 소송을 당한 것이 아니다. 2019년에는 유럽 연합(EU)으로부터 5,000만 유로(약 716억 원)의 벌금을 부과받았다. EU의 일반 데이터 보호 규정(GDPR)을 위반했기 때문이다. EU의 GDPR(General Data Protection Regulation)은 '유럽 일반 데이터 보호 규칙'이라는 규제이다. 이는 28개 EU 회원국과 노르웨이, 아이슬란드, 리히텐슈타인

3개국을 대상으로 유럽 경제 지역에서 2018년 시행한 규제이다. 유럽 내의 모든 개인정보의 데이터 보호를 강화하고 EU 외부로의 개인정보 유출을 규제한다.

GDPR 규정은 처음부터 GAMMA와 같은 IT 대기업을 겨냥한 것이었다. 빅테크 또는 GAMMA 모두 미국에서 출발한 기업이나 미국 시장에 머물지 않고 전 세계에 진출했다. 그 결과 전 세계에서 사용자를 확보해 전 세계 시장에 걸쳐 수익을 올리고 있다. 만일 유럽 출신의 기업 중의 하나라도 빅테크 또는 GAMMA가 있더라면 그렇게까지 엄격하게 GDPR을 적용하지는 않았을 것이다. EU로서는 자신들이 EU의 사용자 정보와 이익을 취해야 하는데 미국 기업들에 빼앗기는 상황에 대해 큰 위기감을 느꼈을 것이다. 2021년 7월에는 아마존도 고객 정보를 무단 도용해 타깃 광고를 한 혐의로 8억 8,700만 달러(약 1조 1,433억 원)의 벌금을 부과받았다.

애플의 아이폰과 구글의 검색 광고처럼 GAMMA 개별 기업은 막강한 자체 수익원을 갖고 있다. 그러나 경쟁 회사 간에 완전히 다른 비즈니스 모델을 가진다는 점은 흥미롭다. 예를 들어 구글의 안드로이드와 애플의 iOS는 모바일 시장을 양분하고 있지만 애플은 스마트폰 판매, 구글은 검색 광고로 수익을 창출한다.

- 구글의 주요 수익원은 검색 광고이며 광고 수익은 전체 매출의 80% 이상
- 아마존은 매출액이 5개 사 중에서 1등으로, 특히 북미 전자상거래 사업이 주요 수익원
- 메타는 SNS 광고가 사업의 중심으로 광고 매출의 거의 100% 차지
- 애플은 아이폰 등 단말 판매 수익이 전체 매출의 80% 이상 차지
- MS는 애저 등 클라우드 서비스가 전체 매출의 36% 차지(단, 윈도우나 오피스365를 포함한 다른 카테고리에서도 대략 평균적인 수익원이 분포)

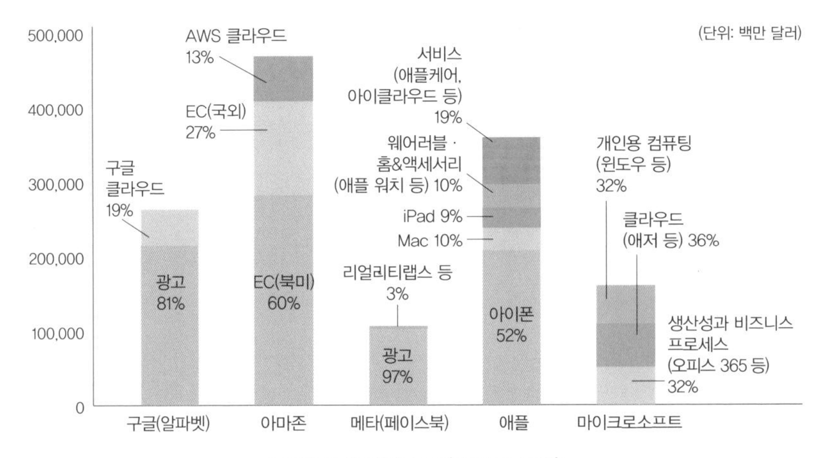

GAMMA의 매출 구조(2021년 기준)

출처: 각사 홈페이지

그런데 IT 산업을 둘러싼 경쟁 구도가 점차 변화하고 있다. 알리바바, 텐센트 등 중국 IT 기업들이 지난 몇 년간 급부상한 것처럼 GAMMA의 시장 점유율을 위협하는 오픈 AI와 같은 스타트업 기업들이 나타나 업계 재편이 일어나고 있다. 그렇다고 해서 GAMMA의 최근 매출이 많이 감소했다는 것을 의미하지는 않는다.

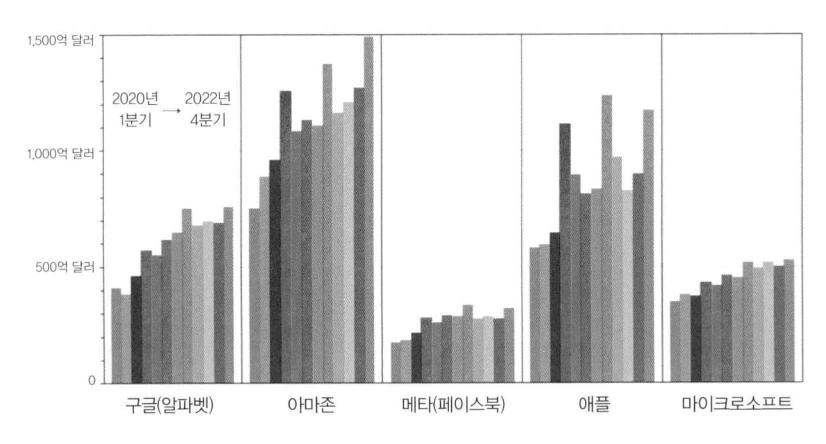

GAMMA의 매출액(2020년 1분기 ~ 2022년 4분기)

출처: 트러스티증권

위 그림에서 알 수 있듯이 시기적으로 증감은 있지만 GAMMA 각사의 매출은 오히려 증가하고 있다. 그런데도 왜 도처에서 GAMMA 신화의 붕괴를 말하고 있는 것일까?

미국 리서치 회사 가트너가 발표한 글로벌 IT 산업 지출 전망 자료에 따르면, IT 관련 시장의 규모는 여러 분야에서 지속적으로 성장하고 있다. 저출산 고령화에 따른 인구 감소로 노동 인구가 부족해지면서 전 세계적으로 디지털화는 점점 가속화되고 있다. 이러한 성장의 속도는 GAMMA의 성장 속도를 크게 추월한다.

즉, IT 시장에서 GAMMA의 지배력이 무너지는 이유는 GAMMA의 실적이 악화되고 있기 때문이 아니라 성장을 거듭하는 IT 시장의 확대로 수요가 급격히 증가해 다른 기업들이 파고들 틈새가 생겼다고 하는 점이 옳을 것이다. 지금까지는 GAMMA만으로 충족할 수 있었던 사회적 측면, 사용자 측면의 니즈를 이제는 빅테크의 영역만으로는 충당할 수 없는 규모로까지 IT 업계가 성장한 결과 GAMMA 이외의 기업도 시장 점유율을 확대할 기회가 생겼다.

이러한 흐름의 큰 축을 담당하는 것이 최근 급격히 주목받는 인공지능 관련 스타트업이다. 챗GPT를 만든 오픈 AI는 샌프란시스코에서 설립한 스타트업이다. 챗GPT는 구글과의 경쟁에 불을 붙여 구글은 바드를 출시하기에 이른다. 스타트업이 빅테크의 사업에 영향을 미치는 시대로 접어들고 있다. IT 산업의 경쟁 구도가 GAMMA의 독점에서 벗어나 대기업과 중소기업이 서로 꿈틀거리고 경쟁하는 시대가 도래한 것이다.

세계의 IT 지출 예측 (단위: 백만 달러)

구분	2021년		2022년		2023년	
	지출	성장률(%)	지출	성장률(%)	지출	성장률(%)
데이터센터 시스템	216,337	11.4	226,475	4.7	237,021	4.7
엔터프라이즈 소프트웨어	604,946	14.4	671,732	11	751,937	11.9
디바이스	787,417	13	813,699	3.3	804,253	-1.2
IT 서비스	1,186,103	10.7	1,279,737	7.9	1,391,742	8.8
통신서비스	1,444,324	3.4	1,462,712	1.3	1,494,167	2.2
IT 전반	**4,239,127**	**9.0**	**4,454,355**	**5.1**	**4,679,120**	**5.0**

출처: 가트너, 2022년 1월

2023년 2월 8일 자 월스트리트 저널(Wall Street Journal)은 '빅테크의 성장과 혁신 둔화, 시장 지배력은 유지'라는 제목의 기사에서 '미국 빅테크는 거대하고 빠르게 맹렬한 혁신을 몸소 실천하며 행동으로 보여 준 보기 드문 예였지만 지금은 그 성장이 과거의 그림자에 묻혀버려 기술 혁신의 추동력이 부족하다'라고 지적한다. LLM을 사용해 자연스럽고 인간과 같은 대화로 질문에 답하는 챗GPT의 성공은 이 기술이 검색, 소셜미디어 및 스마트폰과 동등한 수준의 새로운 히트 제품이 될 가능성이 있다는 것을 시사하지만 과연 AI가 진정으로 새로운 제품을 만들 것인지, 이미 장악한 시장에서 방어를 공고히 하는 데 도움이 될 것인지는 아직 확실치 않다고 주장한다.

챗GPT를 둘러싼 논란은 기술 면에서 차세대 리더의 잠재력을 나타낸다. 실적 둔화와 글로벌 규제 당국의 포위망 외에도 사업의 근간이 되는 기술 면에서도 GAMMA의 기반은 흔들리고 있다. 마치 구글의 검색이 등장했을 때 전 세계가 보인 열광과도 비슷하다. 챗GPT는 발전도상에 있다. 부정확한 응답이 많고 정확한 용도와 비즈니스 모델은 미지수이다. 이 분야에서 후발주자인 아마존, 애플, 메타가 막대한 자금과 재능을 투자해 구글과 MS의 지배적인 지위에 도전할 가능성도 배제할 수 없다.

GAMMA는 한때 전 세계를 놀랍게 할 만한 기술과 전 세계 소비자를 사로잡은 새로운 서비스의 원천이었다. 빅테크의 규모가 커지면서 기술을 넘어 모든 산업에서 막대한 영향력을 발휘하는 한편, 보호해야 하는 기존의 사업이나 고객, 이해 관계자가 늘어갔다. 그러다가 참신한 기술로 무장한 신흥기업이 등장해 기존 대기업의 손이 미치지 않는 새로운 시장을 개척한다. 업계를 지배하는 빅테크가 파괴적인 혁신 앞에 힘을 잃어 기업 경영의 고전이라고 할 수 있는 '혁신 기업의 딜레마(The Innovator's Dilemma)' 이론[17]에 빠지게 될 것인가?

웹 3이 거대 기업의 독점적 통제를 바꿀 수 있을까?

빅테크 기업의 지배와 예속에 맞서려는 움직임은 2020년대부터 본격화됐다. 그것이 바로 '웹 3'이라고 부르는 운동이다. 웹 3은 또다시 지배와 예속으로 회귀하려는 인터넷에 자유를 돌려 주려는 사상이다. 챗GPT에서 볼 수 있는 새로운 기술의 부상과 엄청난 지배로부터의 해방을 선언하는 웹 3의 부흥 속에서 GAMMA의 미래는 어떻게 될 것인가?

기술적인 면에서 웹 3이 GAMMA의 지배력을 깰 것으로 알려졌다. 웹 3을 쉽게 설명하면 비트코인으로 유명한 기술인 블록체인을 중심으로 고안

17 시장 선도 기술을 보유한 기업이 한계에 이르러 더 이상 혁신을 이루지 못하고 기존 제품의 성능을 개선하는 데 그치면서 새로운 기술로 무장한 후발 기업에 시장 지배력을 잠식당하는 현상을 말한다. 클레이턴 크리스텐슨(Clayton Christensen) 하버드 경영대학원 교수가 1997년에 출간한 〈혁신가의 딜레마(The Innovator's Dilemma)〉에서 처음으로 사용했다(출처: 네이버 지식백과 혁신가의 딜레마, 시사상식사전, pmg 지식엔진연구소).

한 새로운 인터넷이다. 블록체인은 모든 거래가 기록되는 원장이다. 그리고 이 원장은 GAMMA와 같은 빅테크가 독점으로 소유하지 않는다. 빅테크의 서버에 저장되지 않으며 인터넷으로 서로 연결된 수많은 컴퓨터에 동시에 저장된다. 하나의 원장이 비밀리에 위변조되더라도 다른 컴퓨터의 기록과 일치하지 않으면 허용되지 않는다. 분산 때문에 위변조가 매우 어려워 그것이 원장의 정보가 정확하다는 점을 담보한다. 블록체인 기술로 프로그램과 데이터를 분산 관리하게 되면 빅테크 플랫폼이 높은 시장 점유율을 배경으로 막대한 이용자 자료를 수집해 강력한 지배력을 행사하는 현상을 바꾸고 이용자가 자신의 데이터를 주체적으로 관리할 수 있게 된다. 많은 사람이 블록체인의 탈중앙화 메커니즘이 빅테크 플랫폼의 통제에서 벗어나는 데 도움이 될 수 있다고 생각했으며 그것이 웹 3 운동이 탄생하게 된 배경이다.

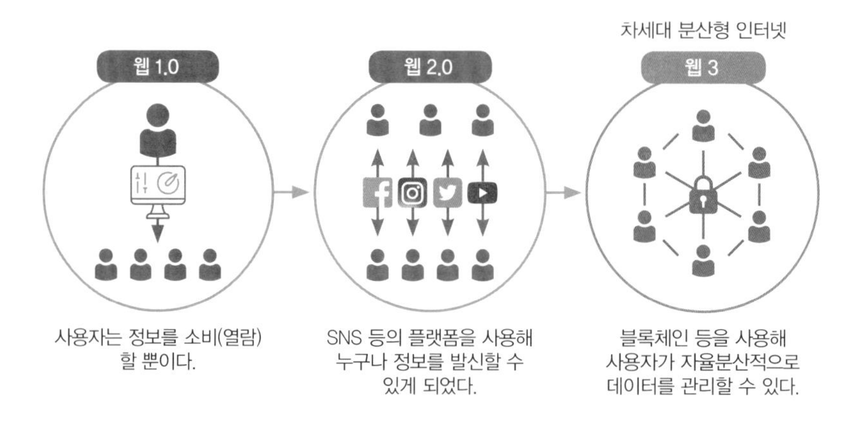

차세대 분산형 인터넷 웹 3의 등장

그러나 웹 3의 미래는 사실상 불투명하다. 2022년 가트너 하이퍼사이클에 따르면, '웹 3'은 수많은 성공과 실패 사례가 탄생하는 2단계 '거품기'에, 웹 3의 주요 요소 기술인 NFT(Non-Fungible Token)는 기술에 대한 환멸을 느끼는 3단계 '환멸기'의 초기 단계에 접어들고 있었다. 하지만 2023년 가트너 하이퍼사이클에서는 웹 3이나 NFT 모두 이미 기업과 대중의 관심에서 멀어졌다. 아마도 3단계 '환멸기' 중에서도 가장 저점 상태에 있을 것으로 추정된다. 지금은 기업의 도태와 재편이 가속화되고 생존을 위한 중요한 고비에 접어든 시기이므로 구체적인 성공 사례를 만들어 내지 못하면 4단계 '성숙기'로 진입하기 전에 시장에서 퇴출되는 결과를 초래할 것이다.

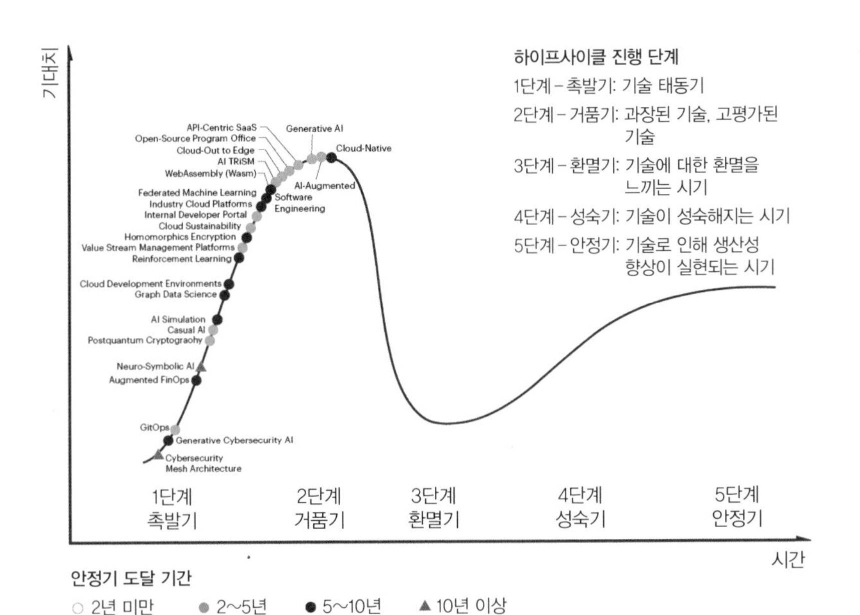

2023년도 이머징 기술의 하이프사이클

출처: 가트너

웹 3이 확산하더라도 어느 날 갑자기 중앙집권적인 메커니즘이나 GAMMA의 자리가 없어지는 것은 아니다. 다만 가트너의 애널리스트인 스즈키 마사키(鈴木雅喜)는 "현재 GAMMA의 비즈니스 모델 중 일부는 결국 기능을 중단하고 다른 부가가치를 추구해야 할 것"이라고 말한다.

전문가들은 상황이 그렇게 간단하지는 않다고 말한다. 가트너 재팬(Gartner Japan)의 애널리스트인 다다키마카타(亦賀忠明)는 "GAMMA가 현재는 비즈니스 모델을 조정하는 과정에 있을지 모르지만 학습 능력이 뛰어나므로 세상의 변화를 예의주시하면서 자사에 이식할 것을 찾아 바꿔 나갈 것이다. 따라서 GAMMA의 근본적인 강점을 과소평가해서는 안 된다."라고 강조한다. 새로운 분야에 막대한 양의 연구 개발 자금을 투자할 수 있다는 점, 비즈니스에서 반도체 연산 능력의 비약적인 향상을 최대한 활용할 수 있다는 점을 결합해 비즈니스를 전개하고 있는 것이 미국의 기술 기업이다.

MS가 출자한 오픈 AI는 클라우드 '애저'를 사용하고 구글 측의 앤트로픽은 '구글 클라우드'를 사용하기 때문에 AI 서비스의 점유율이 클라우드 서비스의 점유율에 직결될 가능성이 높다. 그렇게 되면 클라우드 서비스에서 최대 점유율을 차지하는 아마존의 아마존 웹 서비스(AWS)도 큰 타격을 입을 수밖에 없다. 이러한 상황에서 메신저 점유율 세계 1위를 차지하는 메타(스레드, 페이스북 메신저, 왓츠앱 운영) 그리고 운영 시스템(OS)에서 MS 윈도우와 점유율을 양분하는 애플도 춘추 전국 시대의 회오리바람 속으로 휩쓸려 들어갈 공산이 크다.

비즈니스 실적 둔화, 전 세계의 규제 강화, 파괴적인 혁신이 다가오고 있다. 2022년 말과 2023년 초에 빅테크는 일련의 대규모 정리 해고를 발표했다. 수만 명의 전직 GAMMA 인재들이 구직 현장으로 나왔다. 챗GPT를 넘어서는 파괴적인 혁신을 위한 토대가 마련된 셈이다. 과연 GAMMA가 이제 한물간 것인지 몇 년 후 현재를 되돌아볼 때가 돼서야 답을 얻게 될 것이다.

GAMMA의 해고 현황

구분	해고 발표 인원수	발표일
알파벳(구글)	12,000	2023년 1월 20일
아마존	18,000	2023년 1월 6일
메타(페이스북)	11,000	2022년 11월 9일
애플	없음	없음
MS	10,000	2023년 1월 18일

출처: 각사 언론 보도 자료

PART

03

관심 경제의 종말과 크리에이티브 이코노미의 부상

관심을 끌기 위해 경쟁한다
관심 경제

관심을 갈망하는 시대

과거 1세기 동안 가장 중요한 자원은 석유였다. 석유의 패권을 둘러싼 전쟁도 일어난다. 진주만은 일본이 인도네시아의 석유 이권을 확보하기 위해 벌인 선제 공격이었다. 그리고 석유는 1960년대까지만 해도 고기잡이와 진주 양식으로 먹고 살던 가난한 어촌 마을 두바이를 아랍에미리트에 속한 7개 부족 국가 중 가장 부유한 집단으로 만드는 공을 세우기도 했다. 그러나 석유의 지배력은 번영의 절정을 지났다.

인류가 역사와 세월이라는 씨실과 날실을 얼기설기 엮어 만들어 낸 사회에서 가장 희소성 있는 자원은 우리의 지능이다. 한 사람 한 사람이 사용할 수 있는 시간은 기껏해야 하루에 열대여섯 시간에 불과하다. 그리고 그 시간을 일상생활, 회사 업무, 여가로 할당해 쪼개서 사용한다. '이렇게 희소한 우리들의 지능 중에서 과연 얼마나 전유할 수 있을 것인가?' 하는 경쟁이 비즈니스계에서 일어나고 있다. 전형적인 예가 엔터테인먼트 산업이다. 다른 사람들보다 두드러지게 눈에 띄고, 사람들이 입에 떠올리는 화제의 중심에 서고, 우리들의 지능 속에 더 많이 머물수록 돈이 더 모이게 된다. 그런데 경제를 '풍요'가 아닌 '희소성'으로 정의하고 '희소성=가치'로 간주한다면 정보 과부하 시대에 있어서의 희소성은 과연 무엇을 의미하는 것일까? 바로 '관심'이다. 바야흐로 우리는 석유 경제에서 관심 경제로 옮겨갔다.

유튜버가 시선 끌기용으로 과격한 장면을 올리는 것도, 틱톡커가 관능적으로 춤을 추는 것도, 인플루언서가 허세 가득한 사진을 올리는 것도, 연예인들이 트위터에 개념 있는 사람이라는 것을 인증하는 샷을 올리는 것도 모두 대중의 관심과 시선을 끌기 위해서라고 할 수 있다. 관심은 그만큼 현대 경제에서 큰 영향력을 갖지만 때로는 사회 문제를 유발하기도 한다.

관심을 팔아먹고 산다: 방탄소년단

우리는 온라인에서 유통되는 콘텐츠 중에서 관심을 쏟을 곳을 끊임없이 선택한다. 관심은 우리의 인생에서 어떤 부분을 무엇이 차지하게 될 것인지에 대한 선택이며 그것이 소비 경제와 결합하면 사람들의 관심이 재화가 되는 관심 경제(Attention Economy 또는 주목 경제)를 형성한다. 관심 경제는 대중의 관심과 주목을 받는 정보가 경제적 가치를 갖는다는 사고이다. 1969년 노벨 경제학상을 수상한 심리학자이자 경제학자인 허버트 사이먼(Herbert Simon)이 처음 제창했다. 사이먼은 "관심이라는 것은 인간의 사고 활동의 약점이자 우리가 자극이 있는 환경에서 무엇을 받아들이고 무엇을 할 수 있을지를 제한하는 것"이라고 정의했다. 이와 동시에 "정보 과잉은 인간의 주의를 빈약하게 한다"라고 경고했다.

그 후 1997년 전직 물리학자인 마이클 골드하버(Michael Goldharbor)는 세계 경제가 물질적 경제에서 인간의 관심을 기반으로 한 경제로 옮겨가고 있다고 예언했다. 온라인에서 무료로 제공되는 콘텐츠에 우리들은 실로 '관심'을 소비하는 형국이라고 경종을 울렸다. 그는 "경제가 소비 경제에서 정보 경제로 옮겨가는 동시에 우리의 관심이 귀중한 자원으로 변모하고 있으며 관심이 통화가 될 것"이라고 예측했다. 인간의 관심을 겨냥하는 비즈니스 모델은 온라인 시대 이전에도 미디어 업계에서 존재했지만 웹 2.0 이후 폭발적으로 늘어난 소셜미디어 기업은 이러한 메커니즘을 십분 활용했다. 우리는 지금 그 정보에 얼마만큼의 관심을 기울이는지를 중시하는 시대에 살고 있다. 허버트 사이먼은 이미 1969년에 그러한 때가 오리라 예측했다.

관심 경제가 주목받게 된 배경에는 인터넷 기술의 발전과 정보의 폭발적인 증가와 관련이 있다. 인터넷은 이제 우리 삶에 없어서는 안 될 부분이자 사회 인프라의 일부이다. 정보가 무기로 일컬어질 만큼 정보의 가치가 날로 높아져 왔다. 과거에는 정보를 얻기 위해 금전적 대가를 치러야 했지만 유튜브, 페이스북, 트위터, 인스타그램 등의 등장으로 그 상식이 무너져 버렸다. 이전과는 비교할 수 없을 정보의 양에 노출되면서 정보의 진위를 무시한 저품질 콘텐츠와 가짜 뉴스가 등장해 혼란을 초래한다. 정보의 진정성보다 주목도에 비중이 쏠리는 경향이 있으며 그것이 자원이나 교환의 소재가 되곤 한다. 최근 몇 년 동안 광고를 무시하는 사용자도 늘어났고 정보의 신뢰성을 구분하는 기술이 필수적인 소양이 됐다.

그러나 조금이라도 시선을 끌기 위한 플랫폼 운영자의 '낚시' 스킬 또한 일취월장한다. 정보가 사실인지 아닌지는 중요하지 않다. 얼마나 주의를 끌고 사람들을 오랫동안 플랫폼에 붙들어 두느냐가 관건이다. 지금까지 나온 이야기에 비춰 보면 관심 경제에 나쁜 이미지를 가질 수 있지만 현대 사회에서 경제활동으로서 큰 성과를 거둔 것도 사실이다. 인터넷 기술의 발전과 단말의 진화에 따라 발전한 SNS, 거기에 표시되는 정보와 콘텐츠는 더 이상 우리의 라이프 스타일과 분리할 수 없다.

관심 경제의 고충을 드러낸 방탄소년단

케이팝은 관심 경제의 중요성과 그 구조를 가장 잘 분석-이해-활용한 사례이다. 온라인 공간에서 '눈에 띄는' 것과 '떡상[18]'하는 것의 중요성을 일찌감치 깨닫고 싸이의 강남스타일 등과 같은 히트곡 제조에 주력했다.

그중에서 방탄소년단은 케이팝의 전략이 가장 유효하게 적중한 케이스였다. 물론 가수 개개인의 재능과 노래, 춤의 퀄리티에 힘입은 바가 크지만 2022년 6월 당분간 팀 차원의 음악 활동을 쉬겠다고 선언했을 때 리더인 RM이 한 말은 관심 경제의 빛과 그림자를 잘 나타낸다.

> "우리가 어떤 팀인지 잘 모르겠더라. …(중략)… K팝 아이돌 시스템 자체가 사람을 숙성하게 놔 두지 않는다. 계속 뭔가를 찍어야 하고 해야 하니까 내가 성장할 시간이 없다. …(중략)… 우리가 최전성기를 맞은 시점에서 세상에 어떤 식으로든지 기능해야 할 것 같은데 내가 생각할 틈을 주지 않았다. …(중략)… 언제부터인가 우리 팀이 뭔지 모르겠다. 나와 우리 팀이 앞으로 어디로 나아가야 할지를 몰랐다."

방탄소년단이 비록 큰 성공을 거뒀지만 항상 대화의 중심에 머물러야 하는 고통, 하기 싫은 일도 계속 해야 하는 고통을 엿볼 수 있다.

18 가격이나 주가가 급격하게 상승하는 것

관심 경제가 먹여 살리는 플랫폼 기업

스마트폰을 열면 새로 올라온 콘텐츠의 폭격을 받는다. 그리고 알고리즘이 더 많은 콘텐츠를 계속 보도록 유도하기 때문에 콘텐츠 시청의 늪에서 헤어나기 어렵다. 기업 입장에서는 이것이 광고 수입을 일으키는 중요한 자원이 된다. 목표는 광고에 따라 다르지만 조회수와 클릭 수에 따라 플랫폼을 운영하는 회사에 지불하는 금액이 변한다. 소셜미디어 플랫폼을 제공하는 회사는 우리의 관심을 끌어 자원을 얻는다. 바꿔 말하면 관심 경제가 없으면 SNS 플랫폼을 제공하는 기업은 존속할 수 없다. 디지털 단말에서 광고를 차단하는 기능은 디지털 세계의 구조적 변화를 보여 주는 흥미로운 사례이다. 페이스북이나 구글, 온라인 웹사이트에 광고가 나타나지 않게 할 수 있다면 광고 경제활동으로 번영을 누려온 빅테크는 생사존망의 위기에 처할 것이다.

한편, 일각에서는 관심 경제가 현대 사회 경제에 부정적인 영향을 미치고 있다는 의견도 나오기 시작했다. 구체적으로는 다음과 같은 부작용이 발생하고 있는 것으로 알려져 있다.

-SNS 플랫폼에 대한 의존과 정신의 부조화

-선택권 침해 또는 사생활 침해

-광고 및 콘텐츠의 품질 저하

SNS 플랫폼에 대한 의존과 정신의 부조화

현재 SNS 대부분은 광고 모델로 돈을 벌고 있기 때문에 사용자의 관심을 끌고 미디어 체류 시간을 늘리는 것이 마치 게임처럼 됐다. 그 결과 때때로 도덕성을 무시한 얄팍한 상술의 콘텐츠나 가십성 기삿거리가 사회적 분열을 일으키고 이용자의 정신 건강에 악영향을 미치는 등 문제를 야기하고 있다. 가장 큰 문제는 이른바 SNS 중독이다. 많은 소셜미디어 플랫폼은 사용자가 직관적으로 사용하기 편리하도록 잘 설계돼 있다. 사용자를 가능한 한 오랫동안 플랫폼에 묶어 두기를 바라는 의도에서 비롯된다. 끝없는 정보 업데이트, 실시간 알림, 자동 재생 비디오, 매력적인 일러스트레이션으로 떠나기가 어렵다. SNS를 탐색하고 있는 단말을 한시도 손에서 놓을 수 없고 SNS가 없으면 불안해진다.

2017년 전 구글 직원인 트리스탄 해리스(Tristan Harris)는 CBS 텔레비전 다큐멘터리와의 인터뷰에서 "소셜미디어의 배후에 있는 기술이 우리의 관심을 끌기 위해 슬롯머신처럼 중독성이 있도록 설계되고 있으며 사용자가 스마트폰을 끊임없이 확인해 의존하도록 만든다"라고 밝혔다.

2021년 10월에는 메타의 전 직원인 프랜시스 하우겐(Francis Haugen)이 "페이스북의 알고리즘 자체가 분노를 조장하는 콘텐츠를 선택하는 구조로 돼 있다"라고 고발했다. '좋아요!'나 게시글 공유 등을 통한 참여가 높아지면 페이스북 광고 매출이 증가하며 사람들은 화가 났을 때 참여율이 가장 높다. 그 결과 가짜 뉴스가 유포되고 미국에서 피자게이트[19] 등과 같은 사회 문제도 일어났다고 할 수 있다.

이에 대해 2021년 11월 화장품 브랜드 러쉬(LUSH)는 자사 홈페이지 공식 성명문을 통해 "러쉬는 페이스북, 인스타그램, 스냅챗, 왓츠앱, 틱톡 등이 안

19 2016년 미국 대선 당시 클린턴 전 장관과 존 포데스타 선거대책본부장이 아동성 착취와 인신 매매를 지휘하고 있다는 음모론을 말한다. 인신 매매가 이뤄지는 근거지로 워싱턴DC에 위치한 '코밋 핑퐁'이라는 피자 가게의 지하실이 지목됐기 때문에 '피자 게이트'라는 명칭이 붙었다.

전한 환경을 제공한다는 사실이 확인될 때까지 SNS 활동을 중단한다"라고 선언했다.

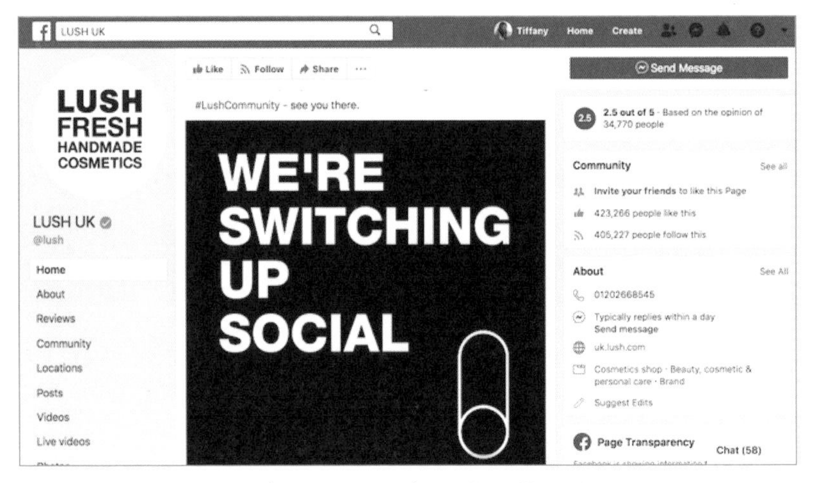

SNS(인스타, 페이스북) 중단을 선언한 러쉬

출처: LUSH 홈페이지

선택권 또는 사생활 침해

SNS가 광고를 노출하는 구조는 사용자의 속성과 검색 기록을 기반으로 관심을 가질 만한 콘텐츠를 표시하는 것이다. 소셜미디어를 사용하는 동안 플랫폼에 의해 지속적으로 모니터링되고 자신도 모르게 개인정보가 유출된다. 지금까지는 무엇에 얼마나 관심을 가질 것인지를 사용자 자신이 결정했다. 사용자는 관심을 배분할 자기 결정권을 가졌다. 그러나 이제 플랫폼은 사용자 프로필과 인지 과학인 웹사이트를 광범위하게 활용해 사용자의 의사결정을 강력하게 유도할 수 있게 됐다. 이런 식으로 보면 우리는 어떤 정보를 섭취할 것인지를 스스로 결정하는 것이 아니라 다른 사람들(플랫포머)이 차려놓은 메뉴에서 고를 수밖에 없다.

한편, 많은 회사에서 정보를 자동으로 수집할 때 서비스 약관에 이를 표시한다. 그러나 사용자는 그러한 것에 신경 쓰지 않으며 사생활이 자신도 모르는 사이에 침해받는다는 사실을 깨닫지 못한다. 이 문제는 2010년경부터 주목받아 왔다. 컴퓨터 과학자인 크리스티안 푸치스(Christian Fuchs)의 연구 결과에 따르면, SNS의 자동 정보 수집에 불쾌감을 느끼는 사용자가 있다. 광고의 존재를 받아들이지 않으면 SNS에서 친구나 지인과 교류할 수 없다는 지적도 연구 과정에서 나왔다. 일반적으로 광고 보기 여부를 선택할 수 있지만 SNS에서는 광고가 강제로 표시되기 때문에 어쩔 수 없이 볼 수밖에 없다. 이것이 선택권 침해가 될 수 있다는 주장이 제기되는 근거이며 현재도 논쟁이 진행 중이다.

2016년 러시아는 미국 대통령 선거와 관련된 정보를 입수하고 대규모 사이버 테러를 시작했다. 영국의 브렉시트 때도 비슷한 상황이 발생했다는 보고가 있었으며 자동으로 수집된 데이터가 사이버 공격에 사용된 것으로 밝혀졌다. 또한 도널드 트럼프 전 미국 대통령이 당선된 2016년 미국 대통령 선거에서 영국의 데이터 분석 업체인 케임브리지 애널리티카(Cambridge Analytica)가 SNS상의 개인정보를 이용해 투표 행위를 조작하려는 등 민주주의를 훼손하는 사건도 있었다. 인터넷 사용자의 검색 이력과 클릭 내역을 알고리즘이 분석하고 학습해 사용자의 선호도와 행동 특성에 맞는 정보만 표시하는 현상을 일컫는 '필터 버블(Filter Bubble)'도 관심 경제가 낳은 부작용이다.

이러한 일련의 트렌드를 배경에서 최근에는 개인정보를 보호하려는 움직임이 각 나라에서 추진돼 2018년에는 유럽 내에서 개인정보를 보호하는 규제를 설계하는 GDPR(EU General Data Protection Regulation), 2020년에는 미국에서도 캘리포니아 개인정보 보호 권리법(California Privacy Rights Act of 2020)이 시행됐다. 개인정보 보호의 강화는 사용자에게는 희소식이지만 기업과 크리에이터 입장에서 보면 기존처럼 데이터를 활용한 마케팅 방식이 더 이상 유효하지 않아 새로운 비즈니스 모델을 모색할 필요가 생겨난다.

광고 및 콘텐츠의 품질 저하

사용자의 관심을 끄는 데만 집중한 나머지 노출되는 광고 및 콘텐츠의 품질이 저하된다. 관심 자체만으로도 경제적 가치가 있기 때문에 광고와 콘텐츠의 품질을 찾기보다 사용자의 흥미를 끄는 쪽을 중요시하는 현상이 생긴다. 결과적으로 광고와 콘텐츠의 표현과 구성이 과장되거나 과격하게 흐르기도 한다.

또 다른 문제는 광고주가 '운 좋게 뭐 하나 걸려라' 하는 식으로 저품질 광고와 콘텐츠를 대량으로 생산해 SNS에 게시한다는 점이다. 광고와 콘텐츠의 제작 수량이 늘어날수록 그만큼 팩트 체크에 소홀해져 잘못된 정보가 있더라도 깨닫지 못할 수 있다. 잘못된 정보가 포함된 광고나 콘텐츠가 게시되면 누군가는 불이익을 받는다. 높게 평가받아 마땅한 고품질 광고와 콘텐츠가 저품질 콘텐츠에 묻힐 가능성이 있다. 광고와 콘텐츠가 제대로 된 타깃에 도달하지 못할 가능성이 생긴다는 점이 관심을 강조하는 저품질 광고 및 콘텐츠로 인한 부정적인 여파이다.

관심을 무기로 시장을 지배하는 가짜 뉴스

현실을 있는 그대로 직시하는 것은 전반적인 행동 능력의 기초가 된다. 그러나 이익을 수익화하고 상품화하는 관심 경제 속에서는 문제를 있는 그대로 받아들여 전반적인 해결책을 모색하는 역량이 마비된다. 저명한 생물학자인 에드워드 윌슨(Edward Osborne Wilson)은 "인류는 지구의 절반만을 운영하고 그 나머지에는 관여하지 말아야 한다"라고 제안했다. 관심 경제에 대해서도 비슷한 것을 떠올리게 된다. 빅테크는 대중의 이익을 위해 일정 부분은 관여하지 말아야 한다.

인공지능으로 정교하게 소비자를 세분화해서 각각 다른 메시지나 가치를 제공하는 마이크로 타깃팅 광고로 정치를 상품화하면 정치에서 품위가 사라진다. 식품을 상품화하면 농업을 지속 가능케 하는 라이프사이클과의 연결고리가 상실된다. 교육을 디지털콘텐츠의 피드로 상품화하면 인간의 발달, 신뢰, 관심, 교사의 권위와 같은 상호 관계성이 상실된다. 커뮤니케이션을 페이스북 게시물과 댓글로 상품화하면 맥락, 뉘앙스, 배려가 사라진다. 오로지 상업적인 착취만이 남을 뿐이다. 착취 시스템은 건전한 사고와 사회 기반을 서서히 잠식한다.

트럼프는 트위터를 10년이 넘도록 사용하며 언론을 거치지 않고 자신의 메시지를 대중에게 직접 전달하는 도구로 활용해 왔다. 제46대 미국 대통령 선거 개표 결과가 바이든의 승리로 돌아가자, 패배를 받아들일 수 없었던 트럼프는 이에 불복하면서 지지자들에게 시위에 참여할 것을 트위터로 독려했다. 이에 고무된 지지자들은 2021년 1월 6일 트럼프와 함께 미국 워싱턴 DC의 국회의사당을 무력으로 점거해 폭동을 일으키게 된다. 트럼프 전 대통령의 트위터 계정은 이틀 만에 영구 정지 제재를 받았다.

페이스북, 트위터의 뉴스피드는 날마다 수십억 명이나 되는 사람들의 관심과 흥밋거리를 상품화하는 비즈니스 모델로 운영된다. 투고 그룹을 정렬해 가장 많은 참여(클릭, 조회수, 공유)를 끌어낸 콘텐츠는 무엇인지, 어떤 집단이 감정적 반응을 가장 격하게 드러냈는지를 판정한다. 이렇게 상품화된 플랫폼은 집단의 심리를 왜곡하고 편협하고 광신도적인 세계관으로 몰아가기도 한다.

유튜브의 추천 알고리즘은 날마다 수십억 명 인구의 시청 시간 중 70%를 결정한다. 추천 알고리즘은 비슷한 동영상을 제시해 주기는 하지만 실제로는 시청자를 더 극단적이고 자극적이며 음모론적인 콘텐츠로 유도하기도 한다. 시청자를 화면에 더 오래 붙잡아 둘 수 있기 때문이다.

유튜브는 오랫동안 다이어트와 관련된 동영상을 시청한 10대 소녀들에게 체중 감량 캠페인(식욕 부진을 유발하는 동영상)을 추천해 왔다. 미국항공우주국(NASA)은 달 착륙에 관한 과학 동영상을 시청한 사람들에게 '지구는 구(球)라'는 것이 과학적 정설인데도 지구 평면설에 대한 주장이 담긴 동영상을 추천했다. 이러한 추천 시스템과 뉴스 피드는 부정과 망상의 악순환을 만들어 수십억 명의 시청자들의 인식을 왜곡하고 현실 감각과 서서히 동떨어지게 한다.

온라인 광고의 수익은 웹 페이지 방문 횟수에 따라 달라지므로 인터넷 초창기에는 모든 사람이 검색 엔진 알고리즘을 분석하고 검색에서 높은 순위를 차지할 만한 콘텐츠로 많은 페이지를 만들었다. 도가 지나친 나머지 온라인상에는 알고리즘을 살짝 고치기만 한 내용도 없는 기사나 복제 기사가 넘쳐났으며 디맨드 미디어(Demand Media)[20]와 같은 콘텐츠 팜(Contents Farm) 또는 뉴스 공장(News Factory)[21]이 문제가 됐다. 급기야 2011년에는 구글이 검색 알고리즘을 크게 바꾸는 사태에 이르렀다. 이러한 일련의 추세에 따라 온라인 광고와 인터넷 정보의 신뢰성이 크게 떨어졌지만 이와 동시에 전 세계적으로 SNS의 이용이 확대됐다. 물론 SNS가 훌륭한 커뮤니케이션 도구이지만 인터넷 정보나 기업 광고의 신뢰성이 떨어지는 가운데 친구나 친밀감을 느낄 수 있는 이웃이 전송하는 정보 쪽이 정보 획득의 툴로서 신뢰도가 높다는 측면도 크게 기여했다.

20 특정 검색어가 구글 검색창에 입력되는 빈도를 지역별 · 언어별로 시각화해 네티즌의 관심을 실시간으로 파악하고 이 정보들을 이용해 무료 웹 뉴스 서비스를 운영

21 검색창에 입력된 검색어를 통해 대중이 무엇을 읽고 싶어 하는지 파악해 집필자들에게 글을 생산하도록 함

크리에이터 이코노미의 부상과 웹 3

웹 3 시대의 크리에이터 이코노미: 누구나 창작자가 되는 세상

예전에는 '크리에이터(창작자)'가 일러스트레이터, 소설가, 카메라맨, 영화 감독 등 프로페셔널한 특정 계층을 지칭하는 용어일 뿐 취미의 범주에서 자신을 표현하는 사람을 일컫는 용어는 아니었다. 그러나 인터넷의 발달에 따른 서비스와 플랫폼의 다양화, 코로나19로 인한 가처분소득의 증가, N잡(여러 직업을 가진 사람)에 대한 높은 관심 등으로 누구나 창작자로서 가치를 창출할 수 있는 시대가 도래했다. 최근 몇 년 새에는 유튜버, 틱톡커, 인스타그래머, 인플루언서, 라이버(온라인 라이브 방송 진행자), 라디오 방송인, 웹 작가, 언론인 등 모든 장르에서 창작 활동을 벌이는 개인을 '크리에이터'로 지칭하게 됐다.

인터넷의 발달로 누구나 자유롭게 자신을 표현할 수 있는 플랫폼이 많이 탄생했다. 대기업이나 조직이 아니더라도 개인은 이제 자신만의 지지층이나 고객을 확보해 돈을 벌 수 있다. 직업이나 지위와 관계없이 지금까지 소비의 주체였던 사람들이 생산자, 판매자가 되는 양방향 경제활동이 온라인을 중심으로 시작됐다. 관심 경제는 원래 소비 경제와 함께 등장한 대중매체나 마케팅 전략과 관련된 분야였지만 바야흐로 누구나 '자신의 경영자'가 될 수 있는 시대이다 보니 창작자는 자기 작품에 열정을 쏟아야 할 뿐 아니라 더 많은 대중에게 자신의 존재를 악착같이 알려야 한다. 따라서 '정보의 홍수 속에서 어떻게 살아남을 수 있을까?'는 창작자로 활동하는 개인에게는 중요한 질문이다.

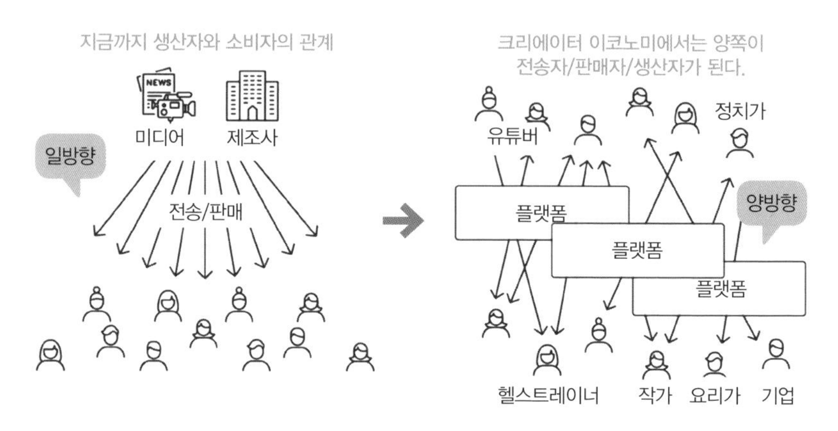

사람들은 소비자와 동시에 크리에이터(전송자/판매자/생산자)가 된다.

직장과 직업의 경계가 허물어지고 직장인의 시대에서 직업인의 시대로 변모해 나가고 있다. 인터넷에서 공감과 신용을 추구하게 된 가운데 인격과 라이프스타일이라는 가장 강력한 콘텐츠를 전달할 수 있는 개인이 이제 기업과 대등하거나 그 이상의 크나큰 영향력을 갖게 됐다. 과거에는 회사에 속하지 않으면 일종의 낙오자 취급을 받았을지 모르지만 지금은 노하우를 파는 1인 기업, 유튜버, 인플루언서 등이 동경의 대상이 된다. 최상위 인플루언서는 억 단위의 팔로워를 보유하고 광고와 비교할 수 없을 정도의 권력을 발휘한다. 그리고 권력을 가진 개인이 늘어나면서 이번에는 플랫폼의 제약이 방해되기 시작한다. 더욱 자유롭게 정보를 전달하고 경제활동에 참여하기를 희망하는 수요가 높아졌다.

대부분의 대형 SNS 서비스는 개인이 게시한 콘텐츠를 자유롭게 사용하고 수익을 창출할 수 있도록 한다. 또한 트위치(Twitch)처럼 투고 후 최초 24시간은 서비스 주체가 콘텐츠를 독점적으로 사용할 수 있는 사례도 있다. 유튜브는 온라인에 재미있는 영상을 제작해 올리는 창작자들이 수익을 창출할 수 있는 길을 터 준 최초의 플랫폼이다. 그러나 유튜브처럼 기업이 콘텐츠로 벌어들인 수익을 개인에게 돌려 주는 기업은 드물었고 대부분의 SNS 서비스는 글을 많이 올리고 팔로워가 많아도 돈을 벌 방법이 없었다. 일부 톱 창작자가 브랜드로부터 광고 콘텐츠 제작 의뢰를 받을 수 있는 정도였다.

이제 소비자들은 창작자들에게 직접 비용을 지불하고 자신이 후원하는 창작자들과 직접적인 소통을 원한다. 인스타그램이나 유튜브 등에서 창작자로 활동하고 있는 사람은 전 세계적으로 약 5만 명으로 추산한다. 광고 수익, 디지털 콘텐츠의 판매, 기업과의 제휴, 레슨 강좌 판매 등 다양한 방법을 통해 막대한 수익을 벌어들이는 사람도 많다.

개인 창작자가 어떤 플랫폼에 '둥지'를 틀 것인지를 고려할 때의 핵심은 (1) 수익을 창출할 수 있는지, (2) 팔로워와 팬을 적절하게 유지하고 확장할 수 있는지이다. '온라인 게임 시장의 카톡'이라 불리는 '디스코드(Discord)'와 같은 채팅이나 포트나이트(Fortnite)[22], 로블록스(Roblox)[23]처럼 교류가 가능한 게임에서 사적인 커뮤니티를 구축하고 온리팬스(OnlyFans)[24]나 패트리온(Patreon)[25]과 같은 과금형 멤버십 서비스, 서브스택(Substack)[26]과 같은 뉴스레

22 미국의 게임 개발사 에픽게임즈가 2017년 출시한 삼인칭 슈팅 게임(Third Person Shooter, 삼인칭 관찰자 시점으로 플레이하는 비디오 게임)

23 젊은 사용자 사이에서 인기를 얻은 메타버스 플랫폼으로 사용자들이 직접 게임을 만들어 수익을 낼 수 있다.

24 폐쇄형 성인 플랫폼으로 월 구독료를 지불하면 해당 크리에이터의 콘텐츠를 볼 수 있다.

25 크라우드 펀딩 플랫폼의 일종으로 다양한 분야의 콘텐츠 창작자가 구독자(후원자)로부터 정기적 · 일시적 후원을 받고 그 금액에 해당하는 보상을 제공한다.

26 사용자들이 뉴스레터를 구독하는 기능에서 한 걸음 더 나아가 뉴스레터로 발행된 글(포스트)들을 블로그 형식으로 볼 수 있고 댓글도 추가할 수 있는 등 일종의 커뮤니티를 구성할 수 있는 방식을 취한다.

터 미디어 서비스로 수익을 올린다. 또한 자신이 자신 있게 가르칠 수 있는 동영상을 제작해 탈잉, 프립, 크몽, 클래스101 등의 플랫폼에서 코스를 판매해 보다 큰 이익을 얻으려는 움직임으로 전환하게 된다.

소셜미디어의 힘이 플랫폼에서 창작자로 옮아감에 따라 빅테크 중심의 관심 경제에서 개인 창작자 중심의 참여 경제로의 전환은 모멘텀이 더욱 강해질 것으로 예상된다.

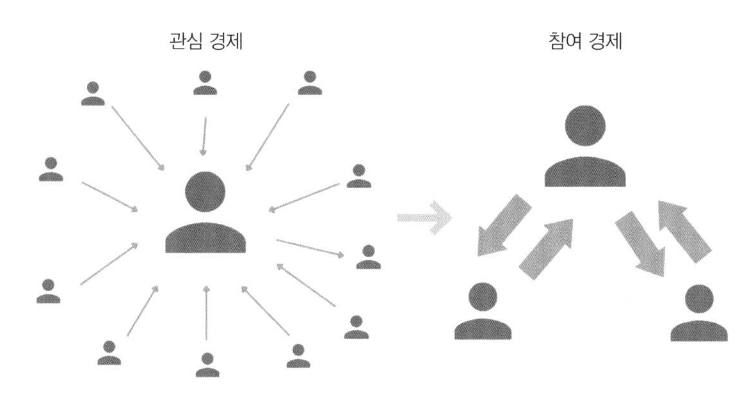

관심 경제에서 참여 경제로의 전환 가속화

크리에이터 이코노미가 주목받게 된 배경

크리에이터 이코노미의 등장 배경

크리에이터 이코노미는 개인이 창작자로서 자기 기술을 활용해 정보를 전파하고 활동을 벌인 대가로 보상을 얻는 경제를 의미한다. 유튜브 플랫폼의 등장으로 소비자로서 경제활동에 참여해 온 사람들도 쉽게 창작자, 생산자, 판매자가 될 수 있다. 크리에이터 이코노미 확대의 요인에는 양방향 경제활동이 활발해지는 것을 꼽는다. 또한 코로나19의 영향으로 재택 기간이 길어지면서 집에서 즐길 수 있는 동영상이나 음악의 온라인 소비가 증가해 크리에이터 이코노미 자체의 시장 규모가 매우 커졌다. 설문조사[27]에 따르면, 미국 학생 중 약 29%가 유튜브 스타가 되고 싶다고 답해 크리에이터의 영향력이 세대를 넘어 확대되고 있다는 것을 보여 준다.

현재 전 세계적으로 5,000만 명 이상이 창작자로 활동하고 있다. 크리에이터 이코노미의 시장 규모는 2023년 기준 2,500억 달러(약 334조 원)에서 2027년에는 4,800억 달러 약(642조 원)로 성장해 향후 5년간 약 2배가 커질 것으로 예측한다. 어도비가 2022년 9월 발표한 크리에이터 경제 보고서에 따르면, 국내 인구 5,200만 명 가운데 1,750만 명이 창작자라고 추산한다. 비율로 따지면 전체 인구의 33.6%가 창작자라는 의미이다. 일본(15%)과 비교했을 때 인구당 창작자 비율이 거의 2배가 넘는다.

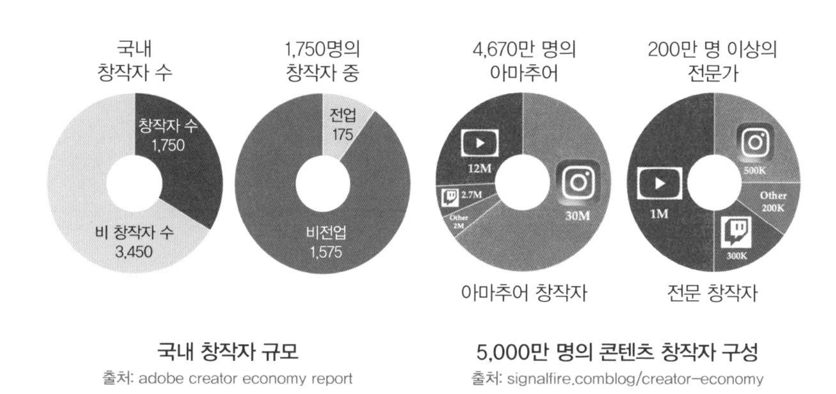

국내 창작자 규모
출처: adobe creator economy report

5,000만 명의 콘텐츠 창작자 구성
출처: signalfire.comblog/creator-economy

웹 1.0 → 웹 2.0 → 웹 3을 거치면서 크리에이터 이코노미를 형성하는 플레이어가 다양해지고 창작자가 수익을 올리는 방식에 변화가 생겨난다. 1990년대에 시작된 인터넷은 주로 정보를 수집하는 포털 웹사이트였다. 이 시대를 '웹 1.0'이라고 한다. 그 후 사용자가 게시하고 편집할 수 있는 웹 2.0

27 https://influencermarketinghub.com/)creator-economy-stats/#:~:text=The%20end%20result%20is%20that,to%20supplement%20their%20advertising%20income

으로 진화해 2004년경부터 페이스북, 트위터, 인스타그램 등의 SNS가 탄생했으며 스마트폰의 보급으로 단번에 가속화됐다.

웹 2.0 시대가 도래하고 구글, 애플, 아마존, 메타와 같은 빅테크가 등장한다. 스마트폰 대중화와 소셜미디어의 급성장, 동영상 편집 프로그램이 보급되면서 누구나 콘텐츠를 쉽게 창작, 편집할 수 있는 시대가 열렸다. 하지만 광고 수익 대부분은 트위터와 페이스북, 유튜브 등 소셜미디어 플랫폼을 운용하는 업체에 돌아갔다. 사람들은 사용자 데이터를 수집하고 알고리즘을 개선해 웹사이트 트래픽을 유도함으로써 광고주로부터 수익을 창출한다. 이러한 비즈니스 모델은 급성장을 거둬 사람들은 모든 콘텐츠에 효율적으로 접근할 수 있게 됐다. 한편, 빅테크가 막강한 힘을 가지게 되면서 폐해도 생겨났다. 콘텐츠의 창작자 입장에서 보면 콘텐츠, 팔로워, 수익 모두 플랫포머가 손아귀에 놓고서 쥐락펴락한다는 부당함이 있다. 예를 들어 트위터나 인스타그램에 팔로워가 아무리 늘어나도 당장 내일부터 팔로우 기능을 중단하기로 하면 다른 채널로 연결돼 있지 않는 한 더 이상 팔로워들에게 접근할 수 없다. 또한 현재 유튜브에서 아무리 많이 수익을 올리고 있는 창작자라고 해도 유튜브가 창작자에게 배분하는 광고 수익 비율을 변경하면 다음 달부터 수입이 절반으로 줄어들 수도 있다.

그래서 등장한 것이 패트리온(Patreon)이나 서브스택(Substack) 같은 창작자 후원 플랫폼이다. 패트리온은 그림, 음악, 영상, 소설, 소프트웨어 등 다양한 콘텐츠 크리에이터를 구독자가 직접 유료 구독하거나 후원할 수 있는 기능을 제공한다. 유튜브는 창작자가 광고 수익의 55% 정도를 가져가는데, 패트리온에서 창작자는 구독 수익의 88~95%를 가져간다. 이처럼 플랫포머 중심의 경제에서 벗어나 주권을 창작자에게 이전하려는 움직임이 크리에이터 이코노미이다. 간단히 말하면 창작자가 열광적인 팬으로부터 직접 돈을 벌 수 있는 시스템을 가리킨다. 최근에는 블록체인 기술의 부상과 웹 3의 확산으로 창작자가 팬으로부터 직접 보상을 받을 수 있는 메커니즘이 구현됨으로써 팬들과 더 긴밀하게 소통할 다양한 가능성이 열리기 시작했다. 창작자는 다양한 수익 모델을 균형 있게 유지해 나가면서 팬의 열정과 특성에 맞춰 수익화해 나가는 자세가 필요하다.

해외에서는 인플루언서에게 직접 영상 메시지를 의뢰할 수 있는 서비스인 '카메오(Cameo)' 등이 유니콘 기업 대열에 합류했다. 최근에는 트위터, 페이스북, 인스타그램, 틱톡 등의 플랫포머들도 '후원하기' 기능을 추가하는 등 크리에이터 이코노미를 지원해 이러한 흐름은 가속화될 것이라고 예상한다.

크리에이터 이코노미의 변천사

인터넷과 창작자 간의 관계가 끈끈하게 된 계기는 1999년 블로거, 2005년 유튜브, 2010년 인스타그램의 등장과 밀접한 관련이 있다. 그러나 이 시점에서는 이 플랫폼들이 창작자의 작품이나 취미를 공개하는 장에 머무를 뿐 창작자의 수익화로 이어지지는 않았다. 유튜브는 2007년 동영상에 광고를 삽입하며 수익의 55%를 창작자와 나눠 갖는 '파트너 프로그램'을 도입했지만 수혜의 대상은 지극히 일부 창작자에 불과했다.

2015년경부터 일부 마니아층만이 이용하던 전통적인 디지털 미디어가 성장세를 보였고 2017년에는 TV나 잡지를 누르고 디지털 광고비가 1위로 등극하게 됐다. 일반 대중이 디지털 콘텐츠의 접촉에 소요하는 시간도 2019년에 텔레비전을 추월했다. 이러한 디지털화의 물결에 따라 디지털 콘텐츠를 만드는 새로운 유명인인 콘텐츠 제작자가 등장해 큰 경제권으로 성장해 간다.

크리에이터 이코노미의 변천사는 온라인 미디어 생태계의 변화와 밀접한 관련이 있는데 창작자와 대형 플랫폼 간의 파워 밸런스 측면에서 3단계로 나눠 대략 살펴보자.

1단계: 누구나 쉽게 소통하는 시대의 시작

크리에이터 이코노미는 1999년 등장한 무료 블로거에서 시작됐다. 참가자 대부분이 콘텐츠의 소비자였던 웹 1.0에서 누구나 쉽게 문장이나 사진을 웹에 올릴 수 있게 된 시점이 바로 이때였다. 그리고 웹 2.0 시대로 접어들면서 트위터, 페이스북, 마이스페이스 등의 SNS가 탄생해 UGC(User Generated Content, 사용자 생성 콘텐츠)를 중심으로 개인이 메시지를 전송하는 것이 쉬워졌다. 그 후 유튜브는 2007년부터 광고 플랫폼을 시작했고 콘텐츠의 수익화를 할 수 있게 됐다. 또한 같은 해 최초의 아이폰이 출시되면서 모바일 사용자 수가 증가하고 크리에이터 이코노미가 가속화돼 갔다.

2단계: 인플루언서의 활용과 수익 모델 다양화

2010년 10월, 인스타그램의 등장과 함께 '인스타그래머'라는 영향력 있는 사용자들이 등장하며 새로운 수익원을 창출하기 시작했다. 기업에서 의뢰받아 상품이나 서비스를 소개하고 돈을 받는 인플루언서 마케팅의 시작이다. 2015년 10월에는 유튜브의 유료 멤버십 '유튜브 레드(Red)'[28] 서비스가 출시됐으며 2016년 틱톡이 탄생한 이래 라이브 스트리밍 앱이 확산했다. TV나 잡지 광고보다 인플루언서에게 홍보를 부탁하는 편이 저렴했기 때문에 2017년에는 디지털 광고비가 4대 매체를 추월했다.

3단계: 개인이 주인의식을 갖고 팬과 경제권을 확대하는 시대로

2010년대에 창작자의 수익 모델이 다양화되면서 플랫폼 한군데로 모이는 것이 아니라 여러 플랫폼에서 활동하는 창작자가 늘어나기 시작했다. 2020년 미국 트럼프 행정부가 미국에서 틱톡 사용 금지를 제안했을 때 많은 창

28 동영상 재생 전과 중간에 나오는 광고는 물론 타사 배너 광고 검색 광고도 게재되지 않는다. 2018년 개편과 함께 이름을 '유튜브 프리미엄(Youtube Premium)'으로 바꿨다.

작자가 한 플랫폼에 계속 머무르는 것이 취약하다고 느꼈다.

2017년 미국에서는 이미 약 1,700만 명의 창작자가 9개의 플랫폼에서 수입을 올리고 있다는 데이터도 있어 개인의 힘이 점차 플랫폼을 능가한다는 점을 시사한다.

플랫폼별 창작자의 수익 창출 방식

구분	Facebook	Instagram	YouTube	TikTok	Twitter	Snapchat	Discord	Pinterest
광고 & 브랜디드 콘텐츠	V	V	V	V	V	V	V	V
플랫폼이 지급	V	V	V	V	V	V		V
팁 & 가상 선물	V	V	V	V	V	V	V	
구독	V	V	V	V	V		V	
인앱 커머스		V	V	V				V

개인에게 힘의 균형이 옮겨갔다는 증거로 틱톡이 2020년 미국에서 약 20억 달러 규모의 창작자 대상 펀드를 출시한 것을 기화로 스냅, 유튜브, 페이스북, 인스타그램, 링크드인, 핀터레스트 등이 펀드 설립에 뒤따라 나섰다. 각 플랫폼이 제작자에게 지불하는 금액의 규모는 다음과 같다.

- 틱톡: 미국을 중심으로 세계 최고 창작자의 수익 보전을 목적으로 10~20억 달러(약 1조 2,890억 원~ 약 2조 5,780억 원) 규모의 펀드 발표
- 유튜브: 틱톡과 경쟁하기 위해 새로운 서비스인 쇼츠(Shorts)에서 가장 인기 있는 창작자에게 지급하는 1억 달러(약 1,289억 원) 펀드 발표
- 스냅챗: 틱톡의 대항마인 스포트라이트(Spotlight)의 도입과 동시에 최고의 창작자에게 매일 100만 달러(약 12억 8,900만 원)의 보수 지급 발표
- 메타: 페이스북과 인스타그램에서 최고 콘텐츠를 제공하는 창작자에게 보상하는 10억 달러(약 1조 2,890억 원) 규모의 투자 프로그램 발표

- 로블록스: 2021년 게임 플랫폼 개발자에게 5억 3,830만 달러(약 6,938억 원)를 지급. 2년 전 1억 1,200만 달러(1,443억 원)에서 많이 증가

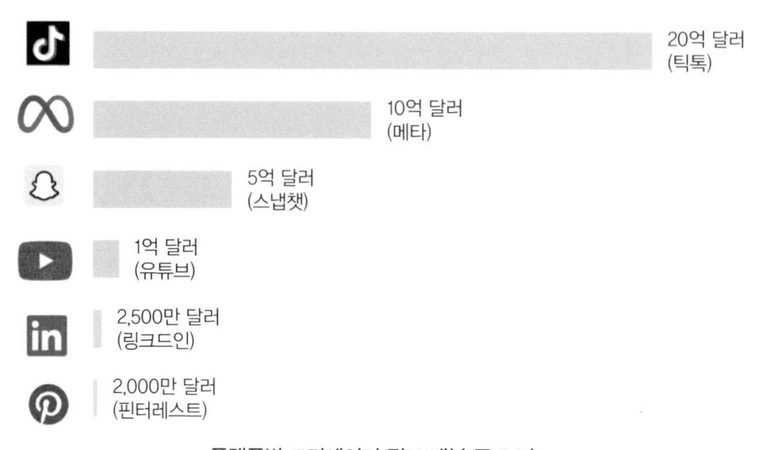

플랫폼별 크리에이터 펀드 배분 규모 비교

크리에이터 이코노미의 3가지 이점

창작자의 입장에서 보면 크리에이터 이코노미가 주목받게 된 데는 크게 3가지 이유와 이점이 있다.

팬과 고객의 잠금(Lock-in) 효과

크리에이터 이코노미는 플랫폼이나 광고에 의존하지 않고도 창작자의 생계가 달린 수익 확보를 더욱 확실하게 담보해 준다. 지금까지 인터넷에서 고객을 모으려면 플랫폼의 집객력에 의존하거나 비싼 비용을 지불하고 온라인 광고를 집행해야 했다. SEO, SNS, 디스플레이 광고 등 고객을 유치하는 데는 여러 가지 방법이 있다. 그러나 SEO로 순위가 일시적으로 상승하거나 SNS에 올린 사진 때문에 순식간에 인기가 갑자기 상승해 사용자가 늘어나도 지속적인 고객 유치, 소위 '팬덤'을 형성할 수 없어 수익을 계속 창출하기

어렵다. 따라서 창작자로서 안정적인 수입을 확보하기가 매우 어려웠다.

한편 크리에이터 이코노미를 형성할 수 있다면 고객을 꽉 붙들어 놓을 수 있어 설령 플랫폼이 바뀌어도, 설령 광고하지 않더라도 창작자의 곁에 머물며 응원해 준다. 그 결과 집객력이 유지돼 수익을 올릴 수 있다.

계정이 정지될 우려가 없다

사소한 규정 위반이나 통보가 몇 차례 반복되면 계정이 일시 중지되거나 영원히 삭제될 수 있다. 그렇게 되면 그때까지 홍보나 고객과의 관계 구축에 투입한 노력이 물거품이 돼버린다. 팬을 처음부터 늘리려면 큰 노력과 비용이 소요된다. 따라서 계정의 정지와 삭제는 창작자에게 사활이 달린 문제이다. 이러한 이유로 창작자는 본인이 활동하는 플랫폼의 이용 약관을 위반하지 않도록 활동 내용을 제한하거나 별도의 계정을 만들어 위험을 분산한다.

하지만 크리에이터 이코노미를 형성할 수 있다면 플랫폼 계정이 정지돼도 큰 문제가 되지 않는다. 창작자의 팬과 고객은 플랫폼에 의존하지 않더라도 창작자를 팔로우할 것이기 때문이다. 예를 들어 유튜브 계정이 정지돼도 인스타그램이나 트위터에서 계정을 만들면 그쪽으로 팬과 고객이 유입된다. 팬과 고객이 계정을 팔로우할 것인지는 플랫폼 자체에 달린 것이 아니라 창작자의 발신 내용을 수신할 것인지로 결정된다. 크리에이터 이코노미를 형성했다면 팬들은 어떻게 해서든 다른 계정을 찾아서 올 것이므로 특정 플랫폼에서 계정이 정지, 삭제되더라도 대수롭지 않은 일이다.

플랫폼이 중간 이윤을 취하지 못한다

플랫폼에서 중간 이윤을 취하면 창작자의 수익이 줄어든다. 플랫폼이 약 10~30%의 수수료를 부과하는 것이 일반적이다. 세금, 보험료 등을 제하면 생활비로는 턱없이 부족할 수 있다. 특히 라이브 스트리밍 중심의 플랫폼에서는 훨씬 제약이 심하다. 수입을 얻기 위해서는 '하루에 XX 시간 이상 운영, XX 포인트 이상 획득' 등 조건을 맞춰야만 한다. 하지만 크리에이터 이코노미를 형성할 수 있다면 중간 이윤을 최소화할 수 있다. 창작자가 과금하고 고객이 결제할 수 있기 때문이다.

페이스북, 유튜브 등 빅테크의 중개 없이 팬과 고객으로부터 직접 보상을 받을 수 있는 경제권을 형성할 수 있다면 개인 간 안전하게 거래할 수 있으며 블록체인의 스마트 콘트랙트(미리 설정된 규칙이 충족되면 프로그램이 자동으로 실행) 기능을 통해 계약도 자동으로 체결할 수 있다. 또한 창작자에게 작업을 의뢰하고 싶은 기업이 늘어나면 플랫폼을 경유하지 않고도 직접 계약을 체결할 수 있다. 중간 이윤이 높은 플랫폼이라면 창작자가 기피하기 마련이다. 따라서 창작자를 유치하기 쉽도록 플랫폼들 사이에서 수수료를 낮추는 등 가격 경쟁이 일어나게 될 것이다.

크리에이터 이코노미의 4가지 수익 창출 유형

필자도 크리에이터 이코노미의 열렬한 참여자는 아니지만 어쨌든 이런저런 활동을 하고 있다. 불과 10년 전만 해도 생각지도 못했던 시장이 필자나 창작자들에게 활짝 열렸다. 소액이지만 블로그 소득 때문에 종합소득세 신고를 문의하는 사람들도 많다. 인스타그램에는 @watercolor_guide[29]처럼 아티스트가 5,800개가 넘는 강습 동영상을 올려놓은 곳도 있다. 팔로워 수가 190만 명이나 된다. 10년 전이라면 꿈도 못 꿀 일이다. 지금 그 어느 시기보다 많은 창작자가 직접 팬과 소통하며 취미와 특기를 살려 수입을 올린다. 시청자가 마음에 드는 창작자를 찾아 그들의 창작물을 후원하는 플랫폼도 여러 개 있다. 시리얼 세계의 트렌드를 이야기하는 팟캐스트부터 좋아하는 레즈비언 네크로맨서 시리즈의 팬 아트 소비 활동에 이르기까지 시청자는

29 https://www.instagram.com/)watercolor_guide/?hl=en

다양한 틈새 시장 발견 욕구를 가진다.

굳이 사진 작가가 아니더라도 내 작품을 올려놓을 곳은 도처에 널렸다. 일류 출판사와 계약하지 않아도 창작 욕구를 불태울 곳은 많다. 가장 중요한 것은 창작자에게 대가를 지불하는 추세가 늘어나고 있다는 점이다. 무료 콘텐츠 시대가 10년간 계속된 이후 시청자와 플랫폼은 창작자들의 훌륭한 콘텐츠에 정당한 보수를 지불하기 시작했다. 유료 구독 뉴스레터 플랫폼 서브스택, 쇼츠에 붙은 광고 수익을 창작자에게 돌려 주는 유튜브, 인스타그램, 틱톡, 링크드인 등의 크리에이터 펀드는 창작자에게 자기 작품이 비용을 받을 만한 가치가 있다고 자부하게 한다. 창작자가 창작물로 돈을 버는 방법은 크게 4가지로 나눌 수 있다.

미디어 플랫폼(광고 및 제휴 웹사이트, 전자상거래, 라이브 커머스 등)

미디어 플랫폼은 유튜브, 틱톡, 아이튠즈, 스포티파이 등과 같은 콘텐츠를 제작하고 배포하는 기능을 갖춘 서비스 전체를 가리킨다. 이들은 광고 수입 모델이 주축으로, 예를 들어 유튜브는 일정한 기준을 넘는 창작자 대상으로 광고 수익을 올릴 수 있는 권리를 부여한다. 매출의 일부가 창작자에게 돌아가는 제휴 웹사이트를 발판으로 수입을 올리는 사람이 있는가 하면, 디지털 콘텐츠의 유료화나 상품을 판매해 돈을 버는 사람들도 있다.

인플루언서 마케팅

SNS의 보급과 함께 일반인 사이에서도 수만 명의 팔로워를 거느리고 유명 연예인 못지않은 영향력을 발휘하는 인플루언서가 등장했다. 인플루언서들의 정보 전파력을 활용해 기업이 제품과 서비스를 홍보하는 마케팅 방식이 '인플루언서 마케팅'이다. 여행, 패션, 음식, 뷰티, 라이프스타일 등 특정 장르에 특화된 인플루언서가 많고 소비자의 관점에서 정보를 전달할 수 있다는 점에서 효과적으로 소구할 수 있는 장점이 있다. 다음 그림에서 볼 수 있듯이 전 세계적으로 창작자 수입의 대부분은 인플루언서 마케팅과 자체적인 사업 운영에 크게 의존한다.

국내 인플루언서 시장은 2021년 기준 7조 원을 넘어섰으며 조만간 디지털 광고 시장(7조 5,000억 원)까지 넘어설 조짐을 보이고 있다.

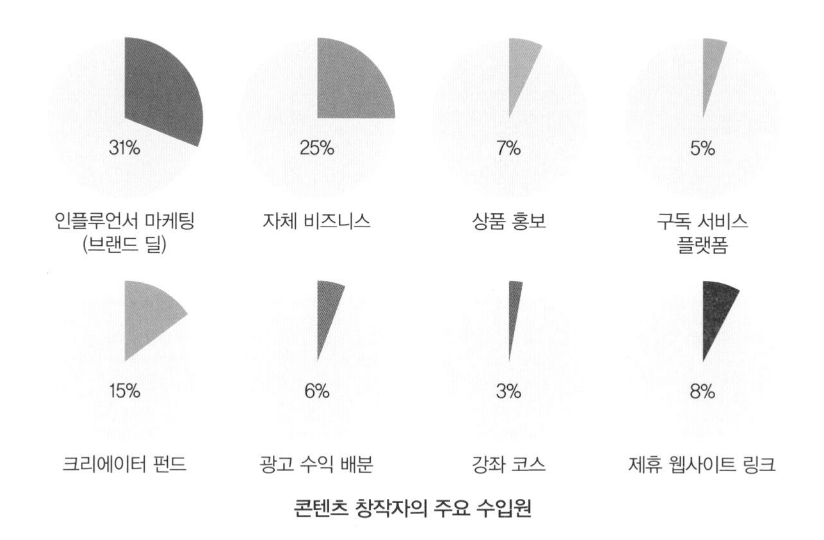

콘텐츠 창작자의 주요 수입원

구매형 크라우드 펀딩

구매형 크라우드 펀딩에서는 자금을 조달하고자 하는 기업과 창작자가 크라우드 펀딩 웹사이트에 프로젝트 형태의 기획자가 돼 상품과 서비스를 게시한다. 후원자는 프로젝트에 자금을 제공해 금액에 따라 상품과 서비스를 제공받을 수 있다. 프로젝트를 시작할 때 목표 금액을 설정할 수 있으며 목표 금액에 도달했을 때만 프로젝트를 시작하는 올 오어 낫싱(All-or-Nothing) 유형의 판매 방법이 있다. 기획 단계의 이벤트를 프로젝트로 등록할 수 있으며 위험을 줄이면서 단기간에 많은 자금을 조달할 수 있다. 크라우드 펀딩에서는 제품이나 서비스 자체의 기능적 가치보다는 창작자를 지원하고 싶다는 동기가 발현된다. 따라서 프로젝트를 시작하게 된 배경과 스토리에 공감해 프로젝트를 지원하겠다는 후원자가 많다. 점점 더 많은 창작자가 단기 모금뿐 아니라 팬 참여를 개선하고 새로운 팬을 확보하기 위해 크라우드 펀딩을 활용하고 있다.

월별 결제 청구

월별 결제는 팬들이 창작자를 계속 지원하는 방법이다. 예를 들어 구독 기반 크라우드 펀딩 플랫폼인 패트리온을 통해 창작자를 계속 지원할 수 있으며 창작자는 독점 콘텐츠를 배포하고 창작 과정을 공개해 팬 참여도를 높일 수 있다. 구독제로 뉴스레터를 배포하는 서브스택도 눈길을 끌고 있다.

패트리온과 서브스택

패트리온

패트리온(Patreon)은 2013년 설립한 미국 회사로, 창작자를 위한 플랫폼 서비스를 제공한다. 패트리온을 창업하게 된 계기는 CEO인 잭 콩트(Jack Conte)의 경험에 기반한다. 콩트는 음악가로 활동하며 유튜브 등에 동영상을 공개했다. 그러나 그 영상을 수백만 명이 시청했는데도 몇백 달러밖에 수익을 올리지 못했다는 사실을 납득할 수 없었다고 한다. 그래서 창작자가 제공하는 작품의 가치에 상응하는 돈을 팬이 직접 지불할 수 있는 장을 만들기로 결심했다. 이것이 패트리온의 기원이다.

패트리온은 플랫폼과 광고에 의존하는 창작자의 수익이 적정치 않다는 문제 의식을 느끼고 있다. 2017년 패트리온이 공개한 '멤버십: 창작자의 미래'라는 제목의 기사에서는 '수만 명의 독자를 보유한 블로거는 수백 달러의 광고 수익을 올린다. 10만 명의 팬을 거느린 동영상 제작자는 임대료조차 지불할 수 없다. …(중략)… 이게 과연 정상적일까?'라고 지적한다. 창작자들의 이러한 현실을 바꾸기 위해 패트리온은 '창작자에 의해, 창작자를 위해 설립했다'는 취지를 표방하고 팬으로부터 창작자에게 직접 자금이 도달하는 시스템을 만들고 있다.

패트리온에서는 음악가, 언론인, 게임 제작자 등 다양한 유형의 창작자가 자신의 구독 서비스를 기획하고 후원자(팬)를 모집해 수입을 올릴 수 있다. 창작자는 정기 구독 서비스의 금액을 직접 결정하고 후원자에게 대가로 지급하는 콘텐츠를 준비한다. 다양한 요금제를 설정할 수 있으며 패트리온에서만 볼 수 있는 한정 작품이나 제작 과정을 콘텐츠로 공개하는 사람도 있다. 창작자로서는 구독이기 때문에 안정적인 수입원을 확보할 수 있으며 팬들은 자신이 좋아하는 창작자의 재정 후원자로서 창작 활동을 지원함과 동시에 구독 회원으로 콘텐츠를 즐길 수 있다. 현재 25만 명 이상의 창작자가 이용하고 후원자는 800만 명 이상이다. 현재까지 창작자에게 총 35억 달러(약 4조 5,000억 원) 이상을 지급했다.

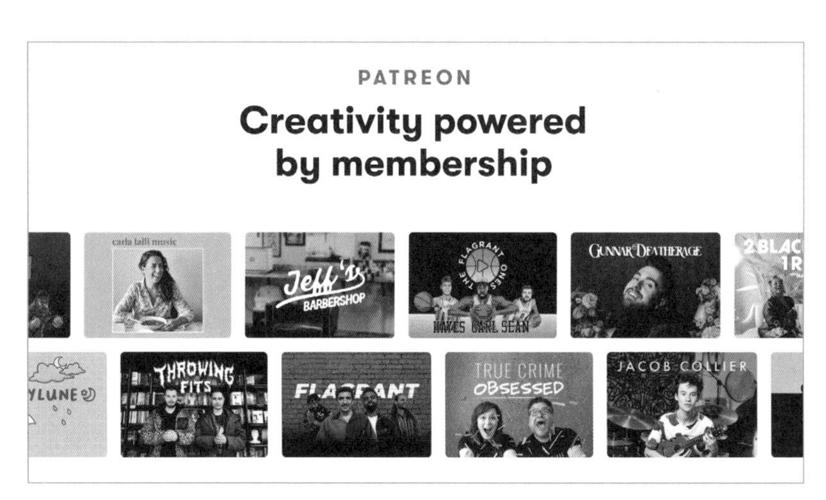

창작자를 위한 구독 경제 수익원을 개척한 패트리온

출처: https://www.linkedin.comcompany/patreon?trk=public_profile_experience-item_profile-section-card_subtitle-click & originalSubdomain=jp

패트리온이 113개 국가에서 1만 3,000명의 창작자를 대상으로 실시한 설문조사 결과에 따르면, 창작자들 수입의 40% 이상은 패트리온에서 발생하며 그 뒤를 이어 개인적인 창작 활동 관련된 일(11%), 수수료(8%), 패트리온 외의 플랫폼 구독료 수입(7%)이 있다.

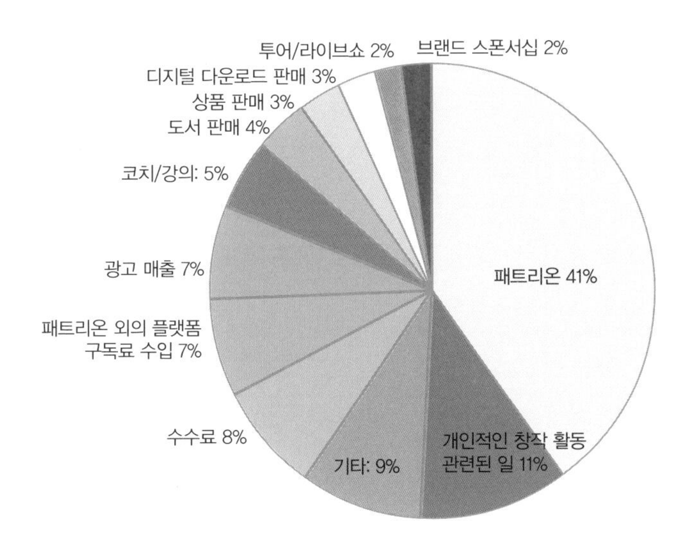

창작자 수입 비중(패트리온의 113개국 국가 1만 3,000명의 창작자를 대상으로 한 설문조사)

패트리온은 지난 몇 년 동안 빠르게 자금을 조달해 왔다. 2019년 7월에는 6,000만 달러(약 773억 원), 2020년 9월에는 9,000만 달러(약 1,160억 원), 2021년 4월에는 1억 5,500만 달러(약 1,998억 원)의 자금 조달을 발표했다. 2021년 4월 당시 평가액은 40억 달러(약 5조 1,560억 원)에 달했는데 그 금액은 직전 6개월 이전의 3배 이상이었다. 패트리온은 당시 자금의 사용처로서 3가지 주요 영역을 들었다. (1) 모바일과 데스크톱 양쪽에서 후원자와 창작자의 경험을 향상, (2) 새로운 콘텐츠 소비 툴을 추가, (3) 글로벌 사업 전개이다.

서브스택

서브스택(Substack)은 2017년 샌프란시스코에서 설립한 뉴스레터 업계에서 가장 큰 회사이다. 콘텐츠를 공개하고 팔로워에게 구독료를 청구할 수 있는 플랫폼으로, 기존 미디어 생태계에 대한 대안으로 부상했다. 메일만 있으면 누구나 무료로 계정을 만들 수 있고 블로그 게시물을 작성하자마자 이메일 구독자에게 알림이 간다. 많은 독자가 뉴스레터를 생각할 때 텍스트 콘텐츠를 상상하기 쉽지만 서브스택 플랫폼에서는 이미지, 비디오, 오디오 파일도 포함할 수 있으며 전송 시기도 미리 설정할 수 있다. 계정을 만들면 자신의 웹사이트도 자동으로 만들어지므로 독자는 웹사이트를 통해 콘텐츠에 접근할 수 있다.

기사를 작성할 때 유료 기사와 무료 기사로 구분할 수 있다. 유료 뉴스레터를 송부하는 경우 최저 매월 5달러 또는 연간 30달러부터 과금할 수 있다. 작가가 저명 인사와의 독점 인터뷰나 독자와의 Q&A 등 부가가치가 있는 콘텐츠를 유료화해 회원을 유치한다. 1,000명의 유료 구독자가 있으면 연간 6만 달러(1,000명×매월 5달러×12개월)의 소득이 생긴다. 그 소득 중 10%는 서브스택에게 돌아가고 신용카드 수수료의 3% 정도를 제외한 나머지 금액이 작가에게 돌아간다. 무료 기사 뉴스레터는 수수료가 부과되지 않는다. 서브스택은 구독자 수를 중요시하며 플랫폼에서의 수입이나 유료 구독자 수를 공식적으로 공개하지 않는다고 한다. 그러나 적어도 50만 명 이상의 유료 회원을 보유(2021년 2월 기준)하고 연간 2,200만 달러(약 283억 6,000만 원)의 이익을 얻는다고 밝혀졌다.

트위터와 서브스택 간 비즈니스 모델의 차이는 단적으로 말해 관심 경제와 크리에이터 이코노미의 차이로 귀결된다. 트위터는 페이지뷰나 리트윗, 인용 등을 통해 사람들의 관심을 최대한 끌어내야 한다. 광고가 주요 수익원이기 때문이다. 반면 서브스택은 창작자의 유료 구독 수입 중 10%가 수익원이다. 서브스택의 경우 콘텐츠 제작자의 성공이 서브스택의 성공과 직결된다.

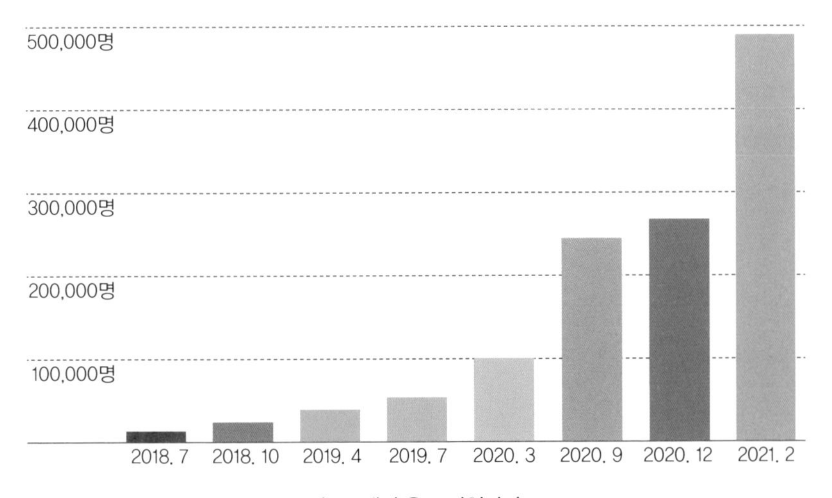

서브스택의 유료 가입자 수

출처: https://backlinko.comsubstack-usersp-34

소셜미디어는 수익을 극대화해야 하므로 궁극적으로는 틱톡처럼 알고리즘 최적화가 불가피하다. 트위터에서 타인의 게시물이 나타나는 것은 트위터 알고리즘에 따라 결정된다. 그러나 서브스택에서는 독자들로 구성된 서브스택의 네트워크와 커뮤니티에서 추천 기능과 추천 프로그램으로 독자가 독자를 불러들이는 구조이다.

또한 알고리즘 기반의 광고 네트워크 추천과 서브스택 추천의 차이점은 인간의 본성이 개입하는지의 여부에 있다. 관심 경제를 지탱하는 광고 네트워크는 쿠키를 사용해 A 상품을 검색한 적이 있는 사용자는 A' 상품을 좋아할 것이라는 가정에 기반해 광고 추천 엔진과 노출을 최적화한 알고리즘으로 작동한다. 한편 서브스택과 같은 추천은 구독하는 사람들의 평판이 근원에 자리한다. 즉, 재미있는 뉴스레터를 쓰는 사람이 읽거나 추천하는 뉴스레터는 반드시 흥미로울 것이라는 인간의 평판이 추천으로 가시화돼 작동한다.

2023년 4월 서브스택은 트위터와 비슷한 피드인 '노츠(Notes)'를 출시했다. 노츠의 특징은 사용자의 아이콘 옆에 항상 구독 버튼(Subscribe)이 있어 구독을 쉽게 설정할 수 있다는 점이다. 작가는 자신만의 콘텐츠의 매력을 노츠로 전달할 기회, 독자들은 편리하게 구독할 기회가 생겼다. 독자(창작자 포함)는 유익한 메시지를 보내는 독자를 발견하면 즉시 구독할 수 있어 사용자 경험이 뛰어나다. 서브스택이 노츠를 출시한 이후 트위터 사용자는 서브스택의 링크가 달린 트윗에 '좋아요', '리트윗', '댓글'을 달면 오류가 일어나는 현상을 경험했다. 서브스택이 트위터와 경쟁하려는 것을 느낀 일론 머스크의 보복 조치라는 견해가 제기됐다. 노츠는 트위터와 비슷한 기능을 갖췄지만 유료 구독형 서비스로 더욱 질 높은 콘텐츠에 인센티브를 부여한다.

일론 머스크는 트위터의 독자적인 정액제 서비스인 '트위터 블루(Twitter Blue)'를 출시한 이후 '투고 후 트위터의 편집 기능' 등 독자적인 장점을 제공하고 있지만 지금까지 무료였던 앱에 과금제를 도입하다 보니 사용자의 반발이 일어나고 있다.

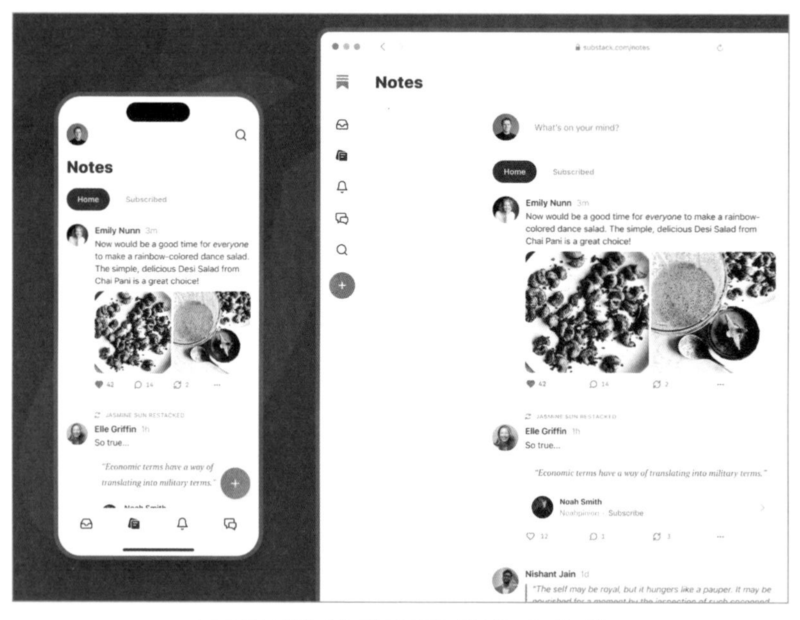

트위터를 긴장시킨 서브스택의 새로운 기능 '노츠'

출처: https://on.substack.comp/introducing-notes

크리에이터 이코노미 수요 곡선

크리에이터 이코노미의 수요 곡선은 특정 가격의 콘텐츠를 기꺼이 구매할 의사가 있는 팬 기반이 얼마나 되는지를 보여 준다. 다음의 크리에이터 수요 곡선은 NFT, 구독, 광고 콘텐츠별로 비용을 지불할 의향이 있는 팬 기반을 보여 준다. 그래프에 따르면, 소비자는 서비스나 상품에 따라 지불 의사(Willing-to-Pay)가 다르다는 사실을 알 수 있다. 궁극적으로 창작자는 수입을 극대화하려면 팬의 지불 의사에 따른 여러 수입원을 갖춰야 하며 플랫폼은 창작자에게 다양한 수익 창출 상품을 제공해야 한다.

- 구독을 통해 팬으로부터 반복적인 수입을 얻을 수 있다.
- 광고를 통해 가장 저렴한 가격으로 가장 많은 팬으로부터 수입을 얻게 된다.
- NFT는 열성적인 팬을 타깃으로 삼기에는 최고의 상품이다.

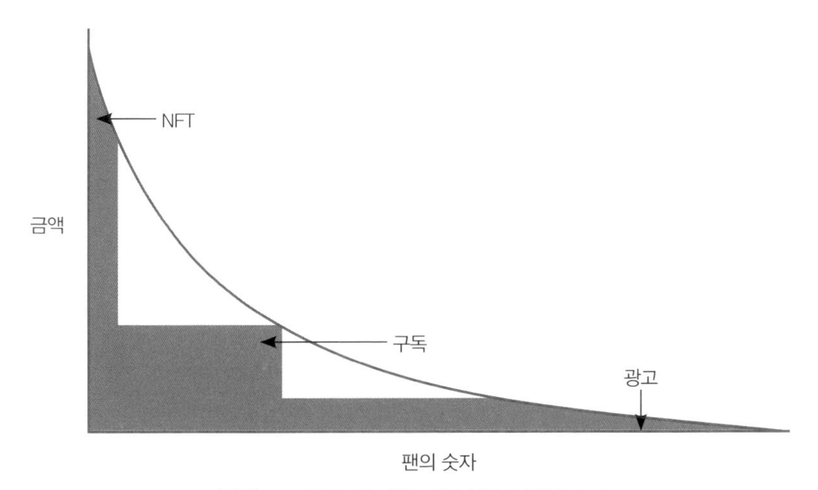

상품(NFT, 구독, 광고)별 지불 의사와 팬의 숫자

출처: https://creatoreconomy.so

창작자의 99%는 돈을 벌 수 없다

누구나 자신이 주특기를 발휘할 수 있는 창작에 종사하면서 정당한 대가를 챙겨갈 수 있다면 무엇이 문제겠는가? 그러나 전통적인 플랫폼 중심의 크리에이터 이코노미에서는 다음과 같은 불균형과 균열이 일어난다.

- 팬의 행동 데이터가 창작 주체가 아닌 플랫폼 측에 모인다.
- 플랫폼의 알고리즘과 기능 변경에 영향을 받는다.
- 이미 고품질 무료 콘텐츠가 곳곳에 많아 수익 창출이 어려운 경우가 많다.
- 시장은 이미 포화 상태에 있다.
- 개인이 콘텐츠의 품질을 유지하면서 시장에서 경쟁해야 하는 한계에 직면한다.
- 일부 스타급 인플루언서에 의한 부의 독점이 불가피하며 종종 후발주자는 불리하다.
- 플랫폼의 쇠퇴에 영향을 받아 과거의 활동 이력이 사라질 가능성이 있다.

크리에이터 이코노미와 관련된 주제에서 자주 볼 수 있는 것은 '최고의 창작자가 아니면 돈을 벌 수 없다'라는 데이터이다.

- 게임 방송 플랫폼 트위치에서 방송하는 스트리머 중 상위 1%가 2021년 지급된 보상 중 절반 이상을 받았다.
- 스포티파이 상위 0.8%의 아티스트가 로열티의 90%를 받는다. 또한 대다수 아티스트의 스트리밍 수입은 5만 달러(약 6,000만 원) 이하이다.

서브스택에서조차도 상위 계층에 수입이 편중된다. 2021년 2월 시점에서 서브스택에서 활동하는 모든 작가의 연간 수입을 합하면 3,000만 달러(평균 과금액 10달러/월, 구독자 수 25만 명 상정)이다. 그리고 그중에서 상위 10명 작가의 수입을 합하면 1,500만 달러이다. 즉, 상위 0.004%의 작가가 전체 매출의 50%를 차지하는 셈이다.

크리에이터 이코노미를 가장 적극적으로 추진하는 벤처캐피털리스트인 a16z의 블로그에 올라온 '크리에이터의 4단계'에 따르면, '취미의 범주(Hobbyist) → 풀타임(Full-time Creator) → 스타급(Star) → 명예의 전당(Mogul) 입성'으로 분류한다. 창작자의 99%는 '취미의 범주'에 속한다. 크리에이터 이코노미의 장래성을 높이 평가하는 사람들조차도 전 세계 창작자 중 1%만이 생계를 유지할 수 있다고 말한다. 전 세계에서 창작자라고 주장하는 사람이 최소 5,000만 명이라고 하면 그중 생계를 유지할 수 있는 비중은 50만 명밖에 안 된다는 이야기이다. 창작자로 활동하는 사람의 99%는 창작 활동을 어디까지나 취미로 삼을 수밖에 없다. 창작에 대한 대가가 생계를 유지할 수 있는 돈벌이 수단이 되기에는 턱없이 모자라기 때문이다. 플랫폼의 전형적인 수익 구조로 부의 대부분은 상위 1~2% 창작자에 집중되기 마련이다.

유튜브는 광고 수익의 45%를 창작자에게 분배하지만 유튜버의 97.5%는 미국에서 기초적인 생활을 영위할 수 있는 연 12,140달러(약 1,564만 원)의 빈곤선(Poverty Line)에 달하지 못한다. 크리에이터 이코노미의 개념을 만든 투자자 리진(Li Jin)은 창작자 중에서 중산층의 부재와 창작자 간의 불평등 확대를 문제 삼아 다음과 같이 말한다.

"현재의 창작자 환경은 부가 최상층에 집중되는 경제와 매우 비슷하다. 패트리온에서 2017년 최저 임금인 월 1,160달러(약 150만 원)를 번 창작자는 2%에 불과하다."

"아티스트가 정규직의 최저 임금 수준인 15,080달러(약 1,940만 원)를 벌려면 스포티파이에서 연간 350만 개의 스트리밍이 일어나야 한다. 그렇기 때문에 대부분 뮤지션은 콘서트 투어나 상품 판매로 수입을 보충하도록 부추김을 당할 수밖에 없다."

다음 표와 같이 비교하기도 한다. 각 음원 플랫폼에서 100만 번 재생했을 때 발생하는 수익은 스포티파이가 3,180달러(약 410만 원), 애플뮤직은 8,000달러(1,031만 원)에 불과해 플랫폼에만 의존해 생계를 꾸려가기가 어렵다는 현실을 단적으로 보여 준다.

플랫폼별 6만 달러의 생활비 조달에 필요한 스트리밍 재생 횟수

스트리밍 플랫폼	스트림당 매출	백만 스트림당 매출	연간 생활비 6만 달러를 벌기 위해 필요한 스트리밍 수
타이달 뮤직 (Tidal Music)	0.01284달러	12,840달러	4,672,897
애플 뮤직 (Apple Music)	0.00800달러	8,000달러	7,500,000
아마존 뮤직 (Amazon Music)	0.00402달러	4,020달러	14,925,373
스포티파이(Spotify)	0.00318달러	3,180달러	18,867,925
유튜브 뮤직 (YuTube Music)	0.00200달러	2,000달러	30,000,000
판도라(Pandora)	0.00133달러	1,330달러	45,112,782

슈퍼스타에 의한 부의 독점은 불가피하다

앞에서 언급했듯이 다양한 장르에 걸쳐 틈새 독자층을 확보해 많은 창작자가 뉴스레터 전업으로 생계를 꾸릴 수 있도록 지원하는 서브스택조차도 최상위 창작자가 매출의 대부분을 차지하는 현상이 빚어진다.

국내에서도 '1인 미디어 창작자(유튜버 등) 수입 금액 현황' 자료에 따르면, 상위 1% 유튜버는 7억 원 넘게 버는 데 반해 하위 50%는 연 40만 원을 버는 수준에 그치는 것으로 나타났다. 2021년 1인 미디어 콘텐츠 창작자로 수입을 신고한 인원은 3만 4,219명이었다. 이들 가운데 수입이 상위 1%에 해당하는 342명의 연간 수입은 1인당 평균 7억 1,300만 원이었다. 이는

2019년 상위 1%(27명)의 연평균 수입(6억 7,100만 원)보다 6.3% 늘어난 액수이다. 상위 1%의 총수입은 2,439억 원으로, 1인 미디어 창작자 전체 수입(8,589억 원)의 28%를 차지했다.

2019~2021년 유튜버 인원 및 수입 금액 현황(단위: 명, 백만 원)

구분	2019년			2020년			2021년		
	인원	수입 금액	평균	인원	수입 금액	평균	인원	수입 금액	평균
전체	2,776	87,511	32	20,756	452,081	22	34,219	858,898	25
상위 1%	27	18,125	671	207	116,149	561	342	243,865	713
하위 50%	1,388	1,503	1	10,378	3,952	0.4	17,110	6,120	0.4

출처: 일간스포츠, 2023년 5월 7일

※소득세 신고서상 주 업종 코드가 1인 미디어 콘텐츠 창작자(940306), 미디어 창작업(921505)인 사업자의 신고 수입 금액으로 부 업종 코드의 수입 금액에도 포함돼 있음.

아직 이 분야가 미성숙한 것이 원인으로, 시장이 더 확대되면 분산될 가능성도 있다.

▌1,000명의 팬만 있으면 먹고사는 데 지장이 없다

미국에서 기술 분야에 전문적인 필자가 뉴스레터로 생계를 꾸리는 데 필요한 유료 구독자 수를 계산하면 다음과 같다.

- 목표: 연간 수입 15만 달러
- 요금: 월 10달러×12개월
- 유료 구독자 수: 1,250명(=150,000달러/(월 10달러×12개월))

기술 관련 메이저 뉴스레터 중 하나인 '레니스 뉴스레터(Lenny's Newsletter)'에 글을 기고하는 레니 라치스키(Lenny Rachitsky)는 개시 1년 반에 유료 구독자 수가 1,000명에 달해 자신의 전직장(에어비앤비의 PM Lead)에서 받던 급여를 넘었다고 공개했다(그가 설정한 단가는 월 15달러). 따라서 뉴스레터를 본업으로 삼는 사람들이 목표로 삼는 수준이 우선은 1,000명이라는 계산이 나온다.

1,000명의 유료 가입자가 손익분기점이라는 것을 트윗에 게시한 레니 라치스키

출처: https://twitter.comlennysan/status/1318940907824033792?lang=ko

미국 와이어드(Wired) 잡지의 창업 에디터인 케빈 켈리(Kevin Kelly)는 2008년도에 쓴 '1,000 True Fans'[30]에서 1,000명의 진정한 팬만 있으면 먹고사는 데 크게 문제가 없다는 논리를 펼친다. 따라서 레니 라치스키의 주장과도 일맥상통한다.

30 https://kk.org/thetechnium/1000-true-fans

훌륭한 무료 콘텐츠가 널렸다

서브스택에서 인기 있는 뉴스레터 중 하나인 '플랫포머(Platformer)'의 작가 캐시 뉴턴(Casey Newton)은 자신의 서브스택 가입자 수를 공유했는데 구독률 상위의 뉴스레터라 해도 90% 이상은 무료 버전을 구독하고 있다.

> "플랫포머를 시작했을 때 독자 수는 약 2만 4,000명이었지만 12개월 후인 지금은 구독자가 4만 9,604명으로 늘어났다. 서브스택에게서 들은 바에 따르면, 무료 등록자 중 10% 정도가 유료로 전환한다. 그러나 실제로는 5% 정도였다. 1년간 이 수치는 조금씩 늘어나기는 했지만 그래도 10%를 훨씬 밑돌았다."

이는 크리에이터 이코노미를 추동하는 사람들이 비판하는 플랫폼 기반 광고 모델의 폐해로, 전 세계 소비자들은 무료 콘텐츠에 익숙해 있다. 그러나 이것만이 원인이라고는 할 수 없다.

- a16z 등 벤처캐피털리스트를 비롯해 콘텐츠 이외에도 돈을 버는 비즈니스 모델을 가진 플레이어들은 품질 높은 콘텐츠를 무료로 공개하는 전략을 채택하고 있다.
- 특별히 돈을 벌 목적은 없지만 자원 봉사 정신, 자기 현시 욕구, 네트워킹 등을 이유로 고품질 콘텐츠를 무료로 배포하는 개인도 많다.

▌콘텐츠의 품질과 가입자의 유지가 어렵다

개인 창작자는 말 그대로 콘텐츠에 대한 평가가 수입과 직접 연결되는 냉혹한 비즈니스 환경에 있다. 단발성 콘텐츠로 많은 돈을 벌 수 있는 경우는 드물고 기본적으로 고품질의 콘텐츠를 계속 양산해야 한다. 구독 기반 모델이라고 해도 애써 확보한 사용자의 이탈률을 줄이는 일이 관건이다. 1,000명의 팬을 확보했다고 해도 조만간 이탈하는 사람들은 분명히 생긴다.

한편 여러 플레이어를 거느린 조직 차원에서 콘텐츠를 배포할 경우 개별 플레이어보다 콘텐츠의 품질 저하를 상대적으로 낮출 수 있다. 창작자가 여러 명이기 때문에 그중에서 가장 우수한 창작자를 선택해 콘텐츠를 배포할 수 있는 선택권이 있다.

▌플랫폼 사업자 없이는 사업을 할 수 없다

캐시 뉴턴에 따르면, 신규 사용자 확보는 트위터에 크게 의존한다. 서브스택에서 아무리 훌륭한 콘텐츠를 배포한다고 해도 그것만으로는 사용자 눈에 띌 가능성이 낮다. 결국 트위터 등 플랫폼에서 평판도가 중요하다. 대다수의 관심을 끄는 광고 모델이 아니라 틈새 영역에서 구독형 모델로 승부를 보겠다고 해도 사용자의 눈에 띄려면 글로벌 사용자의 반응이 결집하는 중개 역할의 존재가 중요하다.

절대왕정의 종언과 함께 도래한 자본주의

기술이 과연 어느 곳을 향해 진화해 나가고 있는지는 인류 역사에서 어느 정도 배울 수 있다. 농경 사회에서 출발해 절대왕정이 됐다가 프랑스 혁명으로 사회가 민주화됐듯이 인터넷의 세계에는 서버가 생기고 데이터 축적이 가능해지자 GAMMA가 등장하게 됐으며 최근에는 P2P(Peer-to-Peer) 기반 방식의 분산형 데이터 저장 기술인 블록체인이 대두하면서 '데이터의 민주화'를 부르짖는 차세대 인터넷 웹 3이 등장하게 됐다.

오늘날 우리가 풍요로움을 향유할 수 있는 이유 중 하나는 세계의 주류가 되는 이데올로기가 자본주의라는 점이다. 자본주의는 생산 수단의 사적 소유와 이윤 추구에 기반을 둔 경제 체계이다. 프랑스 혁명으로 대표되는 18세기 절대왕정의 종언과 함께 확산되고 산업혁명으로 정착한 시스템이다. 지금은 자신의 노력으로 정당한 이익을 얻는 것이 당연하지만, 당시에는 '동등하게 이익을 얻는다'라는 개념 자체가 혁명적이었다.

중세까지 토지 수탈, 국가의 특허 독점, 길드 제도 등 개인의 피땀을 착취하고 노력을 무력화하는 많은 제약이 있어 구조적으로 인간에게 동기 부여를 심어 주는 메커니즘이 없었다. 그 후, 혁명을 통해 '자산을 소유할 수 있다'라는 보장이 생겨나 오늘날까지 계속되는 자본주의가 부상하게 된다. 그 결과, 현재 민간 기업의 독점과 부의 집중 문제가 드러나고 있다. 창립한 지 47년이 되는 애플은 2023년 상반기에 시가총액이 3조 달러(4천 2조 원)를 넘어 전 세계에서 가장 비싼 기업이 됐다. 이 액수는 세계 국가별 GDP 순위로 볼 때 세계 7위에 해당한다. 오늘날 세계 경제를 주도하는 주체는 GAMMA다. 이 기업들은 사람들의 관심이나 주목을 끌어 막대한 경제적 이익을 얻을 수 있었다. 이 극소수의 거대 기술 기업들은 국가를 초월할 정도로 강력하며 전 세계 사람의 데이터를 손에 쥐고 있다. 데이터야말로 부의 원천이고 독점이야말로 우위성을 보장한다. 우리가 매일 생성하는 행동 데이터, 콘텐츠, 온라인 계정까지 이러한 회사에 기부하는 셈이며 우리는 이 기업들을 위한 영리 활동을 자발적으로 지원해 주고 있다. 그러나 그 본질적인 소유권은 우리에게 없다. GAMMA의 독점은 말하자면 절대 군주제의 중세 시대이다.

봉건제에서 자본주의로의 이데올로기적 전환은 웹 2.0에서 웹 3으로의 전환과 겹쳐 보이는 부분이 많다. 사람들은 군주의 박탈과 통제에 굴하지 않았으며 자신의 자산을 투자한 대가로 이익을 돌려받아 생산성 향상을 추구하는 동기부여가 생겨 오늘날 자본주의의 틀이 갖춰지게 됐다. 1,000년 이상 정체돼 있던 중세와 달리 자본주의가 뿌리를 내린 세계는 불과 100년 만에 훨씬 더 살기 좋은 곳으로 변모했다. 유튜버와 틱톡커처럼 플랫폼의 알고리즘에 따라 영향력과 금전적 수익을 얻기 위해 열심히 노력하는 개인도 있지만, 더욱 자기다운 기여로 개인이 이익을 얻을 수 있는 세상이 온다면 다양성을 인정받는 훨씬 살기 좋은 세상이 될 것이다.

웹 3이 크리에이터 이코노미에 중요한 이유

앞에서 설명한 관심 경제가 낳은 부작용과 크리에이터 이코노미가 내포한 모든 과제를 해소할 방안으로 기대하는 것이 웹 3이다. 웹 3은 블록체인 기술을 기반으로 한 분산형 온라인 세계로, 중앙집권적인 웹 2.0에 대한 안티테제(Antithesis, 반대 명제)로 사용하는 단어이다. 이 단어는 빅테크가 온라인에서 독점하던 권력을 블록체인 기술로 개인에게 분산한다는 개념을 내포하고 있다.

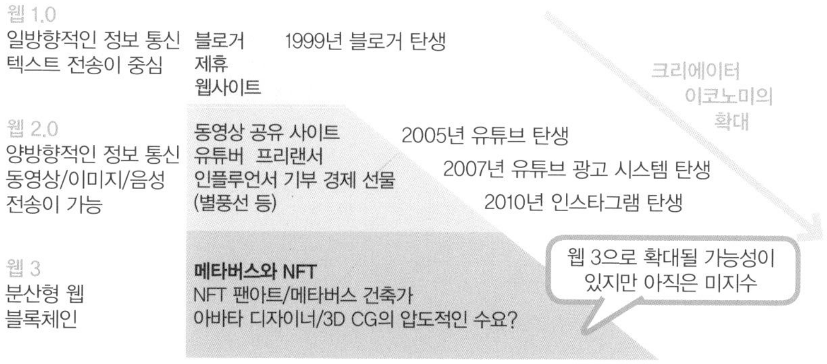

웹 1.0
일방향적인 정보 통신
텍스트 전송이 중심

블로거
제휴
웹사이트

1999년 블로거 탄생

크리에이터
이코노미의
확대

웹 2.0
양방향적인 정보 통신
동영상/이미지/음성
전송이 가능

동영상 공유 사이트
유튜버 프리랜서
인플루언서 기부 경제 선물
(별풍선 등)

2005년 유튜브 탄생
2007년 유튜브 광고 시스템 탄생
2010년 인스타그램 탄생

웹 3
분산형 웹
블록체인

메타버스와 NFT
NFT 팬아트/메타버스 건축가
아바타 디자이너/3D CG의 압도적인 수요?

웹 3으로 확대될 가능성이
있지만 아직은 미지수

크리에이터 이코노미의 확대

웹 1.0: 읽기 전용 페이지 시대(1990~2004년)
월드 와이드 웹이 탄생한 1990년부터 2004년까지의 기간을 말한다. 주로 정적인 콘텐츠 제공 중심으로, 상호작용이 거의 없으며 참여자 대부분이 콘텐츠의 소비자이다. 개인 홈페이지 외 네이버, 다음, 구글 등이 대표적인 서비스이다.

웹 2.0: SNS와 GAMMA의 시대(2005~2021년)
우리가 매일 접하는 인터넷 세계를 말한다. 웹 1.0보다 상호작용이나 소셜 네트워킹이 활발한 세계로, SNS 등장으로 웹은 정보 검색을 위한 웹브라우징 기능에서 참여의 장으로 바뀌었다. 유튜브, 페이스북, 트위터, 인스타그램이 대표적인 서비스이다.

웹 3: 블록체인의 시대(2022년~)
블록체인 기술 등을 이용해 데이터의 분산 권리를 실현하고 웹 2.0과 달리 '탈중앙화'한 웹을 지향한다. 이더리움 공동 설립자인 게빈우드가 주창했다.

크리에이터 이코노미에서도 구글, 유튜브, 트위터, 인스타그램 등 다양한 플랫폼이 강력한 세력을 떨치고 있으며 크리에이터가 콘텐츠를 만들고 기업이 수익을 창출하는 구조가 만들어지고 있다. 이러한 역학 관계는 수익 구조뿐 아니라 창작자의 팬이나 팬의 행동 데이터가 모두 플랫폼에 의존한다는 사실에도 반영된다. 웹 3은 이러한 플랫폼 종속성을 약화하고 창작자와 팬을 직접 연결함으로써 빅테크의 '삥뜯기' 모델에서 벗어날 수 있도록 해준다.

웹 3과의 관련성

웹 3은 비중앙집권화, 분산화를 의미하는 만큼 크리에이터 이코노미의 맥락에서는 창작자 자신이 소유한 팬 커뮤니티를 대상으로 여러 비즈니스를 개발해 본인이 제작-유통-수익화의 주체가 되는 경제를 의미한다. 유튜브, 인스타그램 등 지금까지 본인 창작물을 전파해 오던 플랫폼에 의존하지 않고 창작자마다 독자적인 개별 경제권을 갖게 된다는 것을 의미한다.

국내에서는 2020년부터 펀딩플랫폼 와이즈를 통한 인기 유튜버의 크라우드 펀딩 참여가 늘어났다. 유튜버의 특성상 기존의 구독자 팬덤을 적극적으로 활용해 초기 자금 확보에 유리하고 커뮤니케이션 측면에서도 활발한 소통을 펼치므로 실제 펀딩에서도 좋은 결과로 이어질 가능성이 높다.

일본에서는 인기 유튜버인 카모가시라(鴨頭, かもがしら)가 '카모펀딩'이라는 크라우드 펀딩 웹사이트를 운영하는 등 자신이 보유한 팬덤 커뮤니티를 십분 활용해 독자적인 경제권을 구축하려는 움직임이 보인다.

카모펀딩에 올라온 크라우드 펀딩 프로젝트

출처: https://www.kamofunding.com

NFT와의 관련성

웹 3과 함께 주목해야 할 기술 중 하나로 NFT를 들 수 있다. NFT는 블록체인에서 발행하는 유일무이한 토큰으로 정의된다. NFT는 블록체인의 특장점을 살려 '위조 불가능한 감정서+소유 증명서'의 성질을 갖는다. 그 결과 디지털 데이터는 쉽게 복제할 수 있지만 NFT를 활용하면 창작자가 만든 디지털 작품 등을 유일무이한 자산으로 거래할 수 있어 게임이나 애니메이션 분야에서도 창작자의 수익원 다각화 등 새로운 자금 순환이 일어날 가능성이 있다.

최근 NFT 아트 붐에 발맞춰 자기 작품을 NFT로 전환해 판매한 후 소유자 커뮤니티를 형성해 경제권을 이루는 아티스트가 늘어나고 있다. NFT 커뮤니티는 충성도 높은 팬들이 오리지널 컬렉션을 기반으로 파생 작품을 만드는 활동에도 적극적이다. 파생 컬렉션에서는 저작권 라이선스나 불법 전매가 문제로 거론되지만 NFT를 활용하면 2차 배포로 저작권자에게 이익을 돌려 줄 수 있어 창조가 창조를 낳는 새로운 경제권이 탄생하게 된다.

'코나타(Conata)'는 3D 공간에서 사용할 수 있는 아이템을 판매하는 가상 매장이다. 코나타에서는 음악, 캐릭터 등 가상공간에서 사용할 수 있는 아이템을 구매할 수 있다. 스마트 콘트랙트 기능으로 아이템이나 아바타의 소유권을 관리할 수 있으며 수익은 창작자에게 자동으로 분배된다. 이 밖에도 자신이 소유한 NFT를 보여 주는 마이룸(My Room) 기능 등도 있다. NFT를 활용한 크리에이터 이코노미의 창출은 새로운 산업 모델을 창출하는 중요한 이니셔티브이다.

가상공간에서 사용할 수 있는 아이템을 판매하는 가상매장 '코나타'

출처: https://zenism.jp/nft/conata/2021/07/28

▌메타버스와의 관련성

대부분의 온라인 게임은 약관에서 게임 내 아이템의 현금 거래를 금지한다. 불법은 아니지만 아이템 판매를 위한 과도한 게임머니나 아이템 수집은 게임의 사행성을 조장하고 게임 내 물가 상승이 일어나 균형과 질서가 파괴될 수 있기 때문이다. 그러나 메타버스의 경우 참여자가 직접 콘텐츠를 개발하고 제공하기 때문에 참여자가 창작자로서 수익을 창출하는 사례가 생겨난다.

로블록스에서는 기본적으로 무료로 게임을 즐길 수 있지만 게임에서 특수 능력을 사용하거나 아바타의 의상과 액세서리를 변경하려면 로블록스 통화(로벅스, Robux)를 구매해야 한다. 사용자는 로블록스 프리미엄이라는 월 과금제로 일정량의 로벅스를 할인된 가격으로 구매할 것인지, 매번 필요한 로벅스를 구매할 것인지를 선택하게 된다.

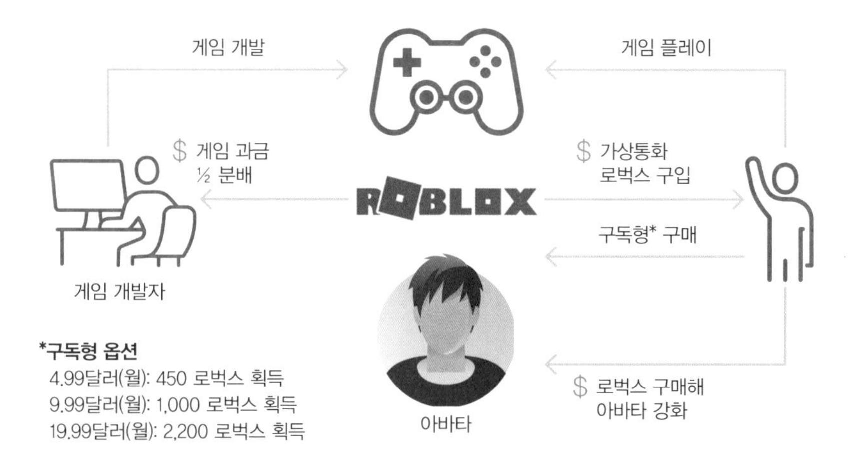

로블록스 내 개발자와 플레이어 간의 금전의 흐름

로블록스는 크리에이터 플랫폼에 콘텐츠를 만드는 이용자가 필요로 하는 모든 것을 제공한다. 로봇 스튜디오, 튜토리얼과 커뮤니티를 통해 제작 프로세스를 더욱 쉽게 진행할 수 있도록 지원함으로써 로블록스 시스템을 잘 몰라도 콘텐츠를 제작할 수 있다. 로블록스에는 950만 명의 개발자가 있는데 자기 게임에서 사용할 수 있는 특수 능력과 고유한 아이템을 판매하고 과금 포인트를 설정해 놓은 후 획득한 로벅스의 30%를 몫으로 받을 수 있다. 로블록스의 개발자들은 연간 3,600달러(약 464만 원)를 벌며 이들이 2022년 벌어들인 총수입은 6억 2300만 달러(약 8,030억 원)에 이른다.

게임 개발자가 로블록스 환전소를 통해 로벅스를 현금화할 때 발생하는 비용을 개발자 환전 수수료(Developer Exchange Fees)라고 한다. 또한 로블록스 프리미엄 사용자가 게임 내에서 체류한 시간에 따라 로벅스 중의 일부가 환원되는 체계도 있으므로 자신이 개발한 게임을 보다 많은 사용자가 이용할수록 개발자의 수익이 늘어난다.

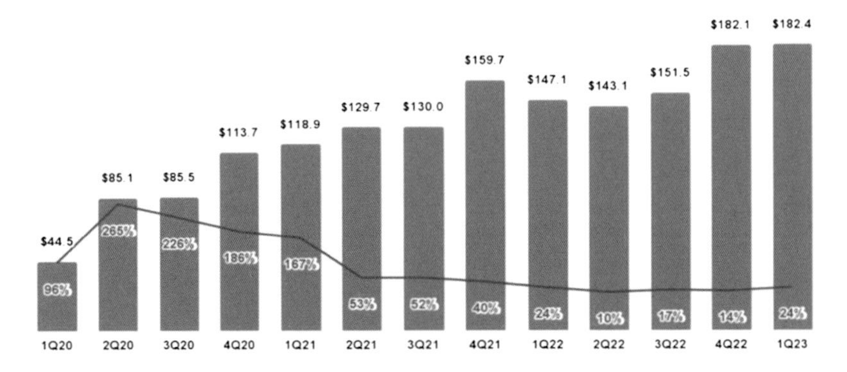

로블록스의 개발자 환전 수수료(단위: 백만 달러)

출처: Roblox Supplemental Material

크리에이터 이코노미를 지원하는 차세대 플랫폼

동영상 NFT 판매 플랫폼 '글라스'

글라스(Glass)는 뮤직비디오를 비롯해 동영상 NFT를 판매할 수 있는 플랫폼이다. 해외 유명 래퍼들도 참여한다. 글라스에서 창작자는 자기 창작물을 개별적으로 또는 시리즈로 판매할 수 있다. 경매는 최초 입찰이 있고 나서 24시간이 소요되며 낙찰 가격의 약 90%가 창작자에게 수익으로 반환된다. 나머지 매출은 글라스가 운영 플랫폼을 개발하고 프로모션을 진행하는 비용으로 사용한다. 사용자는 NFT 동영상을 구입해 동영상 전체를 볼 수 있다. 시청이 끝난 동영상은 가격을 매겨 2차 유통하는 것도 가능하다. 글라스의 창작자로서 참가하고 싶은 경우에는 디스코드 커뮤니티에 참가해 특정한 양식으로 응모해야 한다. 그 후 커뮤니티 내에서 어떤 동영상을 플랫폼에 올릴 것인지를 결정하는 구조이다.

콘텐츠를 NFT화할 수 있는 뉴스레터 플랫폼 '패러그래프'

패러그래프(Paragraph)는 구글의 전(前)엔지니어링 관리자이자 전(前)코인베이스 소프트웨어 엔지니어인 콜린 암스트롱(Colin Armstrong)이 개발한 웹 3 멤버십 구축 서비스이다. 웹 3 작가와 DAO, NFT 커뮤니티의 콘텐츠로 수익을 창출할 수 있는 뉴스레터 플랫폼을 제공한다. 이미 3,000명 이상의 창작자와 2만 명 이상의 독자를 보유하고 있다. 창작자는 댓글 권한이나 디스코드(채팅) 접속 권한을 부여하는 멤버십 NFT를 판매할 수 있다. 또한 콘텐츠 자체의 소유권도 판매할 수 있다. 이때 플랫폼 외부의 NFT와 토큰을 활용할 수도 있지만 3%의 수수료를 지급하고 패러그래프상에서 NFT를 발행할 수도 있다. 가까운 장래에는 다음과 같은 기능을 추가한다고 발표했다.

- 커뮤니티 내에서의 투표 시스템(예 콘텐츠의 방향성 결정 및 자금의 이용 방법 등)
- 참여도가 높은 팬에게 인센티브 부여
- DAO와 비슷한 미디어 구축(여러 작가와 팀을 이뤄 수익 분배)

독자와 직접 관계를 구축할 수 있는 블로그 플랫폼 '미러'

미러(Mirror)는 2020년에 출시한 분산형 블로그 플랫폼이다. 작가가 독자와 더 긴밀한 관계를 구축하도록 설계됐다. 작가는 기사를 NFT로 제작해 경매에 부칠 수 있고 팬들이 NFT를 구매하면 수익이 작가에게 돌아간다. 금전적 혜택 외에도 기사 콘텐츠를 블록체인에 기록하기 때문에 복사나 복제를 막을 수 있다. 크라우드 펀딩 기능이 있으며 수익은 서포터들에게 분배된다. 실제로 이더리움을 주제로 하는 장편 다큐멘터리 영화 'Ethereum: The Infinite Garden(이더리움: 무한의 정원)'이 미러를 통해 자금 조달이 이뤄졌는데 불과 3일 만에 당초 목표인 750ETH를 조달했다. 또한 2022년 7월부터는 기사를 단독으로 판매할 뿐 아니라 창작자에게 직접 과금하는 구독 기능이 추가돼 월렛 기반으로 커뮤니티를 구축할 수 있게 됐다.

창작자가 자신만의 암호화폐를 출시해 운용하는 '랠리'

랠리(Rally)에서는 창작자마다 자신만의 암호화폐를 발행할 수 있다. 창작자는 랠리를 통해 동영상, 팟캐스트, 친필 사인 굿즈, 오프라인 이벤트 등 다양한 콘텐츠를 제공하며 팬들은 암호화폐를 구매해 창작자의 콘텐츠를 시청하고 참여한다. 암호화폐의 가격은 창작자마다 다르며 구매나 교환이 일어날 때마다 변한다는 특징이 있다. 유튜브나 온리팬즈(OnlyFans, 성인 화보)처럼 창작자가 수익화를 도모하는 플랫폼에서는 수익에 따라 수십 퍼센트의 수수료를 요구하는 경우가 많다. 그러나 랠리에서는 이러한 수수료가 발생하지 않으며 자신의 암호화폐 판매가 그대로 이익으로 직결된다.

또한 암호화폐의 가치는 계속 변하기 때문에 창작자가 자신의 가치를 전략적으로 높일 수 있다. 규모나 인지도와 관계없이 자기만의 암호화폐를 발행해 누구나 디지털상에서 팬 커뮤니티를 구축할 수 있는 서비스이다. 창작자에게는 이러한 유형의 커뮤니티를 어떻게 운영해 갈 것인지가 앞으로 중요한 역량이 될 듯하다.

팬 입장에서도 젊은 창작자의 암호화폐를 소유해 놓으면 나중에 유명해졌을 때 가격이 크게 오를 수도 있다. 앞으로 크리에이터 이코노미에서 미래와 성공을 응원하는 형태의 투자가 주류가 될지도 모른다.

창작자에게 직접 과금할 수 있는 음악 스트리밍 서비스 '오디우스'

블록체인 기반의 탈중앙화 음악 스트리밍 플랫폼인 '오디우스(Audius)'는 아티스트가 자신의 곡을 업로드하고 재생 횟수에 따라 암호화폐인 오디오(AUDIO)를 받을 수 있다. 청취자 또한 암호화폐를 소유하고 팁으로 직접 보내 특정 아티스트를 지원할 수 있다.

스포티파이 및 애플 뮤직 등 현재 구독형 스트리밍 서비스에서는 아티스트에게 돌아오는 수익 환원율이 매우 낮다는 점이 종종 문제점으로 지적된다. 한편 오디우스는 어디까지나 아티스트 중심으로 기획한 서비스로, 아티스트의 권리를 정당하게 보장하고 음악으로 창출된 수익이 환원되는 탈중앙화 플랫폼을 지향한다. 틱톡과 비즈니스 파트너십을 발표해 음원이 사용되는 다양한 기회가 블록체인에서 자동으로 관리돼 아티스트의 수익 증가로 이어질 것으로 기대한다.

또한 오디우스 플랫폼 내에서 아티스트가 자신의 음원을 NFT로 판매할 수 있는 기능을 개발하고 있다. 많은 이용자가 모여드는 대규모 구독형 스트리밍 서비스와 같은 중앙집중식 플랫폼에 의존하지 않더라도 창작자가 작품을 스스로 관리하면서 팬으로부터 직접 이익을 얻을 수 있는 다양한 방법을 모색하고 있다.

앞으로는 창작자가 쉽게 참여할 수 있는 서비스의 설계가 관건이 될 것이다. 창작자가 이전보다 더 쉽게 혜택을 누릴 수 있는 환경이 만들어진다면 평소 아무렇지도 않게 사용하던 서비스들이 점차 웹 3으로 옮겨가는 날이 올 것이다.

생성형 NFT를 발행하고 매매할 수 있는 플랫폼 '아트 블록스'

생성형 AI에서 가장 높은 관심을 불러일으키는 분야가 시각 예술이다. 예술 작품을 생성하는 AI 플랫폼은 사용자가 제공한 1개 이상의 프롬프트에서 시각적 표상을 만들어 낸다.

'블록체인×생성형 아트'를 결합해 실현한 참신한 스타일이 NFT 창작자 및 수집가 사이에서 새로운 예술 형태로 시선을 끈다. 생성형 아트는 컴퓨터 알고리즘이 만들어 낸 우연성을 통합해 제작한 예술 작품이다. 아트 블록스(Art Blocks, 미국), 코드 캔버스(Code Canvas, 미국), 제너러티브마스크스(Generativemasks, 일본) 등이 있다. 이 중에서 아트 블록스는 이더리움 블록체인을 사용해 생성형 아트를 발행, 판매하는 NFT 플랫폼이다. 2020년 프로젝션 매핑[31] 아티스트(Projection Mapping Artist)인 에릭 칼데론(Erick Calderon)이 설립했다.

아트 블록스에 작품을 판매하고자 하는 창작자는 작품의 스크립트(간단한 프로그램)나 알고리즘을 업로드하고 총발행 수와 판매 가격을 설정한다. 이 정보는 블록체인에 기록되고 잠시 후 아트 블록스 작품 판매 페이지에 정보가 게시된다. 구매자는 선호하는 아트 스타일을 선택하고 이더리움(ETH)으로 작품 대가를 지불한다. 그러면 블록체인에 기록된 정보를 바탕으로 알고리즘에 따라 무작위로 NFT 아트가 생성, 발행돼 사용자의 지갑으로 자동 전송된다.

생성한 작품은 일러스트, 3D 아트 등 다양하다. 아트 블록스에서는 NFT가 새롭게 발행될 때 컴퓨터의 알고리즘으로 크기, 선의 색상, 배경색, 선의 굵기, 질감 등 복수의 요소를 임의로 결정해 예측 불가능한 작품이 탄생한다. 실제로 발행될 때까지는 구매자뿐 아니라 창작자도 어떤 작품이 생성될

31 2D 영상 예술을 3차원 실제 공간에 재현하는 미디어아트

것인지 알 수 없다. 다양한 구성 요소를 임의로 선택하고 그것을 조합해 오리지널 NFT 아트를 발행한다는 점이 아트 블록스의 독특한 구조이다. 그리고 통상적으로 독특한 스타일을 다양하게 혼합해 발행한 작품일수록 희귀성을 높이 평가해 고가로 거래되는 경향이 있다. 즉, 판매 당시에는 그다지 가치가 높지 않은 작품이더라도 구입 후 생성형 아트로 작품을 발행하면 원래 입찰 가격보다 훨씬 높게 가치를 평가받을 수 있다.

창작자는 작품을 판매할 때 아트 블록스에 10%의 판매 수수료를 지불한다. 작품을 구매하면 판매 금액의 10%가 자동으로 아트 블록스에 이체되고 나머지는 창작자에게 지급된다. 아트 블록스에서는 2차 유통도 활발해 작품을 다른 플랫폼에서 거래할 수 있다. 예를 들어 오픈씨에는 아트 블록스에서 생성한 작품이 출품돼 있다. 2차 유통 시에 창작자는 판매 금액의 5%, 판매 플랫폼(예 오픈씨)과 아트 블록스는 2.5%씩을 받는다.

임의성 있는 작품을 구입한다는 것은 작품을 발행할 권리를 획득한다는 것이다. 따라서 일단 발행한 작품의 디자인은 더 이상 바꿀 수 없다. 아트 블록스에서 판매하는 작품에는 큐레이티드(Curated), 팩토리(Factory), 플레이그라운드(Playground)가 있다.

- 큐레이티드: 아트 블록스의 심사를 거쳐 출품한 작품으로 인기가 많다. 경매 시작가가 높다.
- 팩토리: 큐레이티드에 신청하지 않았거나 심사를 통과하지 못한 작품으로, 작품의 종류가 많고 자유도가 높다. 비교적 저렴하고 향후 가격이 급등할 가능성이 있다.
- 플레이그라운드: 큐레이티드로 선정된 예술 작품 중에서도 테스트용으로 출품한 것이다. 작품의 자유도가 높고 큐레이티드된 작품에 비해 가격은 저렴하지만 검증받은 예술가의 작품이기 때문에 2차 유통 가격이

급상승할 가능성이 있다.

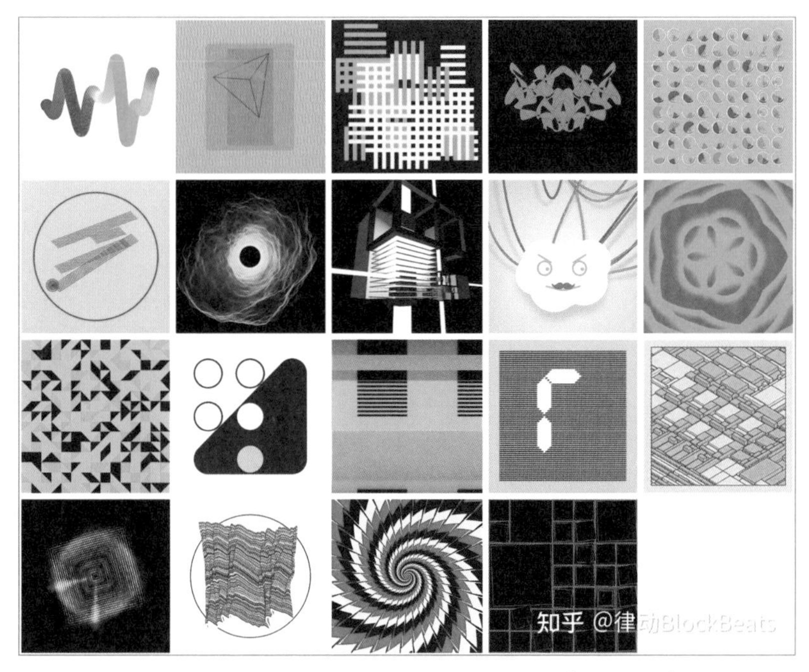

이더리움에서 생성형 아트 NFT를 발행 및 판매하는 '아트 블록스'

출처: https://zhuanlan.zhihu.comp/375463367

PART

04

차세대 디지털 혁명 웹 3에 관한 모든 것

메타 웹 패러다임 변화와 웹 3의 등장

웹의 진화

웹 3은 웹 1.0과 웹 2.0의 계보를 잇는 인터넷의 새로운 방식을 설명하는 개념이다. 웹 3은 2021년 후반부터 급속하게 주목받기 시작해 명확한 정의는 없지만 한 단어로 말하면 '자율적이고 분산된 인터넷'으로 설명할 수 있다. 정보를 독점해 온 GAMMA와 같은 플랫폼머에 의존하지 않고 정보를 분산 관리하고 그 활용을 민주화하려는 개념이다.

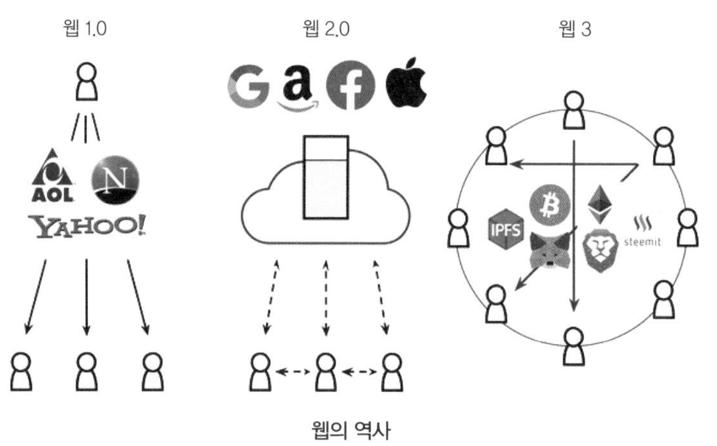

웹의 역사

출처: https://note.comboundless/n/na6b32b0afd74

웹 1.0: 일방통행형 인터넷

소위 웹의 '기원'에 해당한다. 월드 와이드 웹(World Wide Web)은 1989년 유럽입자물리연구소(CERN)의 팀 버너스 리(Tim Berners-Lee)가 고안한 시스템이 바탕이 돼 1990년대 초에 구현됐다. 개인이 정보를 자유롭게 전송하고 제삼자가 손쉽게 수신할 수 있게 돼 인류사를 크게 바꾼 발명으로 평가받고 있다.

1990년대 중반은 넷스케이프 내비게이터(웹브라우저)와 야후! 등이 등장하기 시작한 시기로, 일방향 커뮤니케이션이 주류였다. 웹 2.0으로 대표되는 인터랙티브한 콘텐츠가 제공되지 않는 정적인 웹이었다. 또한 지금처럼 개인이 SNS와 블로그를 사용해 쉽게 정보를 전달할 수 있는 시대가 아니었기 때문에 HTML 기반의 웹사이트 제작이 일반적이지 않았다. 또한 홈페이지라고 하면 대부분 페이지 상단에 '액세스 카운터'가 설치돼 방문자의 접속 횟수가 표시됐다. 기업 웹사이트에는 위치, 지도 등의 기본 정보나 회사를 안내하는 팸플릿 일부를 올려놓았던 시대이기도 하다.

웹 2.0: 빅테크의 출현으로 가능해진 양방향 통신

웹 2.0은 2000년대 후반부터 2020년에 등장한다. 지금은 사람들의 삶에 깊이 뿌리를 내리고 있는 GAMMA가 존재감을 키워 빅테크로 자리잡게 된 시기이다. 이 기업들은 전 세계 사용자를 저렴한 비용으로 모으고 데이터를 분석해 제품을 개선해 나갔으며 사용자가 많을수록 제품의 가치가 높아지는 '네트워크 효과'를 활용해 성장을 가속할 수 있었다. 한편으로는 개인정보가 이 기업들에 집중되면서 독과점 이슈, 개인정보의 착취를 통한 수익화, 프라이버시 침해 문제가 종종 불거졌다. 또한 인터넷 취약점을 악용하는 사이버 공격으로 국가, 지방자치단체, 기업의 일부 기능이 마비되는 사건까지 일어나고 개인 계정의 탈취 및 피싱으로 막대한 경제적 손실과 사회적 혼란이 초래됐다.

웹 2.0 시대에 웹은 '특정인이 사용하는 것'에서 '누구나 사용하는 것'으로 바뀌었다. 웹 1.0 시대에서는 개인이 정보를 전달하는 것이 주류였지만 웹 2.0에서는 기업이 플랫폼을 구축하고 특정한 관심이나 활동을 공유하는 사람들이 자유롭게 자기 생각을 표현하며 관계망을 구축하게 됐다. 그 전형적인 예가 '소셜 네트워크 서비스'이다. 페이스북을 비롯해 트위터, 인스타그램 등의 SNS에서는 제삼자가 발신한 정보에 '좋아요', '댓글달기', '공유하기' 등으로 상대측에게 어떤 반응을 보일 수 있게 됐다. 정보가 일방적으로 전파되던 웹 1.0 세상과 달리 하나의 플랫폼에서 커뮤니케이션이 이뤄지고 완결된다.

웹 3: 민주주의를 실현하는 차세대 인터넷

'차세대 인터넷'이라고도 부르는 웹 3은 2018년경에 시작된 비교적 새로운 개념이다. 위키피디아에 따르면, 웹 3이라는 용어는 이더리움의 설립자 8인 중 한 명인 게빈우드(Gavin Wood)가 2014년에 만들었다. 주요 서비스로는 암호화폐, NFT(대체 불가능한 토큰), DeFi(탈중앙화된 금융), DAO(분산형 자율 조직) 등이 있다.

웹 3은 블록체인 기술을 사용해 GAMMA가 지배해 온 웹 2.0을 보다 분산되고 민주적으로 만들어 개인과 기업에 정보 주권을 돌려 주자는 운동이다. 웹 2.0에서는 GAMMA로 대표되는 플랫포머의 과점에 의한 중앙집권적인 인터넷 환경에 사용자가 갇히는 결과가 초래된다. 플랫포머는 사용자가 자신들의 약관에 동의하도록 한 후 개인정보 및 사용자가 생성한 콘텐츠에 대한 소유권을 유지하고 통제한다. 그 결과 인터넷상에서 프라이버시 침해뿐 아니라 사이버 공격에 취약하다는 문제점이 드러난다. 예를 들어 인스타그램에 아무리 좋은 게시물을 올려도 운영 주체인 메타의 횡포로 내 계정이 정지될 수도 있다. 웹 3에서는 정보의 소유 및 관리 주체가 플랫포머에서 개인에게로 넘어간다. 따라서 개인이 자신의 데이터를 소유하고 관리하면서 창작자가 되는 크리에이터 이코노미도 기대할 수 있다.

웹 1.0, 웹 2.0, 웹 3의 비교

구분	웹 1.0	웹 2.0	웹 3
시기	1990년대 중반~ 2000년대 중반	2000년대 중반~ 2010년대 후반	2020년대 전반~
권한	읽기	읽기-쓰기	읽기-쓰기-소유
콘텐츠	일방향(정적) 콘텐츠	양방향(동적) 콘텐츠	NFT(비대칭 토큰)
유통되는 가치	정보	감정	신뢰
매개	기업, 조직	플랫폼	네트워크
서비스	홈페이지	SNS	NFT, 메타버스, DAO, DeFi
기술	PC, 인터넷	모바일, 클라우드	블록체인
거버넌스	분산형	중앙집권형	분산 자율형

한편 우리나라에서는 웹 3을 '웹 3.0'이라고 표현하기도 한다. 그러나 이 둘을 완전히 별개의 개념으로 취급해야 한다고 주장하는 사람들도 많다. 웹 3.0은 웹 2.0 에서 진화한 개념으로 컴퓨터가 시맨틱웹[32] 기술을 이용해 웹 페이지에 담긴 내용을 이해하고 개인 맞춤형 정보를 제공할 수 있는 지능형 웹 기술을 말한다. 한편 웹 3은 블록체인을 활용한 탈중앙화 네트워크로 웹 2.0에서 진화한 기술이 아니다. 이 책에서는 웹 3.0이 아닌 웹 3으로 표기하기로 한다.

32 글자(Text) 자체만 따지지 않고 글자가 내포한 의미 자체를 인식하고 찾아 주는 인터넷 기술을 말한다. '의미 기반 웹', '지능형 웹', '지능형 인터넷 기술' 등으로 다양하게 혼용한다.

웹 3과 웹 3.0의 차이

구분	웹 3	웹 3.0
네트워크 방식	탈중앙화된 P2P(Peer to Peer) 네트워크	클라이언트-서버 모델
프로토콜	블록체인 기반	http, https
월드와이드웹(WWW)과의 관계	WWW의 대안	WWW의 연속선상

웹 2.0에서 노출된 문제

웹 2.0 시대에 빅테크 플랫폼 기업이 디지털 세상을 제패하기에 이르렀다. 이 기업들에 부와 자원이 지나치게 집중된 결과 여러 가지 폐해가 일어나고 있다.

디지털 플랫폼을 둘러싼 중앙집중화 현상

일부 디지털 플랫폼은 사람들의 일상생활에 영향을 미치는 인프라로 굳어졌다. 2022년 10월 판교 SK C&C 데이터센터 화재로 카카오톡이 먹통됐을 때 일상 서비스가 마비되는 경험에서 초연결 사회가 초래하는 부작용을 누구나 느꼈을 것이다. 네이버, 카카오, 메타 등이 무너지면 국민 대다수가 커뮤니케이션 접점을 잃게 된다는 사실을 알고 있다.

일반 사용자의 입장에서는 SNS를 통해 무료로 정보를 보내는 것이 편리하지만 트위터, 인스타그램, 유튜브 계정이 갑자기 차단되면 지금까지 등록한 모든 데이터에 접속할 수 없으며 팔로워 및 구독자 등과 같은 '자산'을 이용할 수 없게 된다.

또한 인터넷 자체의 경우 IP 주소와 도메인 정보는 실제로 ICANN(Internet Corporation for Assigned Names and Numbers)이라는 조직에서 관리한다. 조직은

비영리 단체이지만 조직의 승인을 받지 않으면 일상에서 쓰는 크롬이나 사파리 등의 웹브라우저는 도메인을 해석할 수 없으며 따라서 웹사이트가 어느 서버에 자리잡고 있는지도 알 수 없다. 이처럼 일부 디지털 플랫폼이나 조직에 극도로 의존하는 구조로 바뀌게 된 것이 웹 2.0의 폐해 중 하나라고 할 수 있다.

개인정보 보호 거버넌스 문제와 개인정보 보호 역설

인터넷 서비스를 이용할 때 사전에 개인 데이터를 제공해야 하는 경우가 많다. 예를 들어 메타는 페이스북 가입 시에 이름, 성별, 전화번호, 이메일 주소 등을 요구한다. 회사마다 수집한 개인정보의 활용 방식은 크게 다르다. 수집한 이메일 주소로 프로모션 정보를 전송할 수도 있고 개인 맞춤화된 상품 추천 정보를 보낼 수도 있다. 페이스북은 페이스북상에서 일어나는 행동 데이터를 조합해 플랫폼에서 개인화된 페이스북 광고를 노출한다. 또한 개인 데이터는 사용자 본인의 사전 동의하에 제삼자에게 제공할 수 있다. 그러나 결코 사용자 친화적이지 않은 문장과 깨알같이 작은 글씨로 작성된 서비스 약관 및 개인정보 보호 정책을 몇 명이나 제대로 읽고 동의할까?

아무리 개인정보 보호에 관심을 기울이고 신중히 다루려고 해도 실제로는 편의를 위해 개인정보 활용을 스스로 허락해야 하는 프라이버시의 역설(Privacy Paradox) 상태에 놓여 있다. 프라이버시 역설은 프라이버시 문제에 대해 우려하면서도 작은 혜택이나 이익을 위해 자신의 개인정보를 제공하는 등 태도와 실제 행동 사이에 괴리가 존재하는 현상을 말한다. 개인 데이터를 제공하지 않고는 사용할 수 없는 디지털 플랫폼을 계속 사용한다. 실제로 많은 사람이 "페이스북 사용을 중단하고 싶어도 이미 업무와 친구들과의 커뮤니케이션에 사용하고 있기 때문에 계정을 해지할 수 없다"라고 말한다. 단일 디지털 플랫폼에 대한 과도한 의존으로 인한 개인정보의 거버넌스 문제는 상당히 뿌리 깊다. 미국의 미디어 이론가인 더글러스 러시코프(Douglas Rushkof)는 이러한 웹 2.0 기반의 경제 환경을 '디지털 산업주의'라고 표현하고 날카롭게 비판했다.

대통령도 못 가지는 디지털 데이터의 소유권

웹 2.0 시대에 디지털 플랫폼을 보유한 회사는 막강한 권력을 장악하게 됐다. 사용자는 프라이버시 역설 속에서 디지털 플랫폼을 사용할 수밖에 없었고 그 와중에도 블로그, 트위터, 인스타그램 등에 소유권 없는 콘텐츠를 계속 생성해 왔다. 소유권이 없다는 것은, 예를 들어 내가 블로그 주인이라고 해도 네이버로부터 경고받아 계정이 차단되면 그 계정에 연결된 모든 콘텐츠를 볼 수 없게 되거나 삭제된다는 의미이다. 물론 블로그의 텍스트나 이미지를 다른 장소에 저장해 놓으면 콘텐츠 자체는 자신이 관리할 수 있는 자산으로 계속 남아 있지만 적어도 블로그 형태의 콘텐츠는 자신이 작성자라고 해도 자신의 의지와는 상관없이 보이지 않거나 삭제된다.

2021년 1월 트위터는 당시 미국 대통령 도널드 트럼프의 트위터 계정을 의회 폭동 사건 이틀 만에 영구 정지했다. 미국 대통령일지라도 콘텐츠에 대한 소유권이 없다. 이처럼 디지털 플랫폼 기업이 개인이 생성한 콘텐츠를 임의로 처분할 권리를 갖는다는 점이 웹 2.0 시대에서 큰 문제라고 할 수 있다.

웹 3을 이해하기 위한 키워드

웹 3의 구성 요소

블록체인

블록체인은 네트워크에 참여하는 모든 사용자가 모든 거래 내역의 데이터를 분산, 저장하는 기술이다. '블록체인'이라고 부르는 이유는 하나의 블록에 거래 등의 데이터를 정리해 체인처럼 끝없이 연결하는 데이터 관리 기술이기 때문이다.

블록은 유효한 거래 정보의 묶음으로 블록헤더와 거래 정보, 기타 정보로 구성된다. 블록헤더는 Version, Previousblockhash, Merklehash, Time, Bits, Nonce의 정보로 구성된다. 거래 정보에는 입출금과 관련된 여러 가지 정보가 들어 있다. 기타 정보는 블록 내에 담긴 정보 중에서 블록헤더와 거래 정보에 해당하지 않는 정보를 의미하며 블록 해시 계산에 사용하지 않는다.

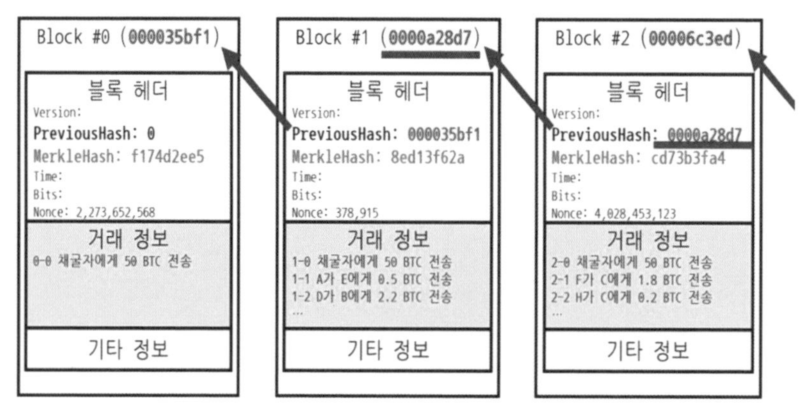

블록체인의 구조

블록헤더가 중요한 이유는 블록의 식별자 역할을 하는 블록 해시가 이 블록헤더의 6가지 정보를 바탕으로 구해지기 때문이다. 블록 해시는 6가지의 블록헤더 정보를 입력값으로 하고 여기에 SHA 256 해시 함수를 적용해서 계산되는 값으로, 32바이트의 숫자 값이다. 이름은 블록 해시이지만 블록 전체를 해시한 값이 아니라 블록헤더를 해시한 값이다. 1개의 블록은 다음 그림과 같은 구조를 갖는다.

Block #0(Genesis Block)
블록 해쉬: 0x000035
블록 헤더
Version:
PreviousHash: 0
MerkleHash:
Time:
Bits:
Nonce:
거래 정보
Tx0.0 채굴자에게 50BTC 전송
기타 정보

6개의 블록헤더 정보

- Version: 소프트웨어/프로토콜 버전
- Previousblockhash: 블록체인에서 이전에 위치하는 블록의 블록 해시
- Merklehash: 개별 거래 정보의 거래 해시를 2진 트리 형태로 구성할 때, 트리 루트에 위치하는 해시 값
- Time: 블록이 생성된 시간
- Bits: 난이도 조절용 수치
- Nonce: 최초 0에서 시작해 조건을 만족하는 해시 값을 찾아 낼 때까지의 1씩 증가하는 계산 횟수

블록 1개의 구조

웹 3이 등장한 배경에는 블록체인 기술의 진화가 자리하고 있다. 블록체인 기술은 거래가 일어날 때마다 생긴 모든 이력이 사슬처럼 연결되는 형태로 정보를 기록하는 기술이다. 과거에 생성된 특정한 블록을 변경하려면 그 이후에 생긴 모든 거래 내역을 변경해야만 한다. 그러나 현실적으로 앞에 생성된 모든 데이터를 바꿔치기한다는 것이 불가능하기 때문에 안전성이 높은 데이터 기록 방식이라고 할 수 있다. 여러 관리자가 블록에 기록되는 모든 데이터의 원장을 공동으로 보유한다. 따라서 특정 관리자가 보유한 데이터의 원장이 해킹되거나 위변조가 일어나도 나머지 관리자가 똑같은 원장을 보유하므로 블록 내 데이터는 왜곡, 훼손되지 않는다. 지리적으로 분산된 노드를 통해 네트워크 관리에 대한 인센티브를 제공하므로 단일 장애점(Single Point of Failure)[33]과 다운타임(고장 시간) 없이 서비스를 지속적으로 제공할 수 있다.

웹 3의 이점은 블록체인의 이러한 특성을 기반으로 개인이 데이터를 안전하게 소유, 관리할 수 있으며 제삼자가 개입하지 않고 사용자 간의 거래를 처리할 수 있다는 점에 있다. 따라서 사용자의 입장에서는 웹 2.0에 비해 신속, 저렴, 안정적으로 서비스를 누릴 수 있다. 블록체인 기술의 도입으로 더욱 견고한 보안 환경하에서 공정한 거래 기록을 남길 수 있어 NFT 아트 등 위변조가 불가능한 디지털 콘텐츠의 소유권 증명서를 발급할 수 있다.

33 전체 시스템에서 고장이 발생하면 전체 시스템의 작동이 멈춰버리는 한 부분

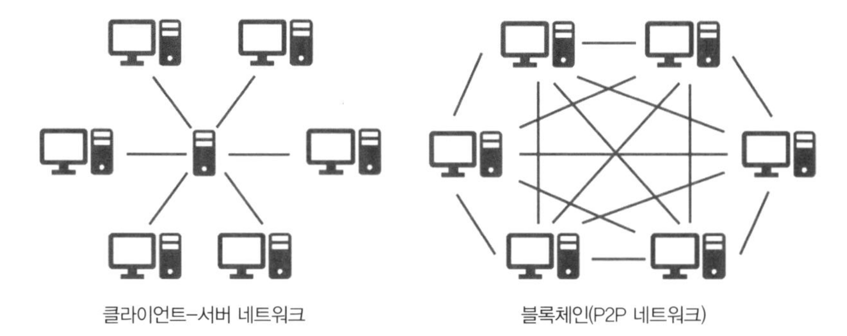

기존의 시스템(클라이언트-서버)과 블록체인(P2P) 네트워크 비교

합의 알고리즘

각 블록에 들어 있는 모든 거래 내역은 공개 키 암호화라는 매우 안전한 암호 방식으로 견고하게 보호된다. 또한 블록체인은 하나의 메인 서버에서 운영되는 것이 아니라 물리적으로 여러 장소에 분산된 네트워크 참여자(노드)가 연결해 관리한다. 한편 기존에는 중앙 관리자의 책임이었던 데이터의 정확성 검증은 참여 노드의 합의로 구현된다. 이러한 합의 형성 규칙을 '합의 알고리즘'이라고 한다. 합의 알고리즘에는 여러 가지 방식이 있는데 비트코인 합의 알고리즘은 'PoW(Proof of Work, 작업 증명)'라고 한다. 비트코인 노드에는 특정한 조건을 충족하는 해시 값을 찾으라는 임무가 주어진다. PoW란 그 해시 값을 찾는 과정을 무수히 반복함으로써 해당 작업에 참여했다는 것을 증명하는 방식의 알고리즘이다. 임무를 완수한 노드에는 블록(1비트코인)을 부여하는 규칙이 있다. 이 해시 값을 계산하는 행위를 '채굴(Mining)'이라고 부르는데 채굴에는 막대한 전력이 소비된다는 문제점이 있다. PoW 외에도 이더리움을 포함한 많은 암호화폐에서 채택한 방식에는 PoS(Proof of Stake, 지분 증명)가 있다. 이더리움은 기존에는 PoW를 채택했지만 2022년 9월 합의 알고리즘을 PoW에서 PoS로 전환하는 '더 머지(The Merge)' 업그레이드 작업을 마쳤다.

그 외 합의 알고리즘에는 한때 유출로 인해 큰 문제가 됐던 뉴이코노미무브먼트(NEM)의 PoI(Proof of Importance, 중요도 증명), 프라이빗 블록체인에서 흔히 쓰는 PoA(Proof of Authority, 권한 증명) 등도 있다.

이러한 방식으로 블록체인은 중앙 관리자가 없더라도 네트워크 참가자에게 특정한 규칙을 부과하고 제삼자의 공격에 대비한 강력한 메커니즘을 채택함으로써 신뢰가 없는 공간에서 신뢰할 수 있는 데이터 관리를 실현한다.

암호화폐

암호화폐의 대표적인 예로는 '비트코인'과 '이더리움'이 있다. 암호화폐는 웹 3의 실현에 중요한 역할을 한다. 웹 3에는 아마존 웹 서비스(Amazon Web Services)와 같은 중앙 집중형 방식의 클라우드 공급자가 존재하지 않는다. 대신에 분산 네트워크에 참여하는 개개인이 서비스 구현에 다양한 역할을 수행한다. 암호화폐는 그 과정에서 개인에게 금전적인 인센티브를 제공하는 데 활용된다. 암호화폐로 개인에게 직접 보상을 지급해 중앙집중식 통제를 없애고 불필요한 중개자를 제거할 수 있다.

Dapp

Dapp은 'Decentralized Application'의 약자로, 블록체인을 기반으로 서비스되는 탈중앙화 애플리케이션을 의미한다. 2016년 공개된 이더리움 블록체인은 암호화폐 세계에 혁명을 일으켰다. 이더리움은 특정한 규칙에 따라 프로그램을 자동으로 실행할 수 있는 스마트 콘트랙트(Smart Contract) 기능을 보유하고 있다. 스마트 콘트랙트는 블록체인상에서 작동하는 코드의 일종으로, 계약 당사자들 사이에 이뤄지는 일련의 약속을 규정한다. 자동적, 자율적으로 운영할 수 있으며 이상적으로는 중앙집권형 조직이나 주식회사 등의 형태, 관리자조차 필요하지 않게 된다. 스마트 콘트랙트 때문에 암호화폐가 매매나 결제와 같은 전통적인 기능을 넘어서기 시작했다. 이것이 바로 'Dapp'이다.

DAO

웹 3 세계에서는 DAO(Decentralized Autonomous Organization, 분산형 자율 조직)라는 새로운 형태의 조직 구조가 등장한다. DAO는 동일한 임무(미션)를 띤 다양한 이해관계자가 참가하는 새로운 조직 형태로, 스마트 콘트랙트를 이용한다.

DAO의 참가자는 거버넌스 토큰을 보유해 조직의 의사결정에 참여할 수 있다. 기존의 회사 조직에서는 소유와 경영이 분리돼 있으며 직원은 고용 계약에 따라 급여를 받고 주주는 배당을 받는다. 한편, DAO는 참가 회원이 소유와 경영을 모두 수행하는 수평적인 조직을 지향한다. 참가자의 기여도에 따른 인센티브 설계가 가능하다.

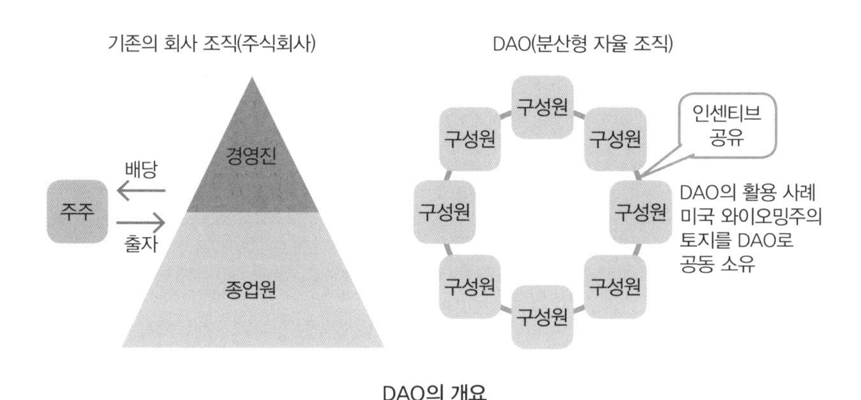

DAO의 개요

기존의 조직 구조에서는 주주총회, 이사회, 사내 결정으로 의사결정이 이뤄졌지만 DAO에서는 거버넌스 토큰 보유자의 투표로 대체된다. 또한 조직 운영에 관한 규율이 되는 정관, 사내 규칙 등은 블록체인의 스마트 콘트랙트로 대체되며 재무 상황을 공시하는 유가증권 보고서, 분기 보고서는 블록체인상의 거래 기록으로 대체된다. 이미 DAO를 법제화한 사례로 미국 와이오밍 주를 들 수 있다. 와이오밍 주는 2021년 7월 1일부터 DAO법을 입법

화했으며 DAO의 실현을 목표로 삼는 구조를 만들었다.

DeFi

DeFi(Decentralized Finance, 탈중앙화 금융)는 금융 기관의 개입 없이 블록체인상에서 프로그램을 통해 자율적으로 구동되는 금융 서비스를 의미한다. DeFi는 2022년부터 2030년까지 42.5%에 이르는 연평균 성장률(CAGR)을 보일 것으로 예상된다. DeFi의 대표적인 예로 2018년에 설립한 컴파운드(Compound)를 들 수 있는데, 이는 암호화폐를 빌려 주고 빌릴 수 있는 플랫폼이다. 컴파운드에서는 특정한 중개자나 관리자 없이 블록체인의 스마트 콘트랙트로 암호화폐를 빌려 주는 대가로 이자를 받을 수 있으며 암호화폐를 담보로 다른 암호화폐를 빌릴 수도 있다.

웹 3이 실현되면 사회와 비즈니스 모델에서 중요한 임무를 수행하던 기관이 사라질 수도 있다. 예를 들면 지금까지 신뢰를 바탕으로 중간에서 금융거래 수수료 이익을 얻던 은행 등의 존재 가치가 의문시되는 날이 올 수도 있다.

NFT

A의 구찌 티셔츠와 B의 보통 티셔츠는 크기와 색상이 같다고 해도 똑같지는 않다. 티셔츠라는 품목으로 구분할 때는 같은 카테고리에 속하지만 엄연히 소유자가 다르고 브랜드가 다르기 때문이다. NFT는 'Non-Fungible Token'의 줄임말로, '대체 불가능한 토큰'을 의미한다. NFT는 디지털 개체에 가치를 부여해 고유함, 유일무이함을 증명해 준다. NFT의 출현으로 과거에는 거래되지 않았던 디지털 자산(예술 작품, 트위터 등)이 고가로 거래된다는 뉴스를 한 번쯤은 들어본 적이 있을 것이다.

같은 티셔츠라고 해도 가치가 동일하지 않다.

디지털 데이터는 무제한 복사할 수 있어 지금까지는 소유권이 명확하지 않았다. 그러나 NFT가 특정한 디지털 데이터에 연결되면 해당 디지털 데이터의 소유자가 누구인지 블록체인의 거래 기록으로 명확하게 증명할 수 있다.

한편 NFT의 상대가 되는 개념에는 FT(Fungible Token, 대체 가능한 토큰)가 있다. FT에는 비트코인과 이더리움과 같은 일반 암호화폐나 법정통화가 포함된다. 이들은 토큰 1개의 가치가 같아서 화폐처럼 서로 대체할 수 있다. 내 돈 만 원짜리 한 장과 다른 사람이 가진 만 원짜리 한 장은 가치가 같아서 교환하더라도 어느 쪽도 가치가 변하지 않는다.

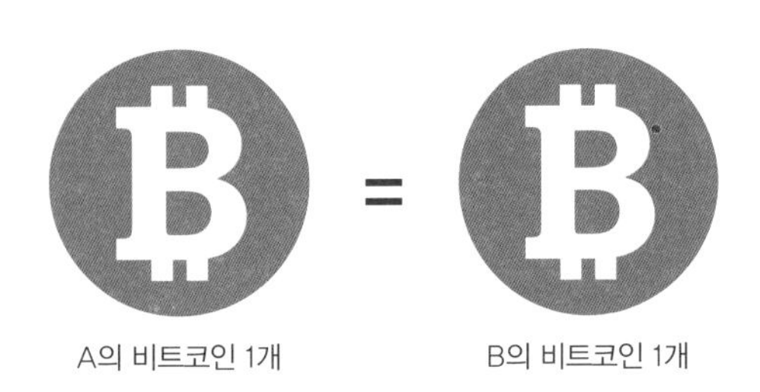

비트코인, 법정화폐는 FT(대체 가능한 토큰)에 속한다.

웹 3의 대표적인 서비스 사례

다음은 웹 3을 활용하는 구체적인 서비스 사례이다.

- 웹브라우저 브레이브
- NFT 마켓플레이스 오픈씨
- NFT 게임 애플리케이션 마이 크립토 히어로즈
- 분산형 소셜그래프 사이버커넥트

웹브라우저 '브레이브'

브레이브(Brave)는 사용자의 프라이버시를 중시하고 검색 기록을 추적할 수 없도록 설계한 무료 웹브라우저이다. 2015년에 설립했으며 2016년에 첫 번째 웹브라우저를 출시했다. 탈중앙화된 블록체인 기술을 통해 개인정보를 보호하고 웹사이트에서 흔하게 볼 수 있는 배너 광고는 물론, 유튜브 영상 내 광고 노출을 막는 역할도 한다.

이용자는 브레이브 웹브라우저에서 광고를 볼 것인지 말 것인지를 선택할 수 있으며 광고를 볼 경우에는 광고 노출에 따른 보상을 지급한다. 보안에 강할 뿐 아니라 모든 광고를 자동으로 차단하기 때문에 구글 크롬 웹브라우저에 비해 로딩 속도가 3배 빠르다.

기본적으로 모든 광고가 차단되지만 사용자가 브라우저에 광고가 표시되도록 설정할 수도 있다. 그리고 광고를 본 시간에 따라 독자적인 토큰인 'BAT(Basic Attention Token)'를 획득할 수 있는 '브레이드 리워드(Brave Rewards)'라는 독자 광고 시스템도 구현해 놓았다. BAT는 특정 웹사이트 운영자 및 콘텐츠 제작자를 상대로 후원금으로 사용하거나 웹브라우저에 탑재한 브레이브 월렛(Brave Wallet)에 보관했다가 다른 암호화폐로 교환할 수 있다.

현재 검색 서비스와 SNS 플랫폼을 운영하는 빅테크 기업 대다수가 사용자의 개인정보를 활용한 광고 사업으로 막대한 수익을 창출하는 반면, 브레이브는 그 반대이다. 분산 인터넷이라 불리는 웹 3의 이상적 모습을 구현한 웹브라우저라고 할 수 있다. 사용자는 동영상 광고를 바로 건너뛰는 대신 일부러 시간을 내어 시청하게 될지도 모른다. 실제로 브레이브는 독자적인 기준으로 큐레이션한 광고를 노출하며 본래의 웹 콘텐츠에는 방해가 되지 않도록 설계해 놓았다.

가장 철저한 온라인 프라이버시 보호를 주창하는 브레이브

출처: 브레이브 홈페이지

NFT 마켓플레이스 '오픈씨'

오픈씨(Opensea)는 세계 최대의 NFT 마켓플레이스이다. NFT 마켓플레이스는 예술, 음악 등 NFT 작품을 거래하는 플랫폼이다. 오픈씨에서 개인 간의 NFT 거래는 월렛을 연결하면 완료되며 통상적인 결제 시스템이 필요하지 않다.

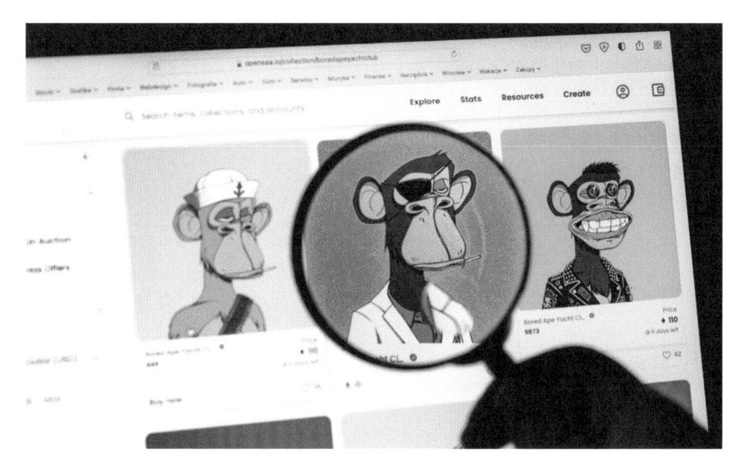

세계에서 가장 큰 NFT 마켓플레이스 '오픈씨'는 400만 개 이상의 아이템들이 상장돼 있다.

▌NFT 게임 애플리케이션 '마이 크립토 히어로즈'

마이 크립토 히어로즈(My Crypto Heroes)는 일본에서 개발한 NFT 게임(블록체인 게임)이다. NFT화 돼 있는 게임 아이템이나 캐릭터 등을 오픈씨와 같은 마켓플레이스에서 자유롭게 사고팔아 돈을 벌 수 있는 '플레이 투 언(Play to Earn, P2E)'[34] 게임이다.

이더리움 블록체인상에 구축한 롤플레잉 게임 '마이 크립토 히어로즈'

출처: 마이 크립토 히어로즈 홈페이지

34 블록체인 기술을 기반으로 가상화폐나 NFT를 활용해 이용자에게 보상을 주는 게임으로, 사용자에게 아이템 소유권을 부여하며 사용자는 게임을 즐기는 동시에 수익을 창출할 수 있다.

▌분산형 소셜 그래프 '사이버 커넥트'

사이버 커넥트(CyberConnect)는 기존 SNS와는 다른 형태의 SNS로, 웹 3의 철학을 반영한 세계 최초의 분산형 소셜 그래프이다. 소셜 그래프는 SNS에서 상호작용을 통해 형성되는 웹상의 인간관계를 의미한다. 분산형 소셜 그래프는 관리자가 없고 등록 시 개인정보가 불필요하다는 특징이 있다. 사용자가 주체가 돼 팔로워 등의 데이터를 관리할 수 있다. 암호화폐를 관리하는 월렛을 접속하기만 하면 계정을 만들 수 있다.

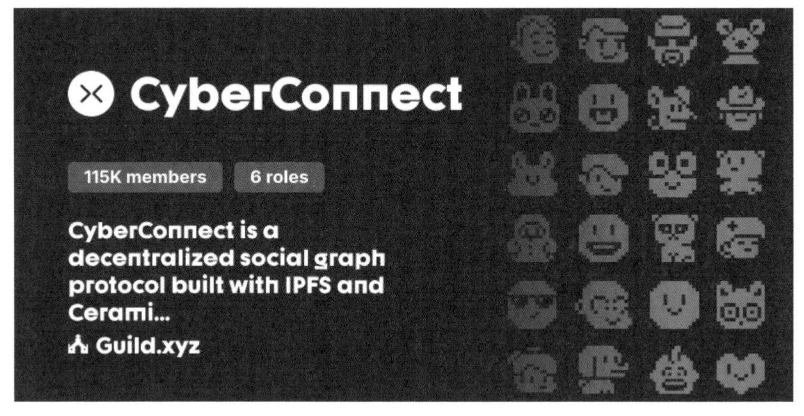

SNS에서 생성된 다양한 데이터 소유권을 사용자에게 돌려 주자는 취지의 '사이버 커넥트'
출처: https://guild.xyz/cyberconnect

웹 3 시대의 기술 혁신

2022년은 암호화폐의 겨울 그 자체였다. 비트코인을 비롯한 암호화폐 가격은 2021년 11월 최고치에 달한 후 가격이 폭락했다. 2022년 11월에는 세계 최고의 암호화폐 거래소인 FTX가 파산하기에 이르렀다. 많은 사람이 웹 3에 대한 기대치가 완전히 무너졌다고 생각할 수 있다. 그러나 웹 3 도메인에서는 기술 혁신이 계속 일어나고 있다.

▮ 블록체인의 트릴레마

암호화폐 거래의 근간이 되는 블록체인은 해킹이나 데이터 위변조에 강하다는 특징을 갖고 있지만 구조상 피할 수 없는 한계가 있다. 바로 '트릴레마(Trilemma)'이다. 트릴레마는 이더리움 설립자인 비탈릭 부테린(Vitalik Buterin)이 지적한 문제로 확장성, 분산성, 보안이라는 3가지 요소 중에서 1가지 요소는 필연적으로 희생할 수밖에 없다는 개념이다.

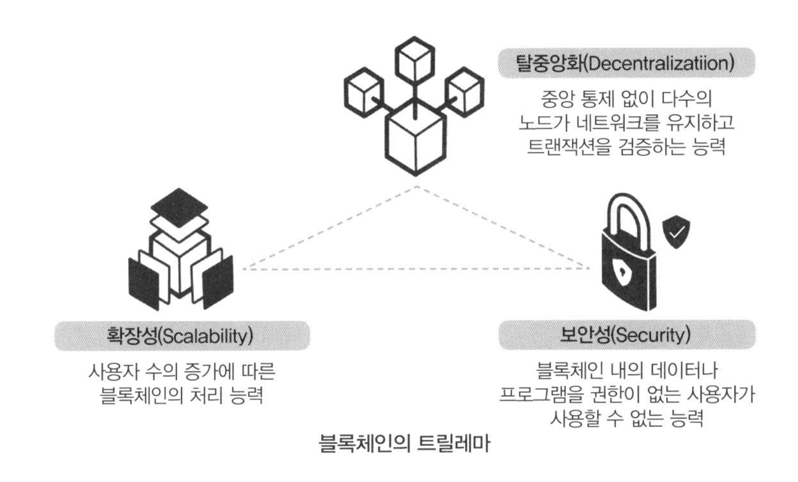

블록체인의 트릴레마

모든 암호화폐는 블록체인을 기반으로 구동된다. 분산된 각 노드가 P2P로 연결되며 중앙집중식 클라이언트-서버를 거치지 않고 거래를 수행할 수 있다. 비트코인, 이더리움 등에서 각 거래 기록은 데이터베이스에 블록 형태로 등록된다. 비트코인은 블록 하나를 생성하는 데 약 10분이 걸린다. 채굴자의 처리 능력과 각 블록의 용량은 제한되기 때문에 거래가 집중되면 처리 시간이 오래 걸려 송금 지연과 같은 문제가 발생한다. 또한 거래 건수가 늘어나면 채굴자는 거래 수수료를 많이 주는 쪽을 선호하기 때문에 채굴 수수료가 상승한다. 이러한 처리 지연과 수수료 인상을 '확장성 문제'라고 한다. 처리 속도가 느려지면 사용자는 거래에서 돈을 잃을 위험이 커지고 수수료가 높아지면 소액 결제에는 부적합하므로 프로젝트 진입 장벽이 생긴다. 특히 최근에는 이더리움을 기반으로 하는 NFT 및 DeFi 시장의 급격한 확대로 거래 건수도 급격하게 늘어났다. 따라서 확장성 문제가 더욱 불거졌다.

비트코인이나 이더리움처럼 확고한 입지를 구축한 프로젝트의 경우에는 누구나 참여할 수 있는 '분산성'와 사이버 공격을 견딜 수 있는 '보안성'이 보장된다. 그러나 분산성과 보안성을 우선시하면 처리 속도가 떨어지고 수수료가 상승하는 확장성 문제가 일어나 트릴레마가 필연적으로 일어난다.

이더리움의 확장성 해결책: 더 머지

2021년 이전의 암호화폐는 일반적으로 비트코인을 의미했다. 2018년 시작된 전 세계적인 암호화폐의 침체기에도 비트코인의 시가총액은 전체 암호화폐 시장에서 항상 50% 이상을 차지했으며 대부분의 기간 60% 이상을 유지했다. 그런데 2021년 3월 이후 비트코인의 비중은 점차 감소해 50% 미만으로 떨어졌다. 2021년 3월 11일 '비플(Beeple)'이라는 디지털 아티스트가 자신의 NFT 작품을 사상 최고치인 약 6,900만 달러(약 780억 원)에 판매하면서 전세가 바뀌게 된 것이다. NFT의 붐과 함께 이더리움을 비롯한 NFT 플랫폼 코인이 빠른 속도로 성장세와 규모의 확장을 거듭해 왔다.

사실상 비트코인은 블록체인에 앱으로 올리기에는 적합한 구조가 아니다. 최근에는 DeFi, NFT, DAO, 메타버스 등 분산형 네트워크를 기반으로 삼는 새로운 기술과 개념이 속속 생겨나고 있다. 이를 가능케 하는 원동력이 바로 스마트 콘트랙트 기능을 가진 이더리움이다. 스마트 콘트랙트는 블록체인에서 미리 프로그램으로 설정해 놓은 계약 내용을 자동으로 실행하는 메커니즘이다. 스마트 콘트랙트 덕분에 이더리움 블록체인에서 중재자 없이 Dapp 개발이 진행됐다. 이더리움이 NFT에서 큰 비중을 차지하는 이유도 스마트 콘트랙트의 선구자라는 점이 크게 작용한다.

블록체인은 탄생 이래로 항상 확장성 문제에 시달려 왔다. 비트코인과 이더리움 등은 블록체인이 가진 견고성을 유지하는 대신 거래 처리 속도는 일정 부분 포기해야 했다. 몇 개 프로젝트가 이 문제를 해결하려고 나섰지만 아직 성공한 프로젝트는 없다. 이더리움의 경우 치솟는 인기로 말미암아 수수료가 연일 급등하고 있으며 속도 저하로 확장성 문제가 더욱 심각해지고 있다. 거래가 일어날 때마다 과다한 수수료를 지불해야 하므로 자금이 풍부한 소수의 투자자를 제외하고는 진입하기 어려운 실정이다.

그러나 2022년 이더리움은 마침내 확장성 문제를 해결하기 위한 조치를 단행했다. 이것이 2022년 9월 이뤄진 이더리움의 대형 업데이트 작업인 '더 머지(The Marge)'이다. 향후 추가적인 개선이 이뤄지면 이더리움의 확장성 문제가 해결되리라 예측된다. 하지만 이더리움이 자체적으로 확장성 문제를 해결하기까지는 상당히 오랜 기간이 걸릴 것이라는 관측이다. 그렇게 되면 '이더리움이 과연 실용화에 적합한 프로토콜이 될 수 있겠느냐' 하는 지적이 제기된다.

이러한 문제를 둘러싸고 이더리움이 독자적으로 해결할 때까지 기다릴 것이 아니라 '레이어 2'라는 기술을 사용해 이더리움의 확장성 문제를 풀어나가자는 조류가 형성됐다. 레이어 2 기술이 더 널리 보급되면 이더리움은 현실 세계에서 지금보다 더 많이 사용될 가능성이 높다.

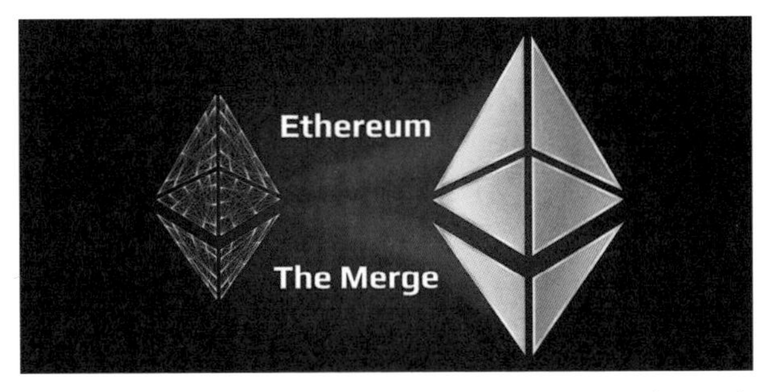

채굴 방식을 작업 증명(PoW)에서 지분 증명(PoS)으로 바꾼 이더리움의 '더 머지' 업그레이드

▌레이어 2란 무엇인가?

레이어 1은 블록체인(온체인, On-Chain), 레이어 2는 블록체인 외부(오프체인, Off-Chain)를 의미한다. 원래 블록체인의 핵심 체인은 블록체인 '아키텍처'라고 부르는 레이어 1이다. 최초의 레이어 1 블록체인은 비트코인에서 개발됐다. 그러나 비트코인은 합의 알고리즘으로 PoW를 채용해 블록에 기록되는 거래 수가 제한되며 블록을 확인하기까지 약 1시간이 걸려 대용량의 거래를 처리하기에는 적합하지 않다. 따라서 블록체인의 트릴레마 중에서도 레이어 1의 확장성 문제를 해결하기 위해 레이어 2 방식이 대두됐다.

레이어 2는 오프체인에서 거래를 실행하는 기술로, 거래 과정에서 블록을 생성하는 데 필요한 연산 처리는 레이어 2에서 수행하고 최종 거래 결과만 레이어 1에 기록한다. 이러한 프로세스를 통해 레이어 1의 부하를 줄이면서도 막대한 양의 데이터를 고속으로 처리할 수 있다. 레이어 2에는 여러 패턴이 존재한다. 레이어 1의 일부 기능만을 담당하는 것이 있는가 하면 대부분을 처리하는 형태까지 다양하다.

이더리움 레이어 2에 관한 데이터를 분석하는 웹사이트인 L2BEAT에 따르면, 레이어 2에 예치된 총자금(Total Value Locked)은 2022년 동안 등락 폭이 큰 시기가 있었지만 크게 줄어들지 않았다. 가장 높았던 시기는 2023년 4월이었고 그 이후도 높은 수준을 유지해 왔다. 이는 레이어 2 자체에 대한 기대치를 반영하는 결과이기도 하지만 레이어 2와 관련된 프로젝트의 개발이 계속 진행되고 있다는 사실을 입증한다. 레이어 2는 꾸준히 진화하는 혁신적인 기술 분야로, 앞으로 또 다른 도약을 할 수 있는 잠재력을 지니고 있다.

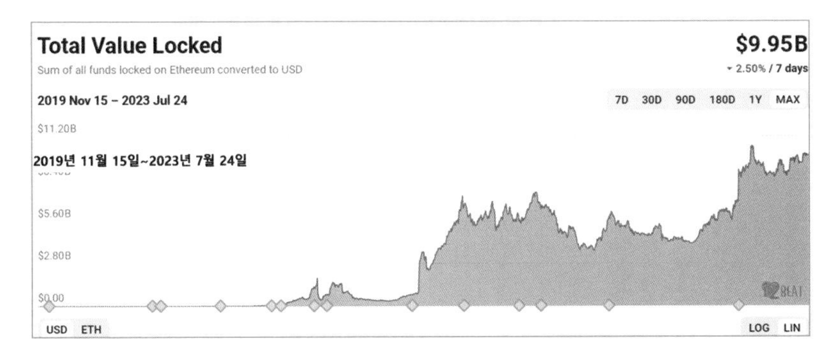

레이어 2에 예치된 총자금(2019년 11월 15일~ 2023년 7월 24일)
출처: https://l2beat.comscaling/summary

주요한 레이어 2에는 라이트닝 네트워크, 라이덴 네트워크, 플라즈마 등이 있다. 각각에 대해 알아보자.

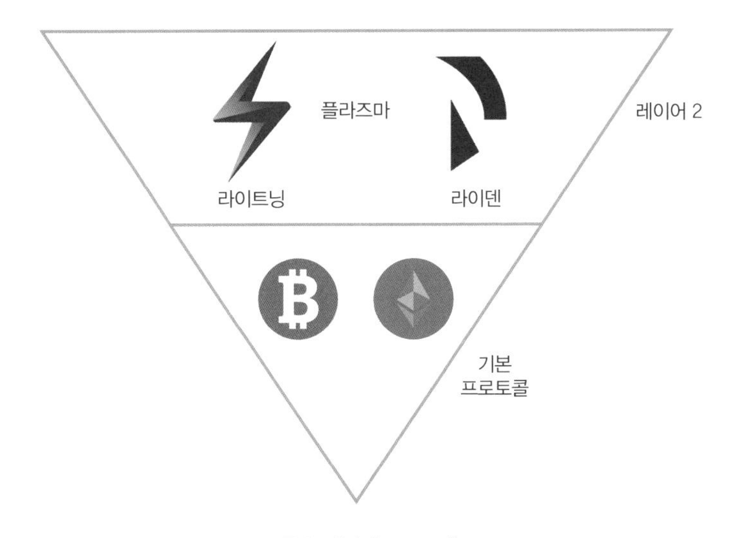

주요 레이어 2 프로젝트

라이트닝 네트워크

라이트닝 네트워크(Lightning Network)는 비트코인에서 사용하는 가장 중요한 레이어 2 기술로, 레이어 1의 외부에 1:1 결제 채널을 구성해 처리하는 기술이다. 거래가 일어날 때마다 수수료를 내는 방식이 아니라 전송 채널을 여닫을 때만 수수료가 발생한다. 결제 채널이 열려 있는 동안에는 횟수나 시간에 제한 없이 거래를 계속할 수 있다. 모든 거래가 종료된 이후 채널이 닫히면 최종 정산 결과 한 건만 블록체인에 기록되기 때문에 거래 수수료가 대폭 절감되고 확장성 문제가 해결될 수 있다.

예를 들어 갑과 을이 각각 3BTC(비트코인)를 갖고 결제 채널을 만든다고 가정해 보자. 갑이 을에게 2BTC를 보낼 경우 갑이 1BTC, 을이 5BTC를 소유하는 형태로 거래가 완료된다. 이때 각각의 비밀키로 암호화폐를 관리하는 매칭 서명 방식 기술로 거래가 가능하다. 예치한 통화량 범위 내에서 몇 번이고 거래해도 상관없다.

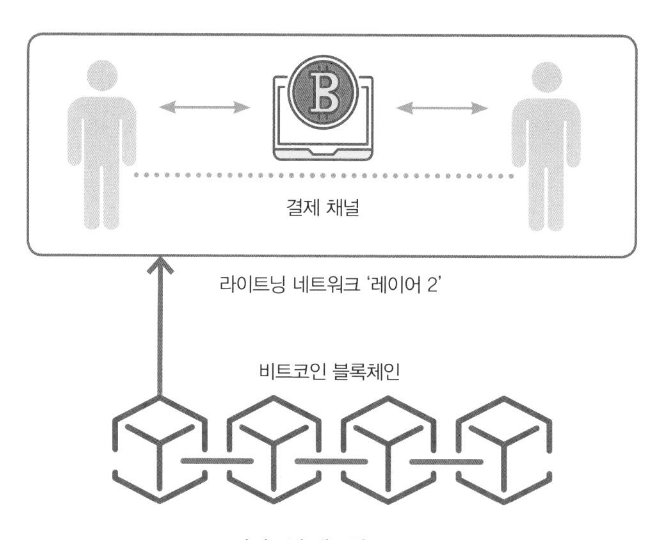

라이트닝 네트워크 구조

출처: https://dcxlearn.comblockchain/what-is-lightning-network

라이덴 네트워크

비트코인에서 사용하는 레이어 2가 라이트닝 네트워크라고 한다면 이더리움이 레이어 2에서 사용하는 기술이 '라이덴 네트워크(Raiden Network)'이다. 레이어 1의 블록체인 외부에서 당사자 간에 결제 채널을 생성하고 입금한 통화 금액 범위 안에서 여러 차례 거래할 수 있다.

갑과 을이 채널을 만들고 을과 병이 별도의 채널을 만든 경우 갑과 병은 직접적으로 채널이 연결되지 않더라도 을을 매개로 송금할 수 있다. 서로 동의하지 않으면 어떤 거래도 성립되지 않는다. 라이덴 네트워크에서 이뤄진 거래의 최종 정산 결과 한 건만 레이어 1에 기록되므로 레이어 1에 부하를 주지 않으면서 빠르고 저렴하게 거래를 계속할 수 있다.

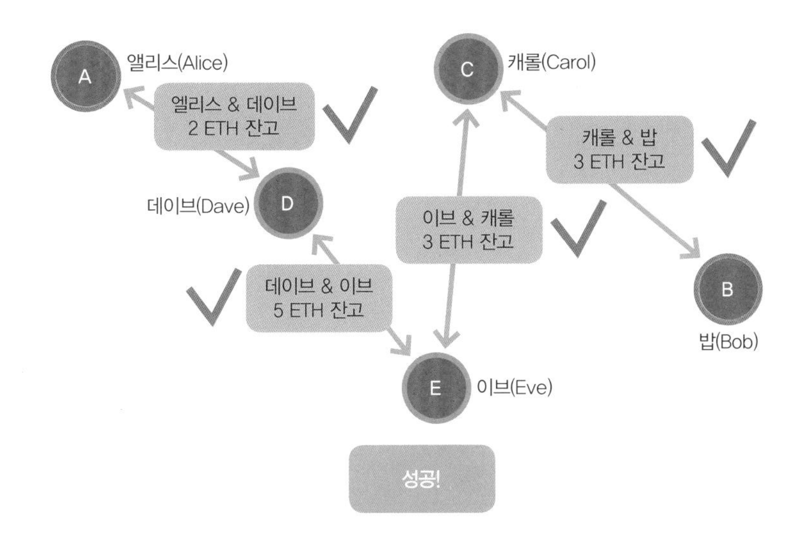

앨리스가 라이덴 네트워크를 통해 밥에게 1 이더리움(ETH)을 보내는 방법

플라즈마

라이트닝 네트워크와 라이덴 네트워크 모두 레이어 1 블록체인과 완전히 분리돼 작동하는 오프체인형이다. 그러나 이더리움의 레이어 2에는 '플라즈마(Plasma)'라는 온체인 유형도 있다. 플라즈마는 이더리움 발명가 비탈릭 부테린과 라이트닝 네트워크 개발자 조셉 푼이 이더리움의 확장성 문제를 해결하기 위해 고안했다. 플라즈마는 사이드체인(Sidechain)[35]에서 거래를 처리하고 최종 데이터만 레이어 1 블록체인에 기록하는 방식이다. 레이어 1을 부모라고 가정하면 사이드체인은 자녀, 손자 등의 형태로 블록체인을 계층처럼 연결한다. 필요에 따라 체인 수를 늘리고 각각 역할을 맡아 레이어 1의 부하를 줄이는 동시에 거래 속도를 높이고 비용을 절감할 수 있다.

플라즈마의 혁신성에 힘입어 NFT 및 DeFi 등 이더리움 기반 서비스가 폭발적인 인기를 누리게 됐다. 그 결과 2021년에는 불과 몇 달 만에 이더리움 가격이 수백 배나 올랐다. 이더리움 생태계가 더욱 활황을 띠면 거래 수가 늘어나 확장성 문제는 더욱 심각해질 것이다. 따라서 같은 블록체인 기술로 레이어 1의 부하를 크게 줄일 수 있는 플라즈마의 중요성이 한층 주목을 받을 것이다.

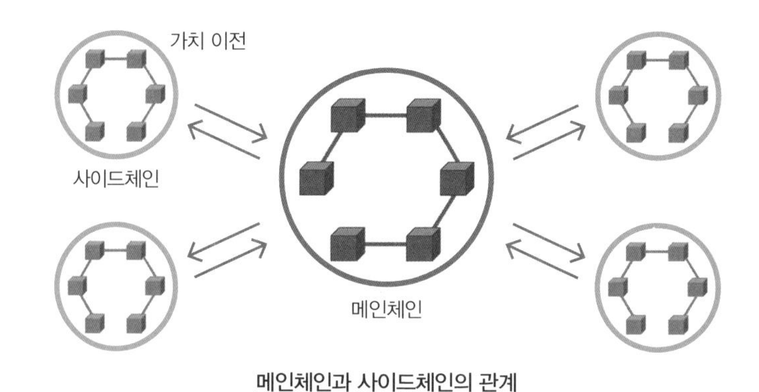

메인체인과 사이드체인의 관계

35 기존 블록체인의 대규모 거래를 처리하기 위해 메인체인과 병렬로 연결되지만 독립적으로 존재하는 별개의 체인

레이어 2의 단점

레이어 2는 레이어 1를 보완하는 훌륭한 기술이지만 단점도 있다.

오프체인형의 단점

라이트닝 네트워크 및 라이덴 네트워크 등의 오프체인형 레이어 2는 레이어 1과는 완전히 분리된 채 외부에서 거래와 연산을 처리하고 최종 결괏값만을 레이어 1로 보내 기록한다. 따라서 레이어 2에는 거래나 연산 과정이 기록되거나 공개되지 않기 때문에 레이어 1로 보낸 결과를 믿을 수밖에 없으며 설령 사기가 발생해도 식별할 수 없어 투명성이 보장되지 않는다. 또한 결제 채널이 취약하다는 지적이 나오고 있으며 사이버 공격으로 한꺼번에 폐쇄되면 거래할 수 없으므로 레이어 1도 즉시 정체되는 현상이 일어난다.

온체인형의 단점

레이어 1에 연결해 생성하는 온체인형 레이어 2는 특정 관리자에게 관리를 맡길 수 없으므로 악의적인 제삼자가 암호자산을 해킹할 위험이 있다. 이를 방지하기 위해서는 레이어 2에 있는 블록체인을 모두 다운로드해 감시하는 방법밖에 없는데 이를 위해서는 리소스가 많이 들어간다.

이더리움 킬러 솔라나

레이어 2가 필요하지 않은 레이어 1도 꾸준히 개발이 진행되고 있다. 대표적인 예는 이더리움 킬러라고 불리는 '솔라나(Solana)'이다. 솔라나는 거래 처리 속도가 빠르고 수수료가 저렴하며 블록 생성 속도가 빠르다는 특징이 있다. 예를 들면 이더리움은 초당 13~15개의 거래를 처리하는 반면, 솔라나는 5만 개의 거래를 처리할 수 있으며 솔라나의 수수료는 이더리움의 100만 분의 1 이하이다. 블록 생성 속도는 비트코인의 1만 분의 7 이하라는 경이로운 속도를 자랑한다. 또한 모든 처리를 레이어 1에서 완료할 수 있다는 점이 가장 큰 매력이다.

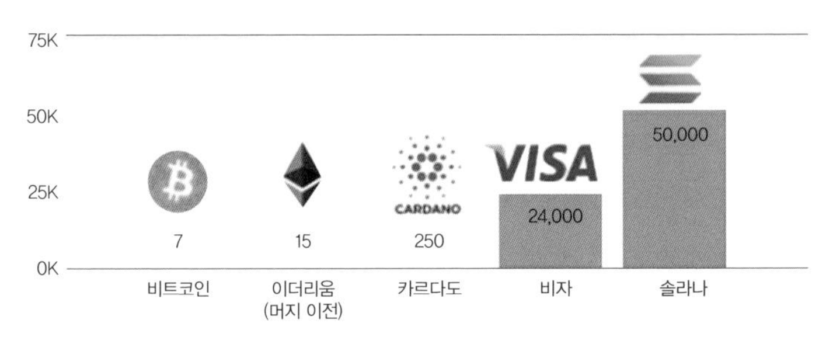

암호화폐별 초당 최대 거래 처리 건수(Transaction Per Second)

출처: Kaiko

또한 솔라나는 이더리움을 비롯해 다른 암호화폐와 호환성도 갖는다. 확장성 문제가 심각한 이더리움에 연결하면 처리 속도와 수수료가 많이 감소할 것으로 기대된다.

DeFi, NFT, DAO, 메타버스 등 이더리움 블록체인에서 파생된 시스템과 플랫폼을 개별 요소로 접근하는 것은 더는 현실적이지 않다. 이들을 융합해 새로운 서비스를 만들려는 움직임이 바로 웹 3의 본질이라고 할 수 있다.

웹 3의 문제점

웹 3에 대한 기대는 많지만 아직 대중에게 침투하지 않아 위험이 존재한다.

일반인의 진입 장벽이 높다

예를 들면 NFT 또는 DeFi 서비스를 이용할 때 암호화폐를 구매하고 지갑을 설치해야 하며 블록체인, 암호화폐, NFT 등에 관한 전문적인 지식이 필요하다. 따라서 최신 기술에 익숙하지 않거나 암호화폐 자체를 불신하는 사람들에게는 웹 3 자체가 높은 장애물로 여겨진다. 대중성, 범용성을 확보하기 위해서는 일반인들을 포용할 수 있어야 한다.

▮ 사기 피해가 잦다

웹 3의 영역에서는 사기가 만연하다. 월렛의 정보 및 암호화폐 계좌 정보를 빼내거나 NFT와 암호화폐 자산을 훔쳐 가는 일이 항상 일어나고 있다. 'Do Your Own Research' 또는 'DYOR'은 암호화폐 투자 및 거래에서 사용하는 일반적인 문구이다. 이 용어 뒤에 숨겨진 아이디어는 사용자가 다른 사람의 말을 맹목적으로 따르지 말고 투자하기 전에 스스로 철저하게 조사하라는 경고이다. 다른 사람들의 조언이나 판단에 맡기지 말고 사기를 피하려면 스스로 조사하고 책임감 있게 행동하는 일이 중요하다.

▮ 법 제정이 미흡한 상태이다

웹 3은 최근에 등장한 개념이라서 아직 법률 체계가 제대로 갖춰지지 않았다. 또한 암호화폐는 공식 통화로 인정받지 못하므로 법적 문제에 발목이 잡히는 경우도 종종 있다. 사기가 일어나도 책임 소재가 불분명하므로 많은 경우 스스로 책임을 져야 할 가능성이 높다. 예를 들면 NFT 거래로 생긴 차익에 얼마나 많은 세금이 부과되는지, NFT와 관련된 저작권 문제를 어떻게 해결할 것인지 아직 명확하게 밝혀진 바가 없다. 기존 법률 체계로 웹 3 비즈니스를 규율하는 것은 매우 어렵기 때문에 법제 정비가 필요하다.

메타버스에서는 50대 중년이 소녀로 변신!

메타버스의 개요

▌두 번째 붐이 일어나게 된 배경

메타버스라는 용어는 공상 과학 소설 작가인 닐 스티븐슨이 1992년 발표한 《스노우 크래시(Snow Crash)》에 처음 등장했다. 초월을 의미하는 '메타(Meta)'와 우주를 의미하는 '유니버스(Universe)'를 합성해 만든 신조어이다. 메타버스가 전 세계적으로 많은 주목을 받게 된 것은 이번이 두 번째이다. 첫 번째 붐은 린든 랩(Linden Labs)이 세컨드 라이프(Second life)를 시작한 2003년이었다. 세컨드 라이프에서는 사용자가 자신의 분신인 3D 아바타를 매개로 타인과 교류하거나 가상공간에 존재하는 다양한 상품, 서비스, 토지 등의 거래로 수익을 올릴 수 있어 2000년대 중반 일시적으로 주목을 받았다. 아무런 제약도 없는 자유로운 세계관, 세컨드 라이프에서 실제로 거액을 버는 사용자가 나타나기도 했다. 유명 기업이나 대학이 세컨드 라이프에 등장하면서 세컨드 라이프는 언론과 유명 인사들의 관심을 끌었다. 그러나 당시 인터넷 통신 환경과 저성능 PC, 조작의 어려움 등이 걸림돌로 작용했으며 유튜브나 페이스북 등과 같은 인터넷 서비스가 성장하면서 사용자 수가 정체되고 어느 순간 붐이 꺼져버렸다.

특히 RPG 게임과 달리 명확한 목적성이 없어 실제로 시작하더라도 '무엇을 해야 할지 모르겠다'라는 반응이 많았으며 당시의 세컨드 라이프 수용 능력은 SIM(세컨드 라이프의 토지)이라는 하나의 공간에 최대 50명밖에 입장할 수 없어 사용자 간의 상호 교류가 그렇게까지 활발하지 않았다는 점도 하나의 요인으로 작용했다.

2021년부터 메타버스가 다시 주목받게 된 배경에는 통신 환경과 PC 성능이 비약적으로 향상됐다는 요인과 더불어, 메타버스를 표현하는 3D CG 기술의 진화, 데이터의 신뢰성과 투명성을 높이는 블록체인 기술의 등장 및 확산, 코로나19 발발로 인한 디지털 전환의 가속화 등이 자리한다. 또한 태어나면서부터 인터넷이 존재했던 Z세대(약 10~25세)의 상당수는 이미 메타버스 세계에 친숙하다. 다양한 온라인 툴을 통해 이뤄지는 커뮤니케이션에 능동적으로 대응하고 3D CG의 세계관에 익숙하며 게임 및 디지털 자산의 창작이나 수익화 등의 활동에도 적극적으로 참여한다.

메타버스를 구성하는 7개의 계층

메타버스는 최근 2~3년 새에 걸쳐 많은 화제를 불러일으켰지만 실제로 '이것이 메타버스이다'라고 정확하게 정의하기는 어렵다. 그러나 지금까지 나온 여러 개념 중에서 공통된 요소를 추려 보면 다음과 같다.

– 3차원의 가상공간
– 여러 사용자가 동시에 참여하고 공간을 공유
– 몰입감이 높은 사용자 체험을 제공

메타버스가 무엇인지에 관해서는 여러 견해와 의견이 있다. 그중에서 게임 디자이너 겸 메타버스 전문가인 존 레이도프(Jon Radoff)는 2021년 4월에 발표한 '메타버스 가치 사슬(Metaverse Value Chain)'이라는 글에서 메타버스를 둘러싼 경제권과 그 구성 요소를 '7개 계층(Seven Layer)'으로 표현한다. 7개 계층에는 경험(Experience), 발견(Discovery), 창작자 경제(Creator Economy), 공간 컴퓨팅(Spatial Computing), 탈중앙화(Decentralization), 사용자 중심 인터페이스(Human Interface), 인프라스트럭처(Infrastructure)가 포함된다.

경험

경험(Experience)은 메타버스를 체험할 수 있는 장소 또는 플랫폼으로, 해외의 포트나이트 및 로블록스, 국내의 제페토(Zepeto)처럼 일반 소비자가 접하는 계층이다.

발견

발견(Discovery)은 가상공간을 체험하는 가운데 새로운 발견이 이뤄지는 계층이다. 실시간으로 다양한 풍경을 보거나 채팅 및 음성으로 커뮤니케이션하고 메타버스 내에서 커뮤니티 중심으로 콘텐츠를 공유한다. 또한 다른 플레이어에 대한 리뷰, 가상공간 내에서 노출되는 광고, 옥외광고 디스플레이 광고 등도 발견 계층에 속한다.

크리에이터 이코노미

크리에이터 이코노미는 메타버스상에서 각 플레이어가 창조하는 경제적 가치이다. 크리에이터 이코노미가 이전에는 게임 개발자와 서비스 제공 업체만 돈을 벌 수 있는 곳이었다면 메타버스에서는 메타버스의 오리지널 개발자는 물론 소비자들도 콘텐츠의 제작에 직접 참여해 수익을 올릴 수 있는 구조이다.

공간 컴퓨팅

공간 컴퓨팅(Spatial Computing)은 공간을 만들기 위한 메커니즘, 엔진 등이다. 메타버스의 일반적인 가상 세계는 가상공간, 가상 객체, 아바타로 표현된다. 언리얼(Unreal), 유니티(Unity) 등의 컴퓨터 그래픽 엔진 또는 게임 엔진이 등장해 가상 세계를 구성하는 작업이 편해졌다. 이 공간 자체를 구성하는 시스템도 하나의 계층이다.

탈중앙화

탈중앙화(Decentralization)는 메타버스를 구성하는 시스템이 분산 컴퓨팅에 구축되고 그 위에 블록체인, NFT 등의 분산형 금융시스템이 구축되는 계층이다.

사용자 중심 인터페이스

사용자 중심 인터페이스(human interface)는 스마트폰, PC, VR 고글 등 메타버스에서 활용되는 장치를 말한다. 장치 제조업체도 메타버스를 지원하는 계층이다.

인프라스트럭처

메타버스의 인프라스트럭처(Infrastructure)는 클라우드 환경을 기반으로 구축된다. 이 시스템 인프라 통신 네트워크, 특히 스마트폰의 경우에는 5G의 발전도 계층을 지원하는 구성 요소 중 하나이다.

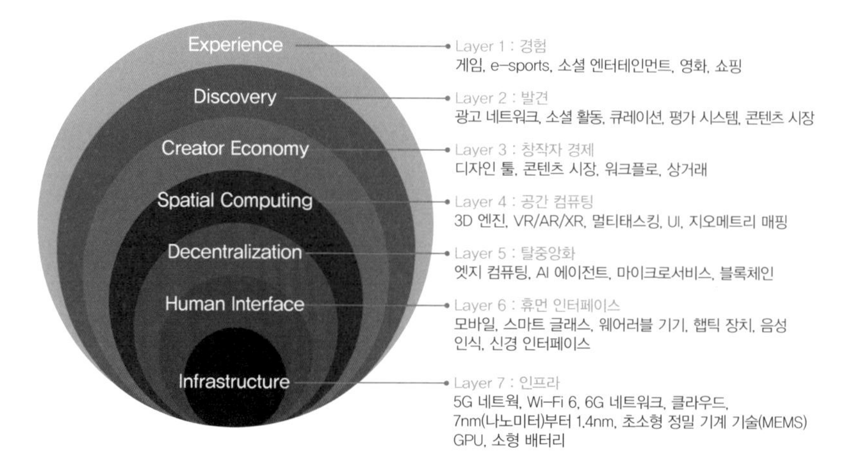

메타버스의 7개 계층

출처: https://medium.combuilding-the-metaverse/the-metaverse-value-chain-afcf9e09e3a7

메타버스의 활용 사례

메타버스는 특정 산업에 국한되지 않고 다양한 사용 사례가 나올 수 있다. 따라서 메타버스를 현재 비즈니스와 통합하는 방법에 대해 신중하게 검토하는 것이 중요하다. 메타버스의 주요한 활용 사례는 다음 표와 같다.

메타버스의 주요 활용 사례

구분	내용
가상 점포 운영	아바타가 장소, 시간과 관계없이 대고객 서비스 제공 가능
쇼룸 설치	3D 모델 및 매력적인 연출 효과를 활용해 상품을 어필하는 장으로 활용
온라인 미팅	표정, 동작 등을 표현하는 아바타 기능으로 자연스러운 의사소통 실현
교육	대고객, 위험 체험, 세미나 등을 메타버스 공간에서 개최
미러월드	현실의 도시, 관광지를 가상공간에 재현
공동 작업	제품 설계나 공동 작업을 가상공간에서 공유해 작업 효율성 제고

메타버스의 유형

메타버스는 크게 게임, 소셜네트워크, 웹 3, 툴(도구)의 4가지 유형으로 구분할 수 있다.

게임

게임 계열은 강력한 게임 요소가 들어 있는 메타버스로, 대표적인 예로 '로블록스'와 '포트나이트'가 있다. 게임 메타버스는 사용자가 매우 많고 특히 미성년 사용자가 많다는 특징이 있다. 로블록스의 일평균 사용자 수는 5,880만 명으로, 이 중 약 50%는 13세 이하이다. 따라서 대기업에서 젊은 세대에게 어필할 수 있는 마케팅 장소로 점점 많이 활용하고 있다.

로블록스나 포트나이트 모두 게임 그 자체로 인기가 높으며 사용자는 메타버스라고 생각하지 않는다.

로블록스

포트나이트

소셜네트워크

소셜네트워크 계열은 SNS적인 요소가 강한 메타버스이다. 대표적인 예로 '제페토(Zepeto)'와 'VR챗(VRChat)'이 있다. 특히 제페토는 3억 명 이상의 사용자를 보유하고 있으며 이 중 70%가 13~24세 Z 세대 여성이다. 제페토는 기업들과도 적극적으로 협업하고 있다. 현재는 커뮤니케이션 요소가 강하지만 이벤트 장소로 더 많이 사용될 수 있다.

제페토
출처: https://app.zepeto.me/ko

VR챗
출처: https://store.steampowered.com

웹 3

웹 3 메타버스는 블록체인 기술로 구축한 메타버스로, '디센트럴랜드(Decentraland)'와 '더 샌드박스(The Sandbox)'가 대표적이다. 웹 3은 '소유권'이라는 개념이 있는 메타버스이다. 사용자는 메타버스에서 아바타, 아이템, 토지 등을 소유할 수 있다. 이 토지나 아이템은 NFT이다. NFT를 구매하고 소유하려면 암호화폐가 필요하지만 놀기만 할 목적이라면 암호화폐는 필요하지 않다. 메타버스는 아직 명확한 정의가 없기 때문에 많은 사람이 '메타버스=웹 3 메타버스'라고 생각하지만 웹 3 메타버스는 메타버스의 한 유형일 뿐이다. 사용자 수도 다른 유형의 메타버스에 비해 압도적으로 적다.

웹 3의 메타버스 대표격인 '디센트럴랜드'와 '더 샌드박스'
출처: https://coingape.comdecentraland-vs-the-sandbox-who-will-reach-1-first-in-2023

도구(툴)

흔히 MaaS(Metaverse-as-a-Service)라고 부르는 서비스로, 회사와 개인이 메타버스 공간에서 열리는 전시회, 수업, 전자상거래 등에 사용할 수 있는 메타버스이다. 메타버스 공간의 임대 서비스라고도 할 수 있다. 대표적인 서비스에는 '버벨라(Virbela)'가 있다. 기업들은 버벨라의 실감형 원격 VR(가상현실) 플랫폼을 통해 교육, 회의, 전시회, 콘퍼런스, 채용 상담 등을 원격으로 할 수 있다. 메타버스 결혼식이 버벨라를 통해 이뤄지기도 한다. 뉴욕 타임스 기사에 따르면, 인도의 커플은 버벨라를 결혼식 장소로 사용하기 위해 약 1,000만 원 이상을 지불했다고 한다. 평균 결혼식 비용보다 훨씬 저렴한 셈이다.

버벨라는 '노코드(No Code)[36] 메타버스'라고 부르는 '프레임(FRAME)'이라는 자매 서비스를 운영한다. 버벨라에 비해 간결한 버전으로 중소기업이나 개인에게 더 적합하다.

원격 커뮤니케이션 및 협업 플랫폼 '버벨라'

출처: https://alternativeto.net/software/virbela/about

36 별도의 코딩 없이 직관적인 방식으로 프로그램을 개발할 수 있는 기술

메타버스의 개발 요소

메타버스의 구성 요소

메타버스의 구성 요소를 세분화해서 이해하기 쉽게 정리하면 다음과 같다. 메타버스는 애플리케이션, 플랫폼, 기술과 같은 3층 구조로 나눌 수 있다.

첫째, 애플리케이션은 일반적으로 우리가 눈으로 보는 메타버스의 모습이다. 앞에 메타버스의 비즈니스 활용 사례에서 소개한 제페토, 로블록스, 포트나이트 등의 메타버스가 이에 속한다. 목적과 활용 시나리오에 따라 독특한 디지털 공간을 만들고 커스터마이징이 이뤄지는 것이 특징이다.

둘째, 플랫폼은 메타버스 구성에 필요한 공통 기능을 갖춘 기반이다. 2023년 현재 메타버스 생성 및 공개에 특화된 메타버스 플랫폼이 다수 존재한다. 대표적인 예로는 모질라 허브, NTT 그룹의 XR World DOOR, SK텔레콤의 이프랜드, 가상현실 지향 음성 채팅 소프트웨어인 VR챗, 클라우드 기반의 서비스형 소프트웨어(SaaS)인 브이캣(Vket) 등이 있다.

현재 메타버스 대부분은 메타버스 플랫폼에서 제공된다. 따라서 메타버스의 비즈니스 활용을 고려할 때 어떤 플랫폼을 선택할 것인지가 중요하다. 각각 대응하는 단말, 사용자 접근성, 그래픽 처리 성능 등이 다르다. 그러므로 어떤 서비스를 구현하고자 하는지, 대상은 누구인지 등 다양한 관점에서 고려해야 한다.

셋째, 기술이다. 메타버스는 많은 기술이 뒷받침돼야 구현된다. 개별 기술의 발전이 서로 영향을 미치며 메타버스의 진화를 촉진한다. 비즈니스 활용에 있어 플랫폼만으로는 필요한 요건이 충족되지 않을 수도 있다. 이 경우 최신 기술을 적극적으로 도입하는 편이 유리하다.

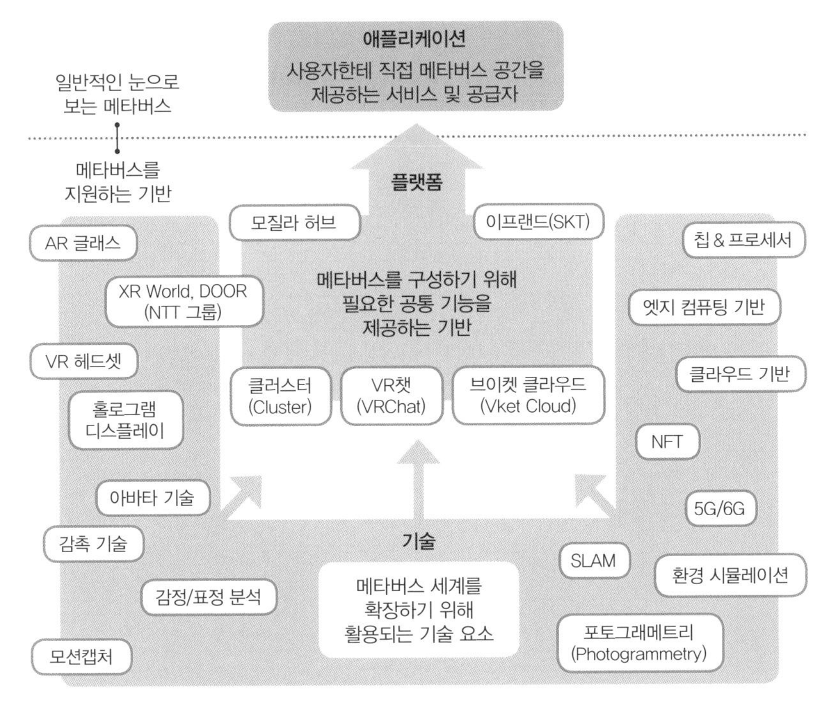

애플리케이션, 플랫폼, 기술의 3층 구조로 이뤄진 메타버스

▮ 메타버스와 3D 간의 연관성

존 레이도프에 따르면, 메타버스의 몰입감(immersion)은 2차원(2D), 3차원(3D)과는 관계가 없다. 자신이 존재하는 공간과 장소를 인식할 수 있는 AR, VR 등의 기기와 관련된다. 예를 들어 클럽하우스(Clubhouse)는 2020년 3월 출시한 음성 소셜미디어로, 업계 관계자나 친구들과 음성 대화를 나눌 수 있는 것이 특징이다. 클럽하우스는 1차원(1D)에 해당하며 마치 방 안에서 많은 사람이 대화로 교류한다는 환상을 불러일으키기 때문에 메타버스의 일부로 여겨진다.

메타버스의 시조격인 2D 아바타 서비스인 해비타트(Habitat)의 개발자 중 한 명인 칩 모닝스타(Chip Morningstar)에 따르면, 메타버스의 결정적인 특징은 다수가 참가하는 상호 커뮤니케이션이라는 점에 있다. 메타버스를 구현하는 기술은 기본적인 통신 기능을 제외하면 부차적이라고 말한다.

메타버스 사례

클러스터

클러스터(Cluster)는 일본 최대의 메타버스 앱으로 사용자들이 상호작용할 수 있는 플랫폼이다. 누구나 무료로 메타버스를 체험할 수 있으며 메타버스에서 정기적으로 이벤트가 개최된다. 클러스터에서는 가상 관광명소, 가상 전시회, 추천 카페 및 바도 일반인에게 공개되기 때문에 생생한 현장 경험을 느낄 수 있다. 메타버스 내에서는 독자적인 클러스터 코인(암호화폐가 아님)을 사용해 아이템을 구매하고 해당 아이템을 다른 플레이어에게 선물할 수 있다.

운영 회사	클러스터 주식회사(일본)
게임 내 통화	클러스터 코인(암호화폐 아님)
참가비	무료
호환 장치	PC(윈도우/맥), 스마트 폰(안드로이드/아이폰)
공식 웹사이트	https://cluster.mu
	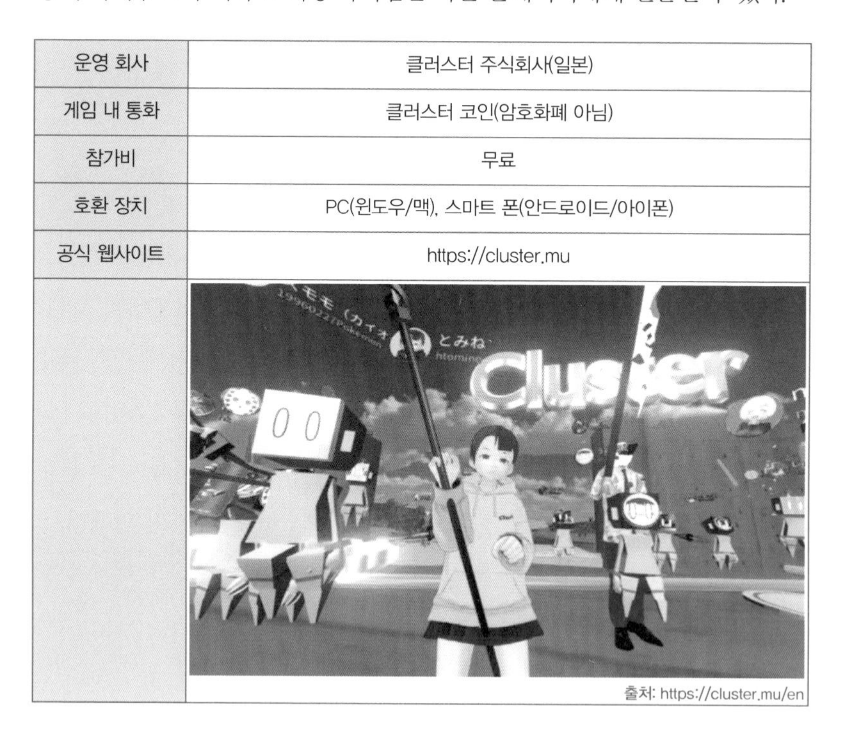 출처: https://cluster.mu/en

디센트럴랜드

디센트럴랜드는 플레이어가 메타버스 공간에서 경제활동에 참여할 수 있는 플랫폼이다. 메타버스는 랜드(LAND)라는 가상공간에 약 9만 개의 토지로 구성돼 있으며 사용자 간 상호작용하고 커뮤니티를 형성하며 게임을 할 수 있다. 게임 내 화폐인 마나(MANA)로 경제활동이 이뤄지며 메타버스에서 토지와 상품을 구매하거나 자신이 생성한 아이템과 NFT를 판매할 수 있고 사업도 운영할 수 있다.

운영 회사	DAO(분산형 자율 조직)
게임 내 통화	마나
참가비	무료
호환 장치	윈도우
공식 웹사이트	https://decentraland.org
	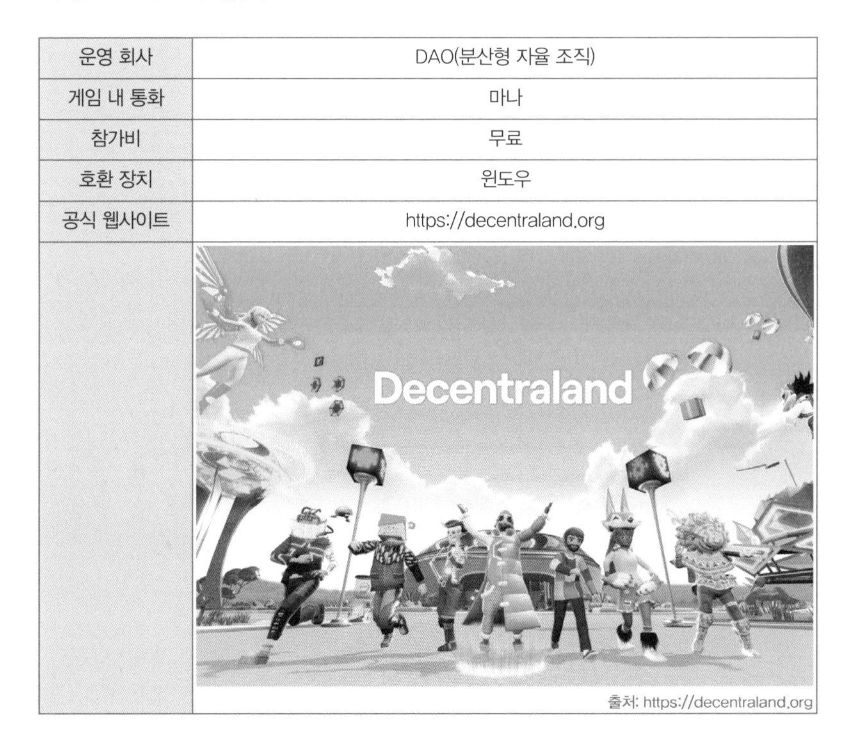 출처: https://decentraland.org

더 샌드박스

더 샌드박스는 플레이어가 자유롭게 목표를 설정하고 놀면서 경제활동을 할 수 있는 플랫폼이다. 마인 크래프트와 비슷하다. 메타버스의 토지와 아이템은 NFT이며 플레이어는 메타버스 공간에서 토지를 구매하고 게임, 아이템, 건축물을 판매할 수 있다. 또한 자신이 지은 부동산을 임대해 수입을 올릴 수 있어 현실과 비슷한 형태의 경제활동이 가능하다.

운영 회사	더 샌드박스(홍콩)
게임 내 통화	샌드
참가비	무료
호환 장치	PC(윈도우/맥)
공식 웹사이트	https://www.sandbox.game
	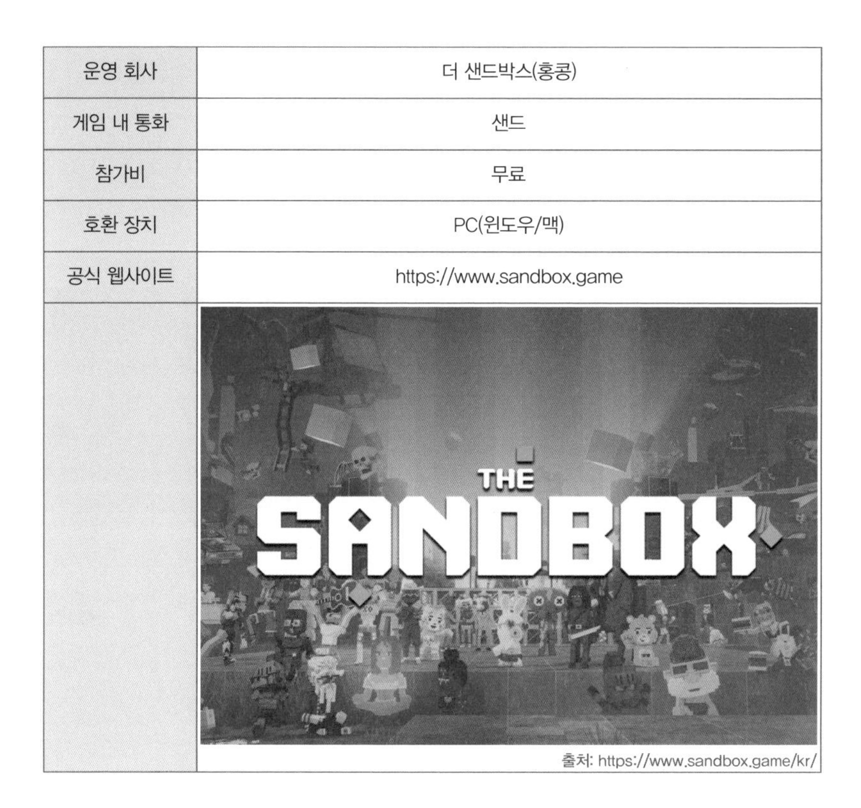 출처: https://www.sandbox.game/kr/

엑시 인피니티

엑시 인피니티(Axie Infinity)는 NFT를 사용하는 어드벤처 게임으로, 게임 요소가 있는 메인 플랫폼이다. 처음에는 메타버스 공간에서 '엑시'라는 괴물 3마리를 구매하고 괴물을 훈련하면서 게임을 진행하게 된다. 게임 내 통화는 SLP와 AXS 두 종류가 있으며 하루 임무를 완수하면 SLP, 대결에서 상위 순위로 올라가면 AXS를 얻을 수 있다. 획득한 암호화폐 또는 NFT를 판매해 수익을 창출할 수도 있다.

운영 회사	스카이 메이비스(Sky Mavies)(베트남)
게임 내 통화	SLP · AXS
참가비	유료
호환 장치	PC(윈도우/맥), 스마트 폰(안드로이드)
공식 웹사이트	https://axieinfinity.com
	출처: https://axieinfinity.com

메타버스와 디지털 트윈

디지털 트윈이란?

디지털 트윈은 현실 세계에서 수집한 데이터를 디지털화해서 디지털 가상공간에 쌍둥이(트윈)처럼 현실 세계의 데이터를 재현한 것이다. 예를 들어 음식점이나 미용실 등을 찾아갈 때 매장 위치와 주변 지역을 검색해 본 적이 있을 것이다. 구글 지도는 현실 세계에 존재하는 도로, 건물을 애플리케이션 안에 재현하는 디지털 트윈을 활용한다.

디지털 트윈이라는 용어 자체는 1960년경부터 존재했다. 최근 몇 년 동안 사물인터넷(IoT) 및 인공지능(AI) 기술 등의 놀라운 발전에 힘입어 이전보다 훨씬 빠르고 높은 해상도로 실제 공간을 재현할 수 있게 됨으로써 다시 주목받고 있다.

테스트하려는 제품과 장비를 디지터 트윈으로 재현하면 사용 수명 테스트, 하중 지지 테스트 등 실제 공간에서는 반복하기 어려운 테스트를 가상공간에서 여러 차례에 걸쳐 쉽게 시뮬레이션할 수 있다. 또한 차량 정체와 전염병을 예측하는 시뮬레이션에도 사용된다. 도로 상황 및 차량, 감염 경로 등에 대한 데이터가 파악되고 나면 디지털 트윈으로 가상공간에 반영한다. 이를 통해 교통 체증이나 감염병 유행 상황을 미리 파악할 수 있으므로 다음에 효과적으로 대응할 수 있다.

디지털 트윈의 구조

▌디지털 트윈과 메타버스의 차이점

메타버스와 디지털 트윈 모두 디지털 기술을 활용한 고도의 시스템으로 가상공간을 사용한다는 점에서는 비슷하지만 차이점이 있다.

첫째, 가상공간의 구현이다. 메타버스에서는 현실에는 존재하지 않는 방이나 매장을 만드는 등 반드시 현실 세계를 반영한 디지털 공간을 구현할 필요가 없다. 반면, 디지털 트윈은 현실공간과 연동되는 것을 전제로 하므로 현실 세계와는 떼려야 뗄 수 없다.

둘째, 가상공간을 만드는 목적이다. 메타버스는 게임이나 회의 등 커뮤니케이션의 목적으로 활용하는 경우가 많다. 반면, 디지털 트윈은 실생활에서 수행할 수 없는 고도의 시뮬레이션을 수행하는 데 사용한다. 즉, 메타버스는 현실에 존재하지 않더라도 사람과 소통하는 데 사용하는 가상공간인 데 반해 디지털 트윈은 현실에서는 불가능한 난도 높은 시뮬레이션을 수행할 목적으로 현실을 충실히 재현해 놓은 가상공간이다.

셋째, 아바타의 유무이다. 메타버스에서는 아바타를 통한 활동이 일반적이라고 한다면 디지털 트윈에서는 아바타가 반드시 활용될 필요는 없다.

그러나 메타버스와 디지털 트윈이 완전히 분리된 것은 아니다. 가상 세계를 형성하는 메타버스에는 현실 세계를 재현하는 디지털 트윈이 존재하며 디지털 트윈은 메타버스의 일부를 이루는 요소이다.

디지털 트윈과 메타버스의 차이점

구분	디지털 트윈	메타버스
가상공간의 차이	현실공간을 가상공간에 재현한다.	현실공간을 충실하게 재현하는 것은 아니다.
아바타 유무의 차이	아바타가 꼭 필요하지는 않다.	아바타를 매개로 하는 활동이 일반적이다.
이용 목적의 차이	현실공간에서는 어려운 고도의 시 뮬레이션을 실행하는 것이 주목적이다.	게임, 미팅 등 일종의 커뮤니케이션 도구로써 활용하는 것이 현재 시점에서는 주류이다.

메타버스의 비즈니스 모델

메타버스 공간에서는 이미 다양한 비즈니스가 이뤄지고 있다. 메타버스 공간에서 일어나는 비즈니스는 크게 2가지 유형으로 나눌 수 있다.

- 메타버스 안에서 이뤄지는 비즈니스('메타버스 비즈니스')
- 메타버스를 이용하기 위해 인프라 도구를 제공하는 비즈니스('메타버스 플랫폼 비즈니스')

■ 메타버스 비즈니스

이미 존재하는 메타버스 공간에서 서비스, 정보, 가상의 공간(부동산)을 제공하거나 광고 등을 포함한 중개업 등이 해당한다.

메타버스 공간에서 이벤트 개최

코로나19로 회의, 콘퍼런스 등의 상당수가 온라인으로 진행됐다. 그 결과 가상 이벤트가 사회적 트렌드로 자리잡게 됐다. 한 연구에 따르면, 코로나19 발발 이전에 가상 이벤트에 참여한 비율이 45%였다면 지금은 87%에 달한다. 이러한 추세에 편승해 앞으로도 더 많은 이벤트가 가상환경에서 개최될 전망이다. 메타버스 공간에서는 참여 관객 수에 제한이 없고 환경 디자인에도 제약이 없다. 가상공간만의 독특한 장점은 주최자와 스폰서에게 큰 매력으로 작용한다.

이벤트, 콘퍼런스는 공간을 제공하는 부동산 중개인, 광고 대행사 등 여러 사업자가 관련된 큰 비즈니스로 자리잡아 가고 있다. 메타버스 패션위크는 2022년 3월 24일 메타버스 공간인 디센트럴랜드에서 개최됐다. 많은 브랜드가 참여해 성황리에 개최됐다. 앞으로도 이러한 행사가 계속 일어날 것이다.

디지털 부동산 거래

메타버스 공간에서는 부동산 거래가 이뤄진다. 현실 세계와 똑같은 공간을 복제해 놓은 공간을 구입하는 경우도 있고 아예 새로운 가상 지역의 공간을 구입하는 경우도 있다. 2020년에 만들어진 디센트럴랜드의 토지는 구획당 수천 달러, 때로는 수백만 달러에 팔린다. 2022년 11월 캐나다 가상자산 투자회사인 토큰스닷컴(Tokens.com)도 디센트럴랜드에 디지털 상가를 약 28억 원에 구매했다. 삼성 · UPS · 소더비도 디센트럴랜드에 땅을 사고 매장과 고객센터를 지었다. 아디다스 · 아타리(미국의 게임 회사) · 유비소프트 ·

바이낸스 · 워너뮤직 · 구찌 등의 기업도 또 다른 메타버스인 더 샌드박스에서 땅을 사고 상품 · 서비스를 판매하거나 홍보 활동을 진행 중이다. 메타버스 공간에 시설을 구축하는 시간과 노력을 아끼려는 사람들을 위해 건축을 대행하는 비즈니스도 등장했다.

교육 및 훈련 제공

기업이나 학술 연구 기관은 직원과 학생을 대상으로 교육, 수업 및 행사를 개최하기 위해 메타버스 공간을 점점 많이 사용하고 있다. 월마트는 가상 현실(VR)을 사용해 직원을 교육한다. 앞으로 교육과 훈련이 폭넓은 분야에서 일어날 것으로 예상됨에 따라 프로그램 개발 및 제공을 위한 비즈니스 기회도 확대될 것이다.

회의 서비스 및 매칭 등 커뮤니케이션 플랫폼을 위한 도구 제공

메타버스 버전의 온라인 회의, 메타버스 공간상의 조건에 따라 사람을 매칭하는 서비스, 메타버스에서 필요한 인재 채용과 관련된 서비스 등 현실 세계와 마찬가지로 사람과 사람을 연결하는 서비스가 향후 대세가 될 가능성이 있다.

게임 제공

메타버스 비즈니스 중에서 가장 앞선 분야가 '게임'이다. 게임에서 벌어들인 암호화폐나 획득한 아이템의 거래소, 게임 운영자 등을 들 수 있다. 사용자들 사이에서 가장 인기 있는 게임 중 하나는 엑시 인피니티로 사용자는 게임을 시작할 때 게임에서 사용할 캐릭터를 여러 개 구입해야 하므로 수십만 원에서 수백만 원의 투자 비용이 든다. 게임을 하면서 게임 내 암호화폐를 획득하고 거래소를 통해 실제 통화로 바꿀 수도 있기 때문에 이용자에게 보상을 주는 '플레이 투 언' 게임이 더욱 붐을 일으킬 것으로 예상한다. 미래에는 개인 플레이어뿐 아니라 팀 단위나 프로덕션의 진입으로 시장이 더욱 커질 전망이다. 예를 들어 모션 캡처와 3D 그래픽 기술 등을 이용해 만들어진 가상의 인터넷 방송인을 '브이튜버(Vtuber)'라고 부른다. 제작사인 커버 주식회사는 브이튜버가 활동하는 세계를 메타버스 공간으로 확장하려고 한다.

광고 등의 중개업

광고나 중개업도 메타버스 비즈니스에서 중심적인 역할을 담당하게 될 것이다. HIKY(히키도쿄 시부야)는 100만 명 이상의 아바타가 모이는 이벤트에서 벽이나 입간판에 동영상을 내보낸다. 하쿠호도 DY홀딩스 산하 회사는 광고 판매를 시작했다. 미국의 메타는 시선의 움직임으로 관심도를 측정하는 기술을 개발한다. 앞으로 메타버스에서 이뤄지는 전시 및 콘퍼런스는 더욱 늘어날 것이다. 가상공간이라는 새로운 장소에서 요구되는 고객 경험 설계와, 잠재 고객에게 원활하게 다가갈 방법의 수립이 비즈니스의 성패를 좌우한다고 해도 과언이 아니다.

마케팅 데이터의 수집 및 제공

메타버스 공간에서는 기존 인터넷에 비해 더 많은 사용자 데이터를 수집할 수 있다. 메타버스를 활용해 소비자 행동 설문조사 서비스를 제공하는 기업의 예를 들어 보자. 메타버스 공간에 제품 진열대를 재현하고 모니터의 시선을 추적해 눈에 띄기 쉬운 패키지 디자인이나 진열대 위치를 파악할 수 있다. 모니터를 물리적으로 한군데 설치할 필요가 없으므로 편리하게 조사를 진행할 수 있다. 메타버스 공간에서 축적한 데이터를 기반으로 서비스를 개선하거나 사용자의 편의성 제고에 도움이 될 뿐 아니라 데이터를 제공하는 새로운 비즈니스 모델이 생겨난다.

기존 사업의 메타버스화, 새로운 메타버스 사업의 기획

메타버스 비즈니스는 고객과 소비자에게 서비스를 제공하는 데 국한하지 않는다. 메타버스 공간을 사용해 회사의 서비스를 개선하는 사례도 많이 나오고 있다. 기업들 사이에서 주목할 만한 변화 중 하나는 물리적인 제품을 메타버스 공간으로 직접 이동해 시뮬레이션하는 디지털 트윈을 활용하는 것이다. 현대자동차는 디지털 트윈을 '메타팩토리'라고 부른다. 메타팩토리는 제조 공정과 공장 가동률을 최적화하는 데 도움을 준다. 메타버스 공간에서 공장을 미리 시험 운용해 최적의 가동률을 산정한 후 실제 공장에 산출된 수치를 적용한다.

AI를 활용한 제조 분야 메타버스 협업

출처: 한국과학기술원

디지털 트윈은 프로토타입이나 서비스 모델 평가에도 응용할 수 있어 필요성이나 적용 영역이 확대될 전망이다. 또한 자사 비즈니스에 접목하는 데 그치지 않고 관련 기업이나 동종 업계, 업태 간에 메타버스 공간을 공유하는 움직임이 생길 수도 있다.

다음 그림은 메타버스와 관련된 주요 비즈니스를 보여 주는 하나의 예시에 불과하지만 메타버스 공간에서 얼마나 다양한 비즈니스가 창출될 수 있는지를 알 수 있다. 현재 메타버스는 현실 세계와 거의 비슷한 비즈니스, 더 나아가서는 플러스알파(+α) 비즈니스를 생성할 수 있는 개념으로 사용하고 있지만 앞으로는 현실 세계와 연결고리를 갖지 않는 완전히 새로운 비즈니스가 출현할 것으로 예상한다.

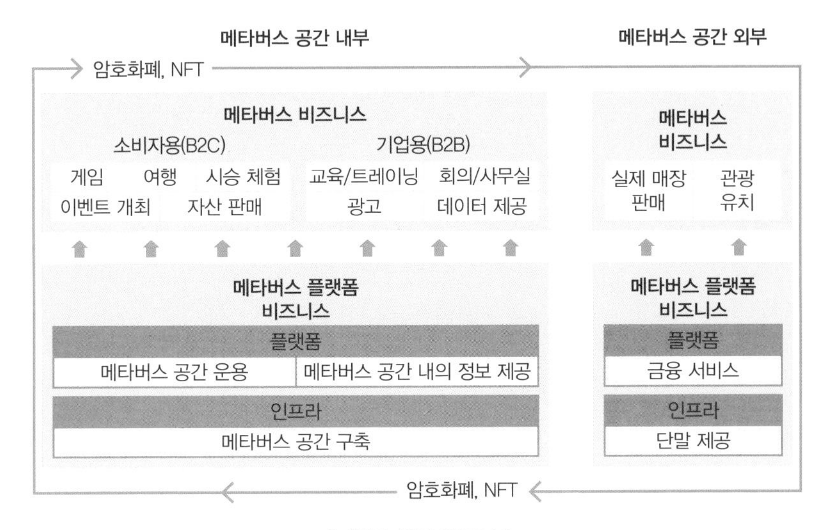

메타버스 주요 비즈니스

메타버스 플랫폼 비즈니스

기존의 메타버스 공간을 활용하는 비즈니스 외에도 또 다른 비즈니스가 존재한다. 예를 들어 가상 현실(VR) 헤드셋을 임대하거나 메타버스 공간을 구축 및 제공하는 예가 있을 수 있다. 많은 메타버스 공간에서 자체적으로 암호화폐를 발행하기 때문에 암호화폐 발행 또한 메타버스와는 불가분의 영역이다. 앞으로는 메타버스 내 부동산 판매 등 메타버스와 관련된 금융 상품을 취급하는 일도 늘어날 전망이다.

메타버스 공간의 구축 및 제공

메타버스 공간을 구축하고 제공하는 사업을 가리킨다. 공간의 구축이나 운용을 대행해 주는 서비스가 있는가 하면 메타버스 공간에서 통용되는 독자적인 코인을 발행해 주는 역할도 겸하는 서비스도 있다.

메타버스용 단말 제공

메타버스를 이용하려면 공간에 몰입할 수 있는 다양한 장치가 필요하다. VR 헤드셋의 판매나 임대 등 기업과 개인을 대상으로 장치를 제공하는 사업은 확대될 전망이다.

메타버스 공간 외부에서 금융 서비스 제공

메타버스 공간에서 획득한 아이템이나 코인을 사고팔 수 있는 시장을 운영하는 비즈니스를 의미한다. 온라인 게임과 스마트폰 앱으로 호황을 누리고 있는 리얼머니트레이딩(Real Money Trading, 현실 세계의 금품을 대가로 사이버상의 물품을 거래하는 일)의 연장선이라고 할 수 있다. 게임광이라면 누구나 아이템을 구매하고 싶은 욕구가 있을 것이다. 그러나 대부분 게임 사업자는 약관에서 아이템 현금 거래를 금지하고 있으며 이와 같은 행위가 적발되면 계정 이용 정지 등의 제재를 가할 수 있다.

2022년 9월 미국 콜로라도주에서는 암호화폐 세금 납부 서비스를 시작했다. 페이팔 암호화폐 허브를 통해 이용할 수 있으며 수수료는 기본 수수료 1달러에 결제금액의 1.83%가 추가된다. 메타버스 공간에서 벌어들인 수입을 실제 지급에 사용할 날이 머지않을 수 있다.

메타버스 공간에서 핵심 정보 제공

앞으로 메타버스 관련 비즈니스가 확대된다는 것은 정보에 대한 니즈가 높아진다는 점을 의미한다. 따라서 메타버스 공간에서 코인의 가격이나 디지털 부동산 등의 판매 현황 등을 실시간으로 제공하는 서비스가 유용할 수 있다. 특히 부동산 가격의 변화세가 두드러질 것으로 예상되기 때문에 정보의 가치가 높아진다. 메타버스 공간에서는 새로운 비즈니스가 끊임없이 출현할 것이라 예상되므로 이들을 총체적으로 망라하는 정보가 필요하다.

메타버스의 수익화

과금 모델

과금 모델은 사용자가 메타버스에서 콘텐츠, 게임 등을 소비하는 대가로 비용을 청구하는 방식이다. 어떤 서비스도 서비스 이용 자체는 무료이지만 서비스 내에서 아바타, 스킨, 아이템을 확장하려면 비용을 지불해야 하는 경우가 많다. 과금 모델의 경우 '과금의 대상이 무엇인가?'를 이해하는 것이 중요하다. 메타버스에서 과금의 대상이 되는 선택지는 무한하다. 아바타, 아이템 외에도 3D CG 기술을 활용해 메타버스에서 실제 경험을 디지털화해서 표현할 수 있기 때문에 앞으로 메타버스에 모든 엔터테인먼트와 비즈니스 콘텐츠가 올라갈 가능성이 있다. 예를 들어 포트나이트에서는 뮤직 라이브가 구현되고 있고 일본의 VARK에서는 정해진 시간에 유료 티켓을 구매해 입장하는 라이브를 진행한다.

포트나이트 이벤트 라이브 콘서트

출처: https://www.youtube.comwatch?v=RUSlQljwfuM

박물관, 수족관, 영어 회화, 버라이어티쇼 등 무궁무진할 정도로 많은 콘텐츠가 과금 모델 형태로 메타버스에 배포될 수 있다. 현재는 현실 세계용으로 제작한 콘텐츠를 메타버스에 옮겨놓았다는 인상을 받을 수 있지만 메타버스에서만 경험할 수 있는 오리지널 콘텐츠의 수가 점차 늘어날수록 메타버스에 접속하는 사용자가 늘어나면서 다양한 과금 모델이 생겨날 전망이다.

광고 모델

광고 모델에는 이전부터 존재해 온 웹사이트의 디스플레이 광고, 유튜브의 동영상 광고, 제휴 광고 등이 있다. 광고 모델은 기본적으로 사용자 자체가 많지 않으면 성립할 수 없는 모델이기 때문에 과금 모델에 비하면 아직 사례가 다양하지는 않다.

2022년 말 기준 평균 글로벌 일간 활성 사용자 수 5,600만 명을 돌파한 로블록스에서는 이미 나이키, 구찌 등 유명 브랜드와의 컬레버레이션 제휴 광고 사례가 많다. 유명 브랜드 기업과 메타버스 간의 광고 제휴 사례는 늘어나고 있지만 구글, 페이스북처럼 메타버스 내에서 광고를 게재할 수 있는 플랫폼이나 광고 네트워크는 아직 성공 사례가 없다. 그 이유는 메타버스의 사용자 수가 기존 웹 서비스에 비해 적어 광고 네트워크 구축이 어렵다는 점도 있지만 어떻게 광고를 노출하면 사용자가 위화감 없이 받아들일 것인지 최적의 솔루션을 찾지 못했다는 문제도 있다.

일본의 가상 시부야처럼 가상공간 내의 간판과 사이니지 부문에 광고가 게재되는 형태가 메타버스 내의 일반적인 광고 포맷이다. 그러나 페이지뷰나 클릭 수의 측정 방식 등 기존 웹 광고와 비교했을 때 비용효과를 어떻게 산출하는 것이 적절한지는 여전히 과제로 남아 있다.

실제와 메타버스 세계가 공존하는 병행 세계

출처: https://www.moshimoshi-nippon.jp/528057

이 분야에서는 광고 비즈니스를 주력으로 삼는 메타가 '호라이즌'을 필두로 메타버스의 광고 영역을 구축해 나가는 데 총력을 기울이고 있으며 VR 헤드마운트 디스플레이 측에 시선 추적 장치가 표준으로 탑재되면 수집 데이터가 비약적으로 증가할 가능성이 있다.

중개 모델/매칭 플랫폼

중개 모델은 플랫폼 비즈니스라고도 할 수 있으며 C2C(Customer-Customer, 개인과 개인 간의 거래)와 B2B2C(Business-Business-Customer, 기업 · 소비자 모두와 동시 거래)가 있다. C2C 플랫폼은 당근마켓, 번개장터, 중고나라처럼 고객과 고객을 연결해 주고 중간에 수수료를 취하는 패턴이 있는가 하면 인크루트, 사람인 등의 채용 웹사이트처럼 기업과 개인을 연결해 주고 수수료를 취하는 B2B2C 모델 등이 있다.

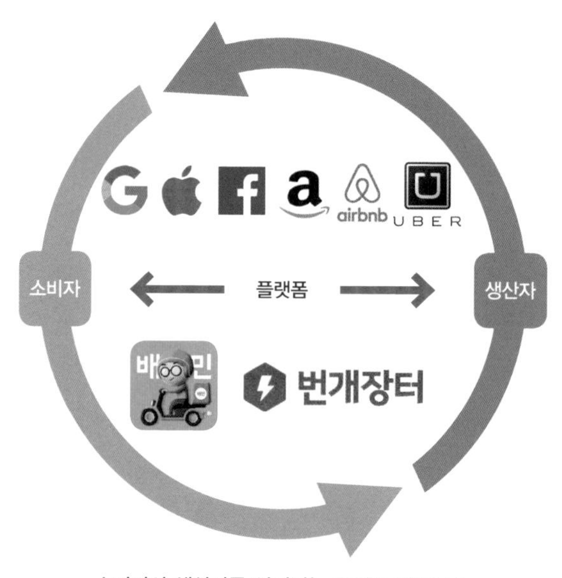

소비자와 생산자를 연결하는 플랫폼 비즈니스

메타버스의 특징 중 하나는 사용자 자신도 콘텐츠 제작에 관여하게 된다는 점이다. 로블록스에서는 기본적으로 로블록스의 운영자 측이 게임을 직접 제작하지는 않는다. 일부 사용자가 크리에이터로 만든 게임을 공개(퍼블리싱)하고 다른 사용자가 플레이하는 구조이다. 로블록스는 사용자가 지불한 과금의 약 25%를 크리에이터에게 돌려 주기 때문에 로블록스 자체는 게임 콘텐츠의 중개 수수료로 성립되는 서비스라고 할 수 있다.

라이브 음악, 여행, 피트니스 등의 분야에서도 메타버스 플랫폼을 자체적으로 만드는 기업과 각 장르에 특화된 콘텐츠의 보유자 및 창작자 간에는 괴리가 생길 가능성이 높기 때문에 플랫폼 측이 수수료를 받고 크리에이터와 사용자를 매칭하는 모델이 만들어지게 될 것이다. 또한 NFT가 보급되면 디지털상의 창작물에 대해서도 유일성이 보장되기 때문에 메타버스에서 창작자가 만든 작품을 사용자와 매칭하는 메커니즘이 더욱 보편화될 것이다.

전자상거래 모델

전자상거래 모델에도 브랜드가 직접 판매하는 직판 웹사이트 외에 11번가, 쿠팡 등과 같은 입점형 등 다양한 형태가 존재한다. 전자상거래 모델의 선례에는 일본의 이세탄 미쓰코시가 독자적으로 구축한 '레브 월드즈(REV WORLDS)'가 있다. 아바타를 조작해 가상의 이세탄 신주쿠 점에서 쇼핑이나 지역 내에서 산책도 할 수 있으며 실제 구매는 온라인에서 이뤄지는 형태이다.

가상의 이세탄 신주쿠점

출처: https://twitter.comMulboyne/status/1372167908487434242

아직 메타버스×전자상거래 모델은 전 세계적으로 흔한 사례는 아니지만 잠재력이 엄청나게 큰 영역이다. 메타버스에서는 3D CG로 사물과 공간을 입체적으로 표현할 수 있고 VR/AR 기기가 보급됨에 따라 크기와 깊이에 대한 감을 온라인으로 파악할 수 있기 때문이다. 일본 자동차 제조사인 혼다가 일본 최초로 자동차 온라인 매장인 '혼다 온(Honda ON)'을 출시해 신차를 2021년부터 판매하기 시작했다. 만일 메타버스에도 이와 동일한 콘셉트가 적용된다면 파급력이 클 것이다.

또한 공간을 그대로 재현할 수 있는 특성은 윈도우 쇼핑처럼 충동 구매를 일으키는 품목과 궁합이 좋다. 실제로 교보문고 서점을 돌아다니며 마음에 드는 책을 찾는 경험은 예스24, 알라딘 등의 웹사이트에서는 느낄 수 없는 차원이기 때문에 메타버스에서 그런 경험을 할 수 있게 된다면 기존의 전자상거래와는 또 다른 세계가 열리게 될 것이다. 전자상거래 모델은 잠재력이 크지만 대량의 제품에 대한 3D 데이터를 어떻게 준비할 것이냐가 확산을 저해하는 요인이다. 앞으로 사진이나 동영상을 찍는 것만큼 손쉽게 3D 데이터를 만드는 기술이 보급된다면 전자상거래 모델×메타버스 확산의 기폭제가 생기는 셈이다.

기타

기업들이 메타버스를 비즈니스에 활용하려고 함에 따라 이를 후방에서 지원하기 위한 기술 지원, 시스템 개발, 컨설팅 등의 필요성도 늘어날 것이다.

미국 골드러시 당시 곡괭이와 청바지 사업이 돈을 벌었다는 이야기가 유명하듯이 인터넷, PC, 스마트폰 여명기와 마찬가지로 메타버스 시대에도 각 기업의 니즈를 해결해 주는 측면 비즈니스에 대한 요구가 많이 늘어날 것이다. 요즘 스타트업들 사이에서 B2B SaaS(Software-as-a-Service, 서비스형 소프트웨어)가 전성기를 누리고 있지만 메타버스 및 XR(eXtended Reality, 확장 현실)과 관련된 제품의 경우에는 SaaS화가 될 만큼 고객층의 니즈가 성숙하지 않았다. 향후 몇 년 안에는 위탁 형태의 개발과 컨설팅 의뢰 사업이 많이 나오게 될 전망이다.

메타버스와 NFT 간의 관계

메타버스와 NFT는 상호의존적이지 않다

메타버스라는 단어가 나오면 NFT가 함께 언급되곤 한다. 많은 사람이 메타버스와 NFT를 같은 개념 또는 불가분한 관계로 생각하는 데 이 둘은 엄밀히 말하면 무관하다. 간단히 말해 메타버스는 커뮤니케이션할 수 있는 가상의 공간이고 NFT는 대체 불가능한 토큰이기 때문에 전자는 '장소', 후자는 '화폐'를 가리킨다. 미래에는 메타버스와 NFT 기술이 융합할 가능성이 높지만 현재 단계에서는 메타버스≠NFT이며 단지 궁합이 좋다는 인식만으로 이 2개를 동일시해서는 안 된다.

NFT는 네트워크상의 이미지나 동영상, 음성 등의 디지털 데이터를 실물 세계의 트레이딩 카드나 굿즈(팬 상품)의 형태로 판매, 유통하는 기술이다. NFT는 때로는 '디지털 소유권'에 비유되는데 인터넷상에서 디지털 데이터는 얼마든지 복제할 수 있으므로 현실 세계와 마찬가지로 굿즈나 품목에 고유한 가치를 부여하는 일이 불가능에 가깝다고 할 수 있다. 따라서 블록을 체인처럼 연결하는 기술(블록체인)을 사용해 디지털 데이터에 현실 세계의 상품과 같이 유일무이한 희소성을 부여하는 기술이 NFT라고 설명할 수 있다.

한편 메타버스는 '양방향 의사소통이 가능한 3D 가상공간'이지만 반드시 메타버스가 블록체인상에서 동작할 필요는 없으며 메타버스 내에서 3D 데이터 또한 NFT 형태로 거래되거나 유통될 필요도 없다. 결국 메타버스에서 NFT나 블록체인의 요소는 있든 없든 마찬가지라고 인식한다. 실제로 NFT나 블록체인을 메타버스 서비스 요소 중 필수 항목으로 여기는 플랫폼은 거의 없다. 따라서 3D 데이터를 NFT로 교환하는 기능이 메타버스를 정의하는 필수 요소가 아니라는 점을 인식할 필요가 있다.

현재의 메타버스는 NFT 없이 활용되는 사례가 훨씬 많으며 NFT 또한 메타버스가 없더라도 제 기능을 다한다. 즉, 이 둘은 독립된 역할을 하는 셈이다. 메타버스 내에서 거래가 달러 등의 법정화폐로 이뤄지거나 애초부터 물건을 사고파는 거래가 일어나지 않도록 구성한 서비스도 많다. NFT 역시 마찬가지이다. 대부분의 NFT는 현실 세계에서 교환되며 매매자들도 메타버스상에서가 아니라 트위터와 같은 SNS로 커뮤니케이션한다.

메타버스와 NFT 간 연관성이 생기는 사례

메타버스와 NFT가 독립적이라고 설명했는데 그렇다면 어떤 영역에서 관련성을 갖는 것일까? 이는 크게 2가지 차원에서 살펴볼 수 있다.

첫째, 메타버스 내에서 NFT가 사용되는 경우이다. 메타버스는 가상현실 공간이 필요하기 때문에 내부에 많은 디지털 데이터를 포함한다. 해당 디지털 데이터를 NFT로 전환하면 대체 불가능한 상태가 돼 가치를 창출하게 된다. 여기서 NFT화된 디지털 데이터를 메타버스에서 활용함으로써 디지털 데이터의 가치가 높아지는 효과가 있다. 예를 들면 메타버스 게임에서 마법의 검을 NFT화하면 세계에서 유일무이한 아이템이 된다. 그 아이템을 원하는 사람이 많아질수록 아이템의 가치가 높아지고 NFT로서의 가치가 발현된다.

둘째, 메타버스 자체가 NFT로 사고 팔리는 경우이다. 대표적인 예로 더 샌드박스와 같은 메타버스 플랫폼이 있다. 앞에서 마법의 검을 NFT화하는 예를 들었는데 이번에는 게임 자체를 NFT로 사고파는 것을 의미한다. 이 경우 메타버스 자체에 사람들이 얼마나 모였는지, 지금까지 메타버스에서 어떤 일이 있었는지 등이 NFT의 가치를 결정하는 판단 기준이 된다.

전 세계에서 실제로 활용되고 있는 메타버스와 NFT 간의 결합 사례를 살펴보자.

NFT 아트를 전시하는 장소로서의 메타버스

메타버스와 NFT가 관련된 사례로 가장 많이 등장하는 것이 메타버스에서 NFT 예술 작품을 전시하는 경우이다. 이러한 시도는 많은 메타버스 플랫폼에서 이뤄졌으며 NFT와의 관련 정도는 메타버스 플랫폼에 따라 다르다. NFT 전용 마켓플레이스와 연계된 서비스, 메타버스용 URL로 접속할 수 있는 서비스 등 다양한 예가 존재한다.

메타버스 자체가 NFT 및 메타버스 부동산

메타버스 공간 자체가 NFT로 거래되는 경우도 있다. 가상공간상의 토지를 NFT화한 것으로 'NFT 부동산'이라고도 부른다. 2022년 3월부터 5월 무렵에는 시장이 너무 과열돼 수십억 달러가 몰리기도 했다. 그 후에는 열기가 가라앉기는 했지만 NFT화된 메타버스에서 다양한 활동이 이뤄진다.

메타버스 게임 내에서의 아이템이 NFT화

현재 대부분의 게임에서 사용자끼리 온라인으로 대화하며 아바타로 대화를 진행한다. 이러한 게임을 메타버스화된 게임, 즉 '메타버스 게임'이라고 부른다. 이 메타버스 게임에서는 전 세계 사람들이 아이템을 거래한다. 이 아이템이 NFT화돼 전 세계에 단 하나밖에 없는 희소성을 갖는 경우가 있다. 이러한 형태도 NFT와 메타버스 간에 연관성이 생기는 경우라고 할 수 있다.

메타버스의 취약점

메타버스의 혁신성이 높아지면서 기대치도 함께 높아지지만 해결해야 할 과제들이 남아 있다.

월렛의 취약점

메타버스에서는 암호화폐를 사용해 NFT 아트를 실제로 쇼핑하고 구매할 수 있지만 이를 위해서는 월렛을 만들어야 한다. 그런데 지금까지 월렛이 해킹돼 암호화폐가 도난당하는 사건이 종종 일어나곤 했다. 2022년 3월에는 게임 전용 블록체인 플랫폼인 로닌 네트워크(Ronin Network)가 해커들의 공격을 받아 약 7,000억 원 상당의 암호화폐가 유출되는 피해를 입었다.

현실 세계와의 단절

메타버스 환경 자체는 흥미진진하고 몰입감이 뛰어나지만 사용자가 어린이라면 자극적인 공간에 대한 의존이 심각해지고 아바타에 과도하게 몰입하거나 스마트 기기에 중독될 위험이 있다. 중국 전매대학(伝媒大学) 교수인 루이첸(Rui Chen)에 따르면, VR 게임은 기존 게임보다 중독성이 44% 높다고 지적한다.

높은 진입 장벽

메타버스를 최대한 즐기려면 고사양 PC와 고가의 VR 고글을 준비해야 한다. 또한 게임에서 토지, 무기, 아바타를 위한 패션 아이템을 구입하려면 비용이 든다. 어떤 게임은 한국어로 지원되지 않아 쉽사리 발을 들여놓을 수 없는 장벽이 존재하기도 한다.

메타버스 사무실로 출근한다면 지하철에 시달릴 필요가 없고 회의 때만 대화하는 재택근무와 달리 동료와 잡담을 나눌 수도 있다. 메타버스에서라면 나이, 외모, 신체적인 콤플렉스를 벗어나 이상적인 아바타를 만들 수도 있고 장애인과 노인도 메타버스 세계에서 신체 제약에서 벗어나 자유롭게 이동하고 격렬한 스포츠를 즐길 수도 있다. 현실 세계에서는 실현하지 못한 일이 메타버스에서라면 가능하다.

이를 위해서는 가상 세계에서 오랜 시간을 보내는 것에 대한 저항과 편견이 해소돼야 한다. 또한 가상공간에 오래 머물수록 운동 부족이나 비만 등 건강 문제에 대한 우려가 있으며 메타버스에 너무 몰두한 나머지 현실과의 경계를 잃을 위험도 있다. 메타버스 앞에는 극복해야 할 과제가 많이 남아 있지만 완전히 새로운 시장과 비즈니스 기회가 열릴 것이라는 점은 확실하다.

신을 수 없는 NFT 스니커즈가 1억 3,000만 원?

유일무이성을 증명하는 디지털 기술 NFT

NFT는 'Non-Fungible Token'의 약자로, 대체 불가능한 토큰을 뜻한다. NFT는 디지털 예술 작품이나 게임 아이템 등의 소유권과 신빙성을 증명하는 블록체인 기반의 디지털 기록이다. NFT는 단순한 멀티미디어 파일(.GIF 또는 .JPEG)이 아니라 해당 미디어와 관련된 이력 정보의 공개 기록이다. 그림을 예로 들면 NFT는 물리적인 실체가 있는 캔버스라기보다는 그림의 소유권 증명서 또는 감정 평가에 가깝다.

NFT는 디지털 데이터의 복제 및 위변조를 방지하는 블록체인 암호화 기술을 이용해 거래 내역을 처리, 기록해 유일무이성을 인증한다. 각 NFT에는 일련번호와 같은 고유한 식별자를 부여하며 정보는 블록체인에 영구히 보존된다. 따라서 맨눈으로는 똑같아 보이는 NFT라도 식별자와 이력이 다르므로 진품과 위조품을 구별할 수 있다.

NFT와 상대되는 개념에는 대체 가능한 토큰인 'FT(Fungible Token)'가 있다. FT는 지폐, 주식처럼 동일한 가치 그대로 교환할 수 있기 때문에 '대체 가능하다'라고 표현한다. 대표적인 FT에는 비트코인, 이더리움 등의 암호화폐나 법정화폐가 있다. 암호화폐나 법정화폐에는 개별 데이터에 관한 거래 이력이나 식별 정보가 부여되지 않는다. 즉, 개당 시세나 액면가만 존재하므로 대체가 가능하다. A가 B에 은행을 통해 송금하는 100만 원은 B가 나중에 ATM에서 출금하는 100만 원과 같다. 송금할 때 100만 원과 출금할 때 100만 원은 대체할 수 있으므로 FT에 해당한다. 내가 가진 삼성전자 주식과 동생이 가진 삼성전자 주식은 동등한 가치를 가지므로 대체할 수 있다.

NFT와 FT의 비교

그러나 어디까지나 가치가 동일하다는 의미일 뿐 양쪽의 100만 원, 삼성전자 주식이 동일하다는 의미는 아니다. NFT는 똑같이 보이는 100만 원, 삼성전자 주식이라도 차이점, 즉 고유성을 증명할 수 있는 디지털 기술이다.

NFT는 식별자를 부여하는 메커니즘으로 이더리움 블록체인의 표준인 ERC-721 규격을 활용한다. 블록체인에 기재되는 소유자 등의 데이터를 위변조할 수 없기 때문에 NFT의 소유자를 임의로 변경하거나 유통 채널을 속일 수 없다. 따라서 소유자는 NFT의 실제 소유자라는 점, 소유를 통해 얻을 수 있는 권리의 정당성을 제시할 수 있다.

암호화폐와 NFT의 비교

이름	암호화폐	NFT
특징	대체 가능한 토큰	대체 불가능한 토큰
의미	동일한 토큰이 존재함.	동일한 토큰이 존재하지 않음.
이더리움 규격	ERC20 (ERC1155)	ERC721 (ERC1155)
사용 영역	통화, 포인트 등 양적 가치	디지털 아트, 게임 아이템 등 유일성의 가치

NFT에 대중의 관심이 높아지게 된 배경

NFT는 2021년에 들어 많은 관심을 끌었지만 2017년 11월 28일에 출시된 '크립토키티(Cryptokitties)'라는 게임은 이미 NFT에서 선구자적인 존재였다. 크립토키티는 고양이를 모티브로 NFT를 발행하고 교배를 통해 새로운 고양이를 만들고 거래하는 과정에서 수익을 취하는 게임이었다. 해당 게임이 인기를 얻자 수많은 아류작이 출시되고 크립토키티의 가격이 급락해 결국 실패로 끝났지만 NFT의 가능성을 보여 줬다.

NFT의 선구자적 존재인 '크립토키티'

출처: https://www.behance.net

2021년 3월 트위터의 창업자 잭 도시(Jack Dorsey)가 트위터 서비스의 첫 트윗 데이터를 NFT 시장에 290만 달러(약 35억 5천만 원)에 판매하면서 NFT가 다시 주목받게 됐다. '비플'이라는 예명으로 활동하는 디지털 아티스트 마이크 윈켈만(Mike Winkelmann)의 작품(Everydays: the First 5000 Days)은 2021년 3월 크리스티 경매에서 6,930만 달러(약 828억 원)로 판매되면서 NFT에 투기 수요가 몰리게 됐다.

지금까지는 음악 파일, 비디오, 이미지와 같은 디지털 자산의 진위를 증명할 방법이 없었다. 책, 신발, 옷, 가방처럼 실제로 존재하는 것과 달리 디지털 상태로 존재하는 것은 복제품을 쉽게 만들 수 있고 사본을 식별하기 어렵다. 미술관에 전시된 작품을 촬영한다고 해서 촬영자가 그 그림의 소유자가 되지 않을 뿐만 아니라 촬영 이미지가 실제 예술 작품이 되지 않는다. 큐레이터, 학자, 수집가, 일반인 등 이해관계자들 사이에 어떤 것이 원본이고 사본인지, 누가 저작권자인지 합의가 있기 때문이다.

그러나 NFT는 사기 및 변조를 방지할 수 있는 블록체인 기술을 사용해 진위를 증명할 수 있다. NFT에서는 진위와 소유권을 확인하는 작업을 예술 작품과 달리, 개인 판단에 의존하지 않고 합의 형성 능력을 사용한다. 즉, NFT는 개인이나 조직의 주관적인 신뢰가 아니라 객관적인 수학적 증명을 사용해 소유권과 신뢰성을 확인한다. 블록체인 기술로 디지털 자산의 소유권에 대한 진정성을 증명할 수 있으므로 '쓸모없는 디지털 데이터에서 가치를 찾았다'라는 사실이 NFT가 대중의 주목을 받게 된 가장 큰 이유이다. 따라서 구찌, 루이비통, 발렌시아가 등의 명품 브랜드가 NFT 컬렉션을 고유한 값을 가진 NFT 보증서를 발행하면 사용자는 어떤 제품이 진품인지 가품인지를 확인할 수 있다. 이러한 특징 때문에 오랫동안 디자인 카피, 오픈 마켓 가품 유통 등에 시달려 온 예술, 패션 산업에서 NFT가 2021년 초부터 각별한 관심을 받게 된 것이다.

NFT의 3대 특징

상호 운용성

대다수의 NFT는 발행 시점부터 여러 월렛이나 마켓플레이스에서 확인 및 이용할 수 있게 된다. 이것은 NFT의 사양이 공통 규격(이더리움 블록체인의 경우는 ERC721이 일반적)으로 정해져 있기 때문이다. 예를 들면 악보이든, 그림이든, 감정서의 서식이든 일정하게 정해져 있는 상태이다. 이 규격을 따라 발행하는 한 어떤 서비스상의 NFT라도 원리상으로는 다른 서비스 내에서 취급하는 것이 가능하다.

거래 가능성

기존에는 디지털 데이터 대부분은 발행한 기업의 서버 내에서 소유권(오너십)이 관리돼 자신이 데이터의 소유자라는 것을 입증하는 일을 서비스 제공 측에 의존하고 있었다. 이에 반해 NFT는 소유권이 특정한 서비스 공급업체가 아니라 블록체인에 명시돼 있어 소유자는 비트코인과 같은 암호화폐처럼 자신의 NFT를 자유롭게 이전할 수 있다. 즉, 중간에서 누군가 나의 소유권을 인정해 줄 필요가 없다.

또한 NFT의 소유권은 오로지 소유자하고만 연결돼 위조, 복제도 불가능하므로 현실 세계의 미술품이나 수집품 등과 마찬가지로 거래 시장에서 자산 가치를 보유한 존재로 취급된다.

프로그램 가능성

NFT에는 다양한 부가 기능을 데이터 자체에 적용할 수 있다. 부가 기능의 예로 유통 수수료가 있다. 예를 들어 화가가 자신의 그림을 화랑에 판매하고 화랑이 그 그림을 경매에 부친 경우 화랑이 경매를 통해 취한 이익은 화가에게 돌아오지 않는다. 또한 최초의 구매자가 재판매한 경우에도 화가에게 이익은 없다.

한편, NFT의 경우에는 이렇게 여러 경로로 유통될 때 화가에게 구입 대금 중 일부를 지급하도록 프로그램을 그림 자체에 미리 설정해 놓을 수 있다. 이처럼 기존과는 다른 인센티브나 돈의 흐름을 자산에 미리 프로그램화해서 입력해 놓을 수 있다. 이 기능을 활용하면 NFT가 소유자의 손을 떠나더라도 배포 시점에 구매 가격의 일부가 원작자에게 이전되는 구조를 만들 수 있다.

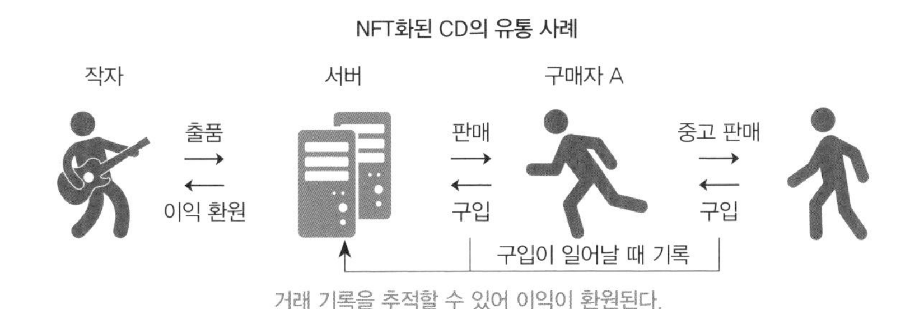

CD와 NFT화된 CD 유통 경로의 비교

NFT와 IPFS 스토리지

이더리움 기반의 NFT는 이더리움 블록 크기의 한계 때문에 주로 IPFS(Inter Planetary File System, 분산형 파일 시스템) 서버를 활용한다. IPFS는 블록체인 기술을 바탕으로 파일 시스템에 데이터를 저장하고 인터넷에 Peer-To-Peer로 공유하기 위한 프로토콜이다. IPFS는 분산 시스템을 연구하는 미국 회사인 프로토콜 랩(Protocol Labs)이 개발했다. NFT의 대상이 되는 비디오, 사진, 동영상, 음원, 증명서 등을 실제로 블록 내에 기록하는 것이 아니라 외부 저장소를 이용하는 셈이다.

NFT에 기록되는 정보에는 작품과 메타 데이터(대상 데이터를 관리하고 식별하는 데 도움이 되는 모든 정보)도 포함된다. 실제로 작품 등 대상이 되는 디지털 자산의 파일 및 메타 데이터를 업로드하는 URL을 게재하는 사례가 일반적이다. 즉, 현시점에서 대부분의 NFT는 대상이 되는 데이터 파일에 연결하는 것일 뿐 대상 파일 그 자체를 소유하는 것은 아니다. 왜냐하면 한 장에 수메가바이트가 넘는 그림이나 사진의 경우 블록체인에 한 번에 기록할 수 있는 데이터의 용량이 작기 때문이다. 따라서 엄밀히 말하면 구매자가 소유하는 것은 NFT뿐이다.

픽셀 아트처럼 데이터 크기가 매우 작은 작품만 블록에 기재할 수 있고 대용량 데이터 파일은 블록체인 외부의 서버에 올린다. IPFS를 비롯해 분산형 서버에 올려서 블록체인과 같은 탈중앙화를 유지하려는 사례도 많다. 그러나 IPFS를 사용하면 NFT로 보호되는 자산의 지속성이 모호해질 수 있다.

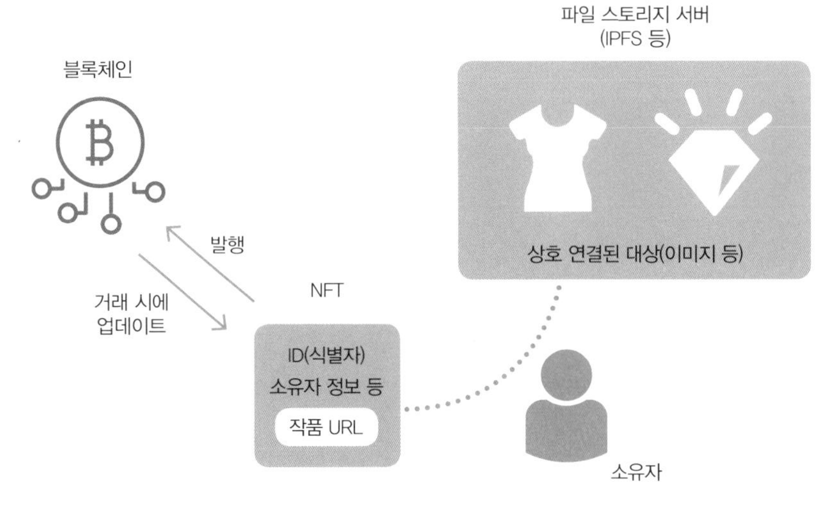

NFT와 IPFS 스토리지

NFT로 수익을 내는 4가지 방법

NFT에 관심이 있는 사람이라면 '그렇다면 어떻게 해서 NFT로 수익을 올릴 것이냐?'라는 질문을 당연히 하게 될 것이다. NFT로 수익을 내는 방법에는 4가지가 있다.

NFT 거래로 차익을 얻는다

NFT는 주식, 암호화폐, 부동산과 같이 시간이 지나면서 가치가 변동한다. 따라서 구입한 NFT 가격이 오르면 NFT 마켓플레이스에서 판매해 수익을 올릴 수 있다.

▮ 자신이 제작한 NFT 작품을 출품한다

일러스트, 음악, VR 아트 등을 제작할 수 있는 사람이라면 그 작품들을 NFT 마켓플레이스에 출품한 후 구매자를 찾아 이익을 얻을 수 있다.

▮ NFT와 관련된 디지털 자산을 구매한다

특정한 NFT 게임이나 NFT 플랫폼에서 사용할 목적으로 개발된 NFT 관련 디지털 자산이 있다. 일반적으로 게임이나 플랫폼 등 근간이 되는 NFT 수요와 인지도가 높아지면 그와 관련된 자산의 가치도 올라가는 경향이 있다. 따라서 잠재 수요가 높을 법한 NFT 관련 자산을 매수하고 가격이 오르면 매도해 이윤을 얻을 수 있다.

▮ NFT 게임에서 아이템 및 디지털 자산을 획득한다

NFT 게임 중에는 플레이하는 동안 특정 조건을 충족하면 아이템이나 디지털 자산을 제공한다. 예를 들어 소유한 선수 카드를 기반으로 판타지 리그를 즐기는 NTF 축구 게임인 '소레어(Sorare)'에서는 높은 점수를 받은 사용자에게 시즌이 끝날 때 이더리움과 레어카드 등을 부상으로 제공한다. 또한 메타버스 더 샌드박스에서는 게임상의 토지에 해당하는 랜드에 오리지널 게임, 캐릭터, 아이템 등 콘텐츠를 만들 수 있다. 그리고 소레어와 마찬가지로 더 샌드박스에서 작성한 콘텐츠는 NFT 마켓플레이스에서도 판매할 수 있다.

NFT의 구체적인 활용 사례

게임

현재 NFT는 주로 게임 분야에서 활용된다. 블록체인 기술을 기반으로 개발된 게임을 '블록체인 게임' 또는 'Dapp 게임'이라고 부른다. NFT는 블록체인 게임 내의 아이템과 캐릭터에 사용한다. NFT는 유일무이한 가치를 창출할 수 있는 토큰이기 때문에 기존 게임보다 다음 표와 같은 이점을 갖는다.

기존 게임과 블록체인 게임의 비교

기존 게임	블록체인 게임
• 게임에서 벌어들인 돈은 게임 밖에서는 사용할 수 없다. • 게임이 끝나면 획득한 캐릭터나 아이템이 사라진다. • 치트 플레이(속이기)가 동원되는 경우가 있다.	• 게임에서 벌어들인 아이템이 자산이 된다. • 애써 모은 아이템이나 캐릭터가 없어지지 않는다. • 치트 플레이에 당할 염려가 없다.

기존 게임에서는 게임 내에서 통용되는 화폐나 코인을 기본적으로 게임 밖에서는 사용할 수 없었다. 그러나 블록체인 게임에서는 게임에서 획득한 아이템, 캐릭터 등 디지털 자산에 NFT 기술을 활용함으로써 서로 다른 게임에서 이용하거나 마켓플레이스에서 자유롭게 매매할 수 있다.

또한 블록체인 게임은 탈중앙화돼 있어 속임수를 쓰더라도 전 세계 참여자(노드) 간의 합의가 필요하기 때문에 치트 게임을 하면 바로 걸리게 된다. 따라서 블록체인 게임은 속임수에 대한 걱정 없이 안심하고 플레이할 수 있다.

아트

지금까지 그림, 일러스트, 사진 등의 예술 작품은 물건으로 거래되는 일이 일반적이었다. 그러나 NFT로 무형 자산에도 소유를 증명할 수 있게 돼 디지털 아트에도 희소한 가치를 부여할 수 있게 됐다. 그에 따라 니프티 게이트웨이(Nifty Gateway)나 슈퍼레어(SuperRare) 등 디지털 예술 작품 거래를 전문으로 하는 마켓플레이스가 등장하고 투기 목적으로 시장에 참가하는 거래자가 늘어났다.

디지털 아트가 고가로 거래되는 사례로 2021년 3월 디지털 아티스트 비플의 NFT아트 'EVERYDAYS: THE FIRST 5000 DAYS'가 NFT 역사상 가장 높은 금액인 약 6,900만 달러에 판매되면서 화제가 됐다. 또한 2017년에 출시된 가장 오래된 NFT 프로젝트로 알려진 크립토펑크(CryptoPunks)와 크립토펑크를 작업한 라바랩스(Larva Labs)가 2021년 출시한 미빗(Meebits) 등도 NFT 아트로 유명하다. 출시 당시 크립토펑크는 무료로 배포됐지만 인기가 높아짐에 따라 희소가치가 생겨 2021년 3월에는 캐릭터가 4,200이더리움(당시 가격 약 80억 원)에 판매돼 큰 화제가 됐다.

가장 오래된 NFT 프로젝트 크립토펑크(CryptoPunks)

출처: https://www.larvalabs.comcryptopunks

또한 일본에서 VR아티스트로 유명한 세키구치 아이미의 VR 작품인 'Alternate dimension 幻想絢爛'가 NFT 마켓플레이스인 오픈씨에서 약 1억 3,000만 원에 낙찰되며 화제를 모았다.

일본 아티스트 중 가장 고가에 작품이 팔린 세키구치 아이미의 'Alternate dimension 幻想絢爛'
출처: 오픈씨

컬렉터 굿즈 아이템

트레이딩 카드와 애니메이션 한정판 아이템 등도 NFT로 발행 및 판매한다. 미국에서는 트레이딩 카드가 오랜 역사와 함께 수집가들 사이에서 상당히 큰 시장을 형성하고 있다. 유희왕 카드, 포켓몬 카드는 게임에 사용되는 트레이딩 카드의 일종이다.

이처럼 수집성이 높은 NFT는 일부 팬들 사이에서 열광적인 인기를 얻고 있다. 또한 희소성이 높은 NFT는 높은 가치를 인정받기 때문에 투기 목적으로 보유하는 사람도 많다.

패션

NFT 패션은 디지털상의 패션에 NFT 기술을 조합한 것이다. NFT가 가진 유일무이성, 위변조 불가 특성을 결합해 디지털 패션에 소유 증명을 구현한다. 주로 AR 기술을 활용하고 아바타나 자신의 사진을 바탕으로 디지털상에서 옷을 입어 보는 용도 외에도 제품으로서의 가치가 생겨났다.

클래식 후드티를 디지털로 전환해 NFT 열풍에 뛰어든 '갭'

출처: GAP

미국의 의류 브랜드인 갭(Gap)은 2022년 1월 첫 번째 NFT '컬렉션인 갭 스레드(Gap Threads)'를 발표했다. 해당 컬렉션에서는 갭을 상징하는 후디(모자 달린 옷)를 모티브로 삼은 NFT 패션이 등장한다. 컬렉션은 Common, Rare, Epic, One of a Kind의 4가지 카테고리로 나뉘며 Common 및 Rare 작품을 구매하면 Epic 아이템을 구매할 기회가 생긴다(One of a Kind는 경매 형식으로 판매).

또한 Epic 카테고리의 NFT 컬렉션을 손에 넣으면 뉴욕을 거점으로 삼는 아티스트인 브랜든 사인(Brandon Sines)의 한정판 디지털 아트, 그리고 그가 만든 캐릭터인 프랭크 에이프(Frank Ape)와 갭의 컬레버레이션 작품도 입수할 수 있다.

한편 이탈리아 최고의 럭셔리 브랜드인 돌체앤가바나(Dolce & Gabbana)는 디지털 마켓플레이스인 UNXD와 협력해 2021년 9월 첫 NFT 컬렉션인 콜레지오네 제네시(Collezione Genesi)를 출시했다. 9개의 상품이 총 188,573이더리움(약 60억 원)이라는 높은 가격에 판매돼 화제가 됐다.

돌체앤가바나의 NFT콜렉션 '콜레지오네 제네시'

출처: https://www.coindesk.com

스포츠

야구, 축구, 농구 등 프로리그에 속한 선수들의 NFT를 판매하는 사례도 찾아볼 수 있다. 2021년 3월 NBA 스타 플레이어인 르브론 제임스의 덩크슛 영상이 NFT화돼 약 21만 달러(약 2억 8,000만 원)에 판매됐다.

또한 같은 해 3월 14일에는 당시 유벤투스 FC에서 뛰고 있던 크리스티아누 호날두(Cristiano Ronaldo)의 NFT가 28만 9,920달러(약 3억 8,000만 원)에 판매돼 많은 관심을 끌었다.

르브론 제임스의 덩크슛 영상 NFT

출처: https://www.latimes.com

크리스티아누 호날두의 NFT

출처: https://www.binance.com

회원권

회원권을 NFT로 변환해 판매하는 방법도 있다. 예를 들어 미국의 경제지 〈포브스〉에서는 '온라인 기사를 읽을 때 광고를 표시하지 않을 권리'가 있는 회원권을 판매했다. 이 회원권은 NFT화돼 있으며 이더리움으로만 구매할 수 있다. NFT를 이용한 멤버십이기 때문에 기존 멤버십과 달리 타인에게 양도할 수 있다. 이처럼 NFT화된 회원권은 타인에게 권리를 이전할 수 있는 장점이 있기 때문에 앞으로 온라인 살롱 등에서도 도입할 것으로 기대된다.

부동산

부동산을 NFT화해서 매매 절차 등을 간소화하는 방법도 있다. 예를 들어 '오픈로(OpenLaw)'라는 블록체인 프로토콜을 사용하면 부동산을 NFT로 전환해 매매와 관련된 계약서의 작성이나 실행을 안전하게 처리할 수 있다. 기존에는 복잡하고 시간이 오래 걸리던 부동산 절차가 NFT로 단순화돼 많은 주목을 받고 있다.

단, 오픈로로 부동산 소유에 대한 추적과 매매 계약만이 단순화됐을 뿐 이자 및 세금과 같은 복잡한 처리 절차는 아직 구현되지 않았다. 앞으로 부동산 분야에서 NFT가 더욱 활발하게 도입될 것으로 예상된다.

담보 대출

NFT를 담보로 자산을 빌리는 방법도 있다. 예를 들어 '로켓(Rocket)'이라는 상품에서는 NFT를 담보로 사용하면 다이(DAI, 암호화폐)를 빌릴 수 있다. 사용자가 자신의 NFT를 로켓에 맡기면 로켓 측에서 심사가 끝나고 다이를 지급한다. 담보 자산의 가격이 일정 비율 이하로 떨어지면 오픈씨 등의 NFT 마켓플레이스에서 매각하는 구조이다.

기타(트윗, 온라인 티켓 등)

트위터 트윗이나 온라인 티켓 등을 NFT로 판매하는 움직임도 있다. 2021년 3월 22일, 트위터 CEO 잭 도시의 첫 번째 트윗이 NFT로 경매돼 약 290만 달러(약 38억 원)에 팔렸다. 트윗처럼 얼핏 보기에는 쓸모없어 보이는 것조차도 수요가 높으면 자산화할 수 있다는 점이 NFT의 큰 특징이다. 그러나 1년 만에 해당 NFT는 가치가 99% 이상 떨어져 290만 달러의 가격을 정당화하기에는 NFT의 가치가 과평가됐다는 비판을 받았다.

NFT 경매로 약 290만 달러에 판매된 잭 도시의 첫 번째 트윗

출처: 트위터

NFT 마켓플레이스

NFT 마켓플레이스의 역할

NFT 마켓플레이스는 NFT 작품을 사고파는 창구이다. NFT 마켓플레이스에서는 ① NFT 작품의 출품 및 판매 ② 판매되는 NFT 작품의 구매 ③ 구매한 NFT 작품의 2차 판매를 할 수 있다. 현재 유통되는 NFT 작품 대부분은 이더리움 블록체인에서 생성된다. 따라서 대부분의 NFT 마켓플레이스에서는 이더리움을 결제 수단으로 사용한다.

NFT 작품의 출품 및 판매

자기 작품을 판매할 때는 반드시 작품을 NFT로 변환하는 작업이 필요하다. 이러한 변환 작업을 'NFT를 발행한다'라고 표현한다. 처음부터 디지털 형태로 존재하는 작품이라면 발행이 쉽다. 종이 그림과 같은 아날로그 작품도 스캔해 데이터화하면 NFT를 발행할 수 있다. 디지털 작품을 마켓플레이스에 올려 NFT를 발행한다. 가격을 설정하면 등록이 완료되고 판매가 시작된다.

판매되는 NFT 작품의 구매

NFT를 구매하기에 앞서 우선 구매하고 싶은 작품이나 장르를 정해야 한다. 각 NFT 마켓플레이스마다 출품된 작품이 다르며 다양한 장르에 특화돼 있기 때문이다. NFT 구매로 이익을 얻으려는 사람들에게 NFT 마켓플레이스의 수수료는 중요한 사항이 된다. NFT를 구매할 경우 수수료가 낮은 NFT 마켓플레이스를 선택해 수익을 극대화할 수 있다. 오픈씨에서 NFT를 구매할 때 필요한 초기비용 수수료는 송금 수수료, 가스 비용 등을 포함하면 약 3만 원 전후이다.

구매한 NFT 작품의 2차 판매

마켓플레이스에서 NFT를 구매하면 구매자는 출품자로부터 소유권을 얻을 수 있다. 소유권이 있으면 2차 판매 형태로 다시 마켓플레이스에 판매할 수 있다. 이렇게 하면 굳이 스스로 예술 작품을 만들거나 NFT를 발행할 필요가 없다. 구매한 NFT의 인기가 올라가면 원래 가격보다 높게 2차 판매도 가능하다.

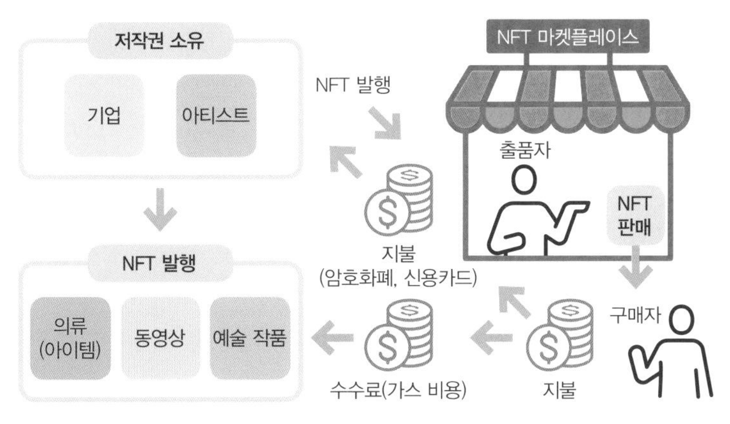

NFT 마켓플레이스의 구조

NFT 마켓플레이스의 수수료

NFT를 시작할 때 고려해야 하는 사항은 수수료이다. 수수료가 너무 비싸면 적자가 생길 수도 있으므로 상대적으로 수수료가 낮은 마켓플레이스를 선택하면 비용을 절감할 수 있다. NFT 거래 시에는 다음과 같은 수수료가 붙는다.

- 판매 수수료: NFT로 작품을 출품하려면 마켓플레이스에 판매 금액의 일부를 수수료로 지불해야 한다. NFT 출품을 생각한다면 판매 수수료가 가장 낮은 마켓플레이스를 선택해야 한다.

- 출고 수수료: NFT를 월렛으로 옮길 때 부과되는 수수료로, 마켓플레이스에 따라서는 수수료가 무료이거나 원래부터 출고할 수 없는 경우도 있다. NFT를 보관하기 위해서는 앱 내 월렛을 만들거나 마켓플레이스가 자체적인 NFT 거래소를 구축해 자사 앱 내에서 NFT를 거래할 수 있도록 한다.
- 결제 수수료: 결제할 때 필요한 수수료로, 예를 들어 신용카드로 결제할 경우 각 마켓플레이스에서 판매 금액의 일정 비율이 결제수수료로 부과된다.
- 가스 비용: 이더리움을 이체하거나 결제에 사용할 때 부과된다. 가스 비용은 변동 폭이 크므로 타이밍을 잘 맞추면 수수료를 낮출 수 있다. 그러나 가스 비용을 낮게 설정하면 거래가 영원히 처리되지 않을 수도 있고 가스 비용이 높을수록 처리 속도가 빨라진다.
- 2차 유통 수수료: 기본적으로 NFT 작품은 구매자가 2차 판매하더라도 수익이 원래 창작자에게 반환되는 구조이지만 마켓플레이스에 따라서는 2차 판매를 금지하거나 승인받은 작품만 출품할 수 있는 경우도 있다.
- 기타 수수료: 출금 및 입금 수수료가 있는 경우도 있고 NFT 마켓플레이에 따라 다른 수수료가 부과되는 경우도 있다.

NFT 마켓플레이스의 수수료

마켓 플레이스	판매 수수료	출고 수수료	결제 수수료	가스 비용	2차 유통 수수료(로열티)	기타
오픈씨	판매 금액의 2.5%	무료	무료	최초 출품 시, 거래 시 부과	0% (스토어 등록하면 설정 가능)	무료
라리블	판매 금액의 2.5%	무료	무료	거래 시	출품자가 결정	무료
슈퍼레어	판매 금액의 3%	무료	무료	무료	10%	갤러리 수수료 15%
니프티 게이트웨이	판매 금액의 5% + 30센트	무료	무료	무료	출품자가 결정	무료

NFT 마켓플레이스 예시

오픈씨

- 공식 웹사이트: https://opensea.io/ja
- 공식 트위터: https://twitter.com/opensea
- 출시: 2017년 12월

출처: 오픈씨

2017년 12월 창업한 오픈씨(Open Sea)는 NFT 마켓플레이스 중 가장 높은 점유율을 가진 플랫폼으로, 월간 사용자가 20만 명 이상에 이른다. 이더리움, 클레이튼, 테조스 등 많은 블록체인을 지원하기 때문에 디지털 아트, 디지털 음악, 트레이딩 카드 등 다양한 NFT 콘텐츠를 취급할 수 있고 가스 비용을 절약할 수 있다는 점도 매력적인 요소로 작용한다.

슈퍼레어

–공식 웹사이트: https://superrare.com

–공식 트위터: https://twitter.com/SuperRare

–출시: 2018년 4월

출처: 슈퍼레어

슈퍼레어(SuperRare)라는 이름에 걸맞게 수준 높다고 인정받은 예술가만이 작품을 출품할 수 있는 곳으로, NFT를 상장하려면 매우 엄격한 심사를 통과해야 한다. 한 번에 심사를 통과하는 제작자는 거의 없을 정도로 고품질의 작품만이 전시되며 아트 플랫폼 중에서 매출 점유율이 가장 높다.

슈퍼레어는 또한 거버넌스 토큰인 레어(RARE) 토큰을 발행한다. 레어를 보유하면 슈퍼레어의 서비스 내용과 방향성 등을 결정할 때 투표권을 얻을 수 있다.

라리블

– 공식 웹사이트: https://rarible.com

– 공식 트위터: https://twitter.com/rarible

– 출시: 2020년 7월

출처: https://dev.rarible.com

2020년 서비스를 시작한 라리블(Rarible)은 여타 NFT 마켓 플레이스와 달리 DAO 형태로 운영된다. 플랫폼에 참여하는 구매자와 판매자로 이뤄진 커뮤니티 조직에 주요 의사결정 권한을 부여했다. 라리블에는 사용자에게 배포하는 거버넌스 토큰인 '라리(RARI)'가 있다. 플랫폼을 업데이트할 때 자기 의사를 표현할 수 있는 투표권 역할을 한다. 라리는 해외 거래소나 DEX에서도 매매할 수 있다. 라리블에서는 제작자가 NFT를 발행할 때 가스 요금을 지불할 필요가 없는 점도 특징이다. 이에 따라 제작자의 부담이 크게 줄어들어 보다 간단하게 출품할 수 있다.

니프티 게이트웨이

- 공식 웹사이트: https://www.niftygateway.com
- 공식 트위터: https://twitter.com/niftygateway
- 출시: 2018년 11월

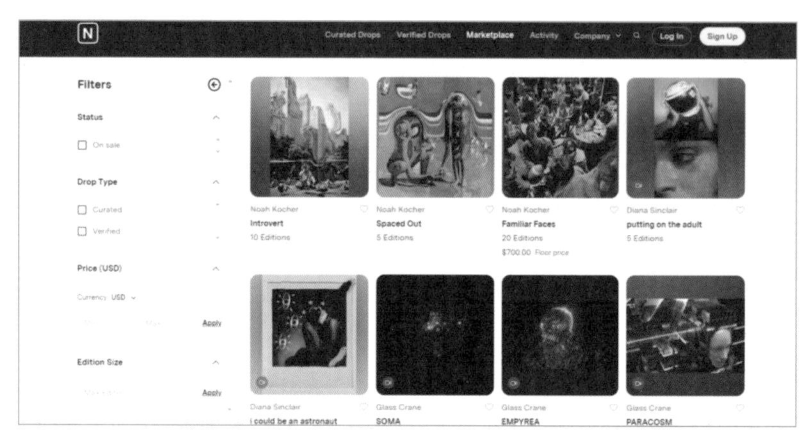

출처: https://beincrypto.comlearn/nifty-gateway-review

니프티 게이트웨이(Nifty Gateway)는 완전 심사제로 운영되는 NFT 마켓플레이스이다. 대부분의 마켓플레이스에서는 누구나 손쉽게 출품할 수 있기 때문에 품질이 낮은 작품이나 위조품이 판매되는 점이 문제였다. 출품량을 확보하기 위해 완전 심사제 마켓플레이스는 줄어들었다는 점이 니프티 게이트웨이의 큰 차별화 포인트로 작용했다.

니프티 게이트웨이에는 디지털 아트 및 블록체인 게임과 관련된 NFT가 많다. 세계적으로 유명한 래퍼인 에미넴(Eminem)과 DJ 제드(Zedd) 등 많은 유명 아티스트가 출품해 화제가 됐다. 유명 아티스트들이 많이 활동하고 있어 NFT 예술 시장이 확대됨에 따라 수요가 커질 가능성이 있다.

니프티 게이트웨이에서는 신용카드 결제도 가능하다. NFT를 구매할 때 가장 큰 걸림돌은 암호화폐를 구매하는 일이다. 초보자도 신용카드만 있으면 바로 구매할 수 있어 진입 장벽이 낮다.

1억 3,000만 원에 거래되는 나이키의 디지털 스니커즈

NFT와 패션 컬레버레이션은 이미 전 세계적으로 주목을 받고 있다. NFT로 만든 패션은 SNS, 메타버스 등 다양한 상황에서 활용될 수 있어 디지털 네이티브라고 부르는 젊은 세대에게 확산할 가능성이 높다.

나이키는 가상공간과 상품에 관심을 표명한 초창기 소매업체 중 하나이다. 2021년 가상 브랜드 스니커와 의류를 제조 및 판매하겠다는 의사를 표명한 후 상표를 잇달아 신청했다. 2022년 1월에는 블록체인, 웹 3 및 메타버스에 중점을 둔 신생부서인 나이키 버츄얼 스튜디오스(Nike Virtual Studios)도 설립했다. 나이키는 NFT 및 웹 3과 관련된 이니셔티브에서 선두를 달리고 있다. 2022년 NFT 유통 및 수익 금액을 보면 나이키는 지금까지 NFT 판매 및 상표 로열티로 약 1억 8,600만 달러(한화 약 2,400억 원) 이상의 수익을 올리고 있다. 이는 돌체앤가바나, 티파니, 구찌 및 아디다스 등 글로벌 브랜드 가운데 가장 높은 수치다. 2위인 돌체앤가바나(약 2,500만 달러)와도 7배 이상의 격차가 벌어지고 있다(2022년 12월 기준).

Query results Consolidated Brands Stats Final Table (Official) @kingjames23

Rank	Title	Total Transactions	Secondary Volume	Primary Sales Revenue	Total Royalties	Total NFT Revenue
1	Nike	67,251	$1,293,959,811.39	$93,104,204.25	$92,165,461.48	$185,269,665.73
2	Dolce & Gabbana	9,836	$20,166,188.96	$23,136,074.46	$2,515,055.20	$25,651,129.66
3	Tiffany	74	$3,403,933.72	$12,622,377.00	0	$12,622,377.00
4	Gucci	3,993	$31,046,025.35	$10,004,853.25	$1,552,301.27	$11,557,154.52
5	Adidas	51,449	$175,651,669.33	$6,201,058.63	$4,742,595.07	$10,943,653.70
6	Budweiser	4,122	$6,572,572.87	$5,883,246.00	0	$5,883,246.00
7	Time Magazine	6,413	$31,257,344.11	$1,476,939.62	$3,125,734.41	$4,602,674.03
8	Bud Light	10,517	$3,321,306.26	$3,997,581.00	0	$3,997,581.00
9	AO	9,608	$8,063,014.82	$1,495,841.27	$201,575.37	$1,697,416.64
10	Lacoste	11,572	$2,615,699.72	$1,004,125.82	$104,627.99	$1,108,753.81
11	Nickolodeon	7,296	$2,619,830.09	$320,650.00	$261,983.01	$582,633.01
12	McLaren	2,048	$2,574,008.16	$204,294.36	$128,700.01	$332,994.37
13	Pepsi Mic Drop	3,384	$11,027,156.63	0	0	0

2022년도 가장 많은 NFT 매출을 올린 나이키

출처: https://metav.rs/blog/5-brands-most-nft-revenue

아티팩트 인수 및 웹 3 플랫폼 닷스우시 론칭

나이키는 타사보다 먼저 새로운 수익원으로 가상 굿즈를 모색해 메타버스에서 주도권을 확립하기 위해 나섰다. 2021년 12월 스타트업인 미국 RTFKT(아티팩트)를 인수해 웹 3 도입의 리더가 됐다. RTFKT는 2020년 1월 메타버스상에 설립된 컬렉터블 제작사로, NFT, 블록체인 인증, 증강 현실(AR) 등 최신 기술을 활용한 가상 의류 브랜드를 개발한다. 아티팩트가 만든 NFT는 블록체인 기반으로 사용자가 디지털 자산의 소유권을 증명할 수 있다. 나이키는 아티팩스 인수 이후 디지털 분야에서 브랜드를 수익화하고 고객을 참여시킬 수 있는 새로운 수단을 차례대로 구상해 왔다.

2022년 4월 RTFKT는 스니커즈를 모티브로 삼은 나이키 덩크 제네시스 크립토킥스(Nike Dunk Genesis CryptoKicks)라는 한정판 NFT 2만 개를 공개했다. 오픈씨에 따르면, 지금까지 9,000개 이상의 제품이 판매됐으며 10만 달러(약 1억 3,000만원) 이상의 가격대를 형성했다.

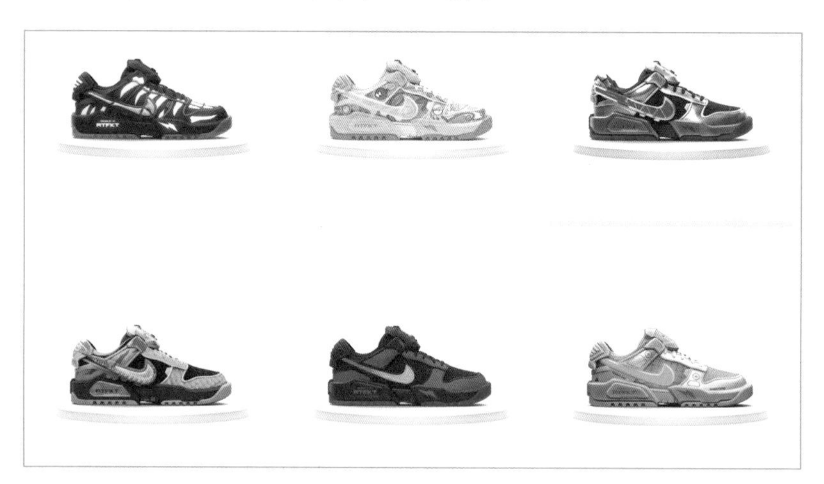

나이키와 RTFKT의 협업으로 탄생한 가상의 스니커즈

출처: RTFKT

2022년 11월에는 소비자가 가상자산을 구매, 설계, 거래할 수 있는 새로운 웹 3 플랫폼인 '닷스우시(dotSwoosh)'를 론칭했다. 닷스우시는 나이키의 모바일 앱 'Snkrs'의 개발 책임자인 론 파리스(Ron Faris)가 이끄는 프로젝트이다. 닷스우시는 가상 창작(virtual creations)의 협업 기회를 제공하는 프로젝트의 총칭으로, NFT에 대한 친화성을 높여 웹 3에 익숙하지 않은 사람이라도 디지털 상품을 접하고 구매할 수 있도록 하는 것을 목표로 삼는다. 이 플랫폼을 통해 팬과 제작자는 다양한 가상자산의 디자인 콘테스트에 참여하고 디자인 판매 수익의 일부를 나이키와 공유할 수 있다.

나이키는 유니폼에서 운동화에 이르기까지 자사의 모든 가상 상품을 다양한 게임이나 몰입형 경험으로 착용할 수 있도록 한다. 가상공간에서 입을 수 있는 운동화, 옷, 액세서리 등의 디지털 컬렉션을 출시하는 다양한 움직임을 보일 것으로 예상된다. 일부는 실물과 연계된 제품이나 독점 이벤트 개최 등 현실 세계에서 팬에게 제공하는 혜택으로도 활용할 예정이다.

나이키, 스우시가 출시한 스니커즈 컬렉션

출처: https://www.essentialhomme.fr

▌카티엄: 제휴

나이키는 2022년 11월 NFT를 판매하기 위해 분산형 커머스 플랫폼인 카티엄(Qartium)과 파트너십을 맺었다. 분산형 커머스 모델에서 소비자는 판매자와 직접 거래할 수 있다. 당사자끼리 블록체인에서 거래하므로 판매 금액의 일부를 전자상거래 플랫폼에 수수료로 내지 않아도 되므로 거래 비용이 낮아진다. 인증, 투명성, 커뮤니티의 균형을 갖추고 신뢰성과 일관성 있는 쇼핑 체험을 제공한다.

카티엄 토큰은 상당히 새로운 블록체인 프로젝트 축에 든다. 디지털과 물리적 상품 양쪽을 포함한 광범위한 품목을 판매할 수 있다. 나이키, 아마존과 같은 유명 기업과 제휴를 맺어 분산형 상거래 플랫폼에 정당성을 부여하고 새로운 형태의 거래가 안착할 수 있을 정도로 구매자를 끌어모을 가능성이 있다.

▌로블록스: 제휴

나이키는 역동적인 가상 체험과 참신한 콘텐츠를 원하는 소비자의 요구를 충족하기 위해 로블록스에서 끊임없이 새로운 체험의 장을 제공했다. 2021년에는 로블록스와 제휴해 사용자가 아바타에 입힐 옷을 구입할 수 있는 '나이키랜드(Nikeland)'를 개설했다. 두 달 동안 2,100만 명 이상이 방문했다. 나이키랜드에서는 실제 이벤트와 연동한 미니 게임과 디지털 체험도 제공했다. 예를 들어 미국 NBA 올스타 위크에는 로블록스판 르브론 제임스(LA 레이커스)가 게스트로 등장했다.

2021년 나이키가 로블록스에 오픈한 '나이키랜드'

출처: eon-media.com

로블록스 사용자의 3분의 2는 16세 미만의 청소년이다. 이 때문에 로블록스는 브랜드와 소매업체에 있어 젊은 청중에게 다가가는 브랜드 활성화 실험의 장으로 인기 있는 판촉 채널이 됐다. 2022년 동안에만 영국 명품 브랜드 버버리, 미국 의류 브랜드 토미 힐피거, 미국 소매 유통체인 월마트, 명품 브랜드 구찌 등과 파트너십을 맺었다. 또한 패션 및 뷰티 디지털 자산의 기능도 강화하고 있다.

로블록스는 현시점에서는 웹 3 플랫폼으로 간주하지 않는다. 그러나 브랜드가 활용하려는 액티브한 사용자 기반과 활발한 가상 경제활동을 실현하고 있으며 분산형 메타버스에서 선구적인 역할을 담당한다. 로블록스는 2022년 1,100만 명 이상의 제작자가 자사 플랫폼에서 가상 패션 아이템을 디자인했다고 말한다. 이는 미국에서 물리적인 의류를 만드는 패션 디자이너보다 약 200배 이상 많은 수치이다. 2022년 로블록스에서 제작한 가상 패션 및 액세서리의 수는 6,200만 개가 넘었다. 2022년에는 게임 내 아바타가 한 번에 최대 6개의 디지털 의상을 입을 수 있는 '레이어드 클로딩(Layered Clothing)' 기능을 도입했다.

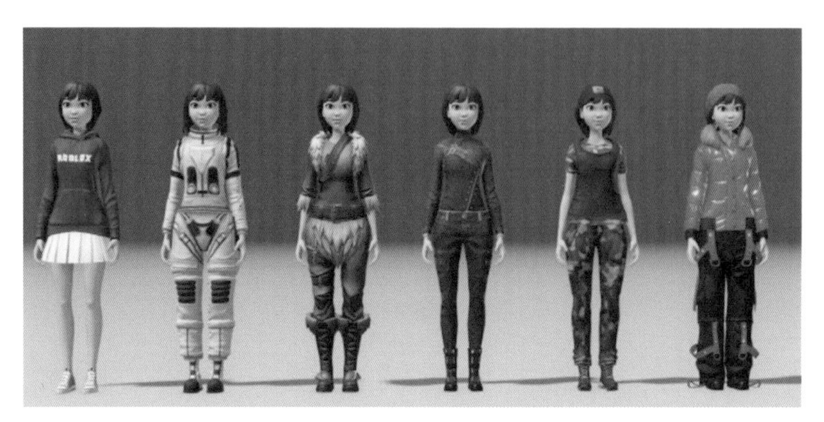

로블록스는 아바타가 디지털 의류를 갈아입을 수 있는 '레이어드 클로딩'을 개설

출처: blog.roblox.com

NFT가 내포한 과제

NFT 투자의 3가지 단점

투자 목적에서 보면 NFT 시장은 블루오션이라서 수익이 클 수도 있지만 위험 또한 존재한다. NFT 시장에는 막대한 수의 NFT가 유통되고 있으며 그중에는 가치가 없는 NFT도 존재한다.

첫째, NFT의 큰 단점 중 하나는 법률이 제대로 갖춰져 있지 않다는 점이다. 많은 나라에서 데이터와 같은 무형 객체의 소유권을 인정하지 않는다. NFT는 어디까지나 대체할 수 없는 '디지털 자산'라는 것을 증명하는 기술일 뿐 '물리적인 사물'은 아니기 때문이다. 따라서 NFT를 구매하더라도 구매자가 어떤 권리를 갖게 될 것인지 명확하지 않다. 따라서 문제가 발생하면 NFT 보유자를 보호하기 위한 법률이 아직 없다고 할 수 있다.

둘째, 시장의 급속한 확대에 따라 온라인상에서 제삼자의 예술 작품을 허락 없이 NFT 작품으로 발행하는 등 저작권 침해에 해당하는 불법복제가 만연하고 있다. 저작권을 소유하지 않아도 NFT를 발행해 판매할 수 있기 때문이다. 최대 NFT 마켓플레이스인 오픈씨에서는 2022년 5월부터 이미지 인식 기술과 사람의 검수를 통해 부정 복제한 NFT 예술 작품을 방지하는 시스템을 도입했다. 이러한 불법 복제방지 대책은 마켓플레이스에 일임해 놓고 있다.

셋째, NFT 작품을 온체인(블록체인 내부)이 아니라 오프체인(블록체인 외부)에 저장하는 경우 문제점이 생긴다. 대용량 파일을 온체인에 저장하는 경우 가스 요금이 막대하지만 오프체인에 저장하면 가스 요금이 발생하지 않는다는 장점이 있다. 그러나 회사의 서버가 셧다운되면 NFT는 블록체인상에 고유 식별자의 형태로 여전히 존재하지만 그 고유 식별자와 연결된 다른 모든 정보는 영원히 사라져 버리기 때문이다.

NFT가 본격적으로 보급되기 위한 전제

NFT는 디지털 자산의 유통을 비약적으로 확대할 잠재력을 갖는다. 그러나 현재 NFT에 포함된 정보 중 유일성과 진정성을 보증할 수 있는 것은 온체인에 기록된 정보에 한한다. 그리고 온체인에 디지털 콘텐츠 자체를 기록할 수 있는 수준으로까지 정보량을 크게 늘리는 것도 현실적으로 어렵다.

따라서 현행 NFT의 한계를 보완하기 위해서는 NFT 외부에서 일어나는 일들과 관련된 제도 정비가 중요하다. 그중 하나는 원래 디지털 자산의 유일성, 진정성, 지속성을 어느 정도 보장할 수 있는 구조를 충실히 구현하는 것이며 또 다른 하나는 NFT의 소유권 · 지식재산권의 이전에 대한 법적 지위를 확립하는 것이다.

미국 벤처 캐피털리스트 앤드리슨 호로위츠(Andreessen Horowitz)는 NFT용

크리에이티브 커먼즈(Creative Commons)[37]를 바탕으로 한 라이선스를 제창하고 있다. 이 라이선스 안에서는 구입한 NFT의 지식재산권을 복제권, 배포권, 상업 이용권, 개편권 등으로 분류 · 정의하고 있다. 또한 제삼자의 저작물을 허가 없이 사용한 경우 페널티를 부과함으로써 해적판의 방지도 도모하고 있다.

세계 최대의 동영상 공유 플랫폼인 유튜브도 서비스가 처음 출시됐을 때 무단복제와 윤리적으로 부적절한 동영상으로 가득 찬 무법지대였다. NFT가 일반 대중에게 확산되고 비즈니스 기회가 확대됨에 따라 자연스럽게 입법이 진행돼야 할 것이다.

37 저작물 이용 허락 표시 제도로, 저작권자가 저작물 사용 조건을 미리 제시해 사용자가 저작권자에게 따로 허락을 구하지 않고도 창작물을 사용할 수 있게 한 일종의 오픈 라이선스를 말한다(출처: 네이버 시사상식사전).

금융 서비스를 변혁하는 DeFi

DeFi의 개요 및 특징

DeFi의 역사

DeFi(디파이)는 'Decentralized Finance'의 약자로, 블록체인 기술을 바탕으로 한 탈중앙화 금융을 의미한다. 즉, 금융 기관을 거치지 않고 결제, 송금, 예금, 대출 등 모든 금융 거래가 가능한 시스템이다.

DeFi는 2017년경에 탄생했다. 최초의 디파이는 DEX(Decentralized Exchange)로 스마트 콘트랙트를 기반으로 암호화폐 거래를 자동화한 탈중앙화된 거래소이다. 2018년경 DeFi 커뮤니티가 탄생하고 이더리움의 Dapp이 증가하면서 DeFi의 생태계가 발전했다. DeFi의 일종인 DEX는 주로 토큰을 사고파는 기능을 갖춘 플랫폼이었지만 점차 복잡한 금융 기능을 처리할 수 있도록 진화했다.

2020년에는 DeFi 생태계가 한층 성숙하고 풍부해졌다. DeFi 생태계 안에 있는 총예치 자산(Total Value Locked, TVL)이 100억 달러를 넘어섰다. 그러나 해당 자금을 노린 해킹과 스마트 콘트랙트 버그가 발생했으며 이후 관련된 프로젝트의 토큰이 급락하는 등 사고도 일어났다.

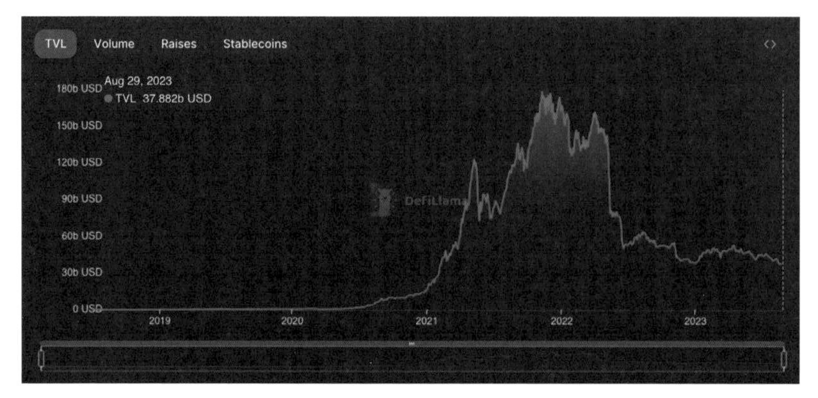

DeFi 총예치 자산(2023년 7월 29일 기준)

출처: https://defillama.com

DeFi의 3가지 특징

중앙 관리자의 부재로 인한 수수료 절감

DeFi의 가장 큰 특징은 중앙 관리자가 없다는 점이다. 전통적인 금융 거래는 은행, 증권회사, 보험회사, 정부 등 중앙 기관의 통제하에 이뤄진다. 그러나 DeFi는 블록체인을 기반으로 중개자를 제거하고 낮은 수수료로 투명한 서비스를 구현한다. 예를 들면 은행을 통해 송금한다면 중개 은행에 높은 수수료를 지불해야 한다. DeFi에서는 중개자를 배제함으로써 비용이 적게 드는 시스템을 구축하게 된다. 또한 대출, 예금 등의 거래 기록과 승인을 사람이 아닌 블록체인의 스마트 콘트랙트로 처리하므로 인건비 등 불필요한 비용이 발생하지 않는다.

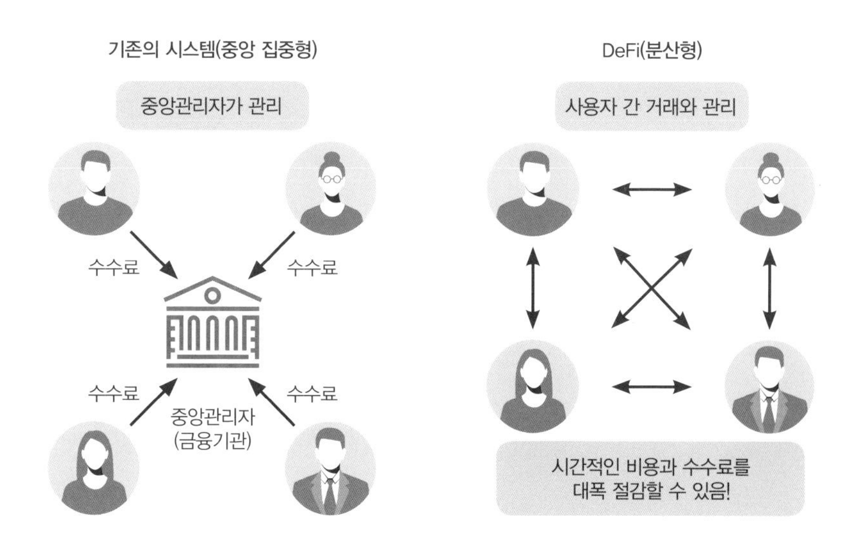

중앙 관리자가 불필요해 거래 중개 수수료 절감

이더리움 기반

DeFi라고 불리는 많은 애플리케이션은 이더리움 플랫폼을 기반으로 구축된다. 이더리움에는 프로그래밍 방식으로 계약을 자동으로 실행하는 스마트 콘트랙트 기능이 있어 제삼자의 중개 없이도 거래가 정상적으로 이뤄질 수 있다.

언제 어디서나 사용 가능

DeFi는 연령, 국적에 상관없이 전 세계 어디서나 사용할 수 있다. 원래 현금을 인출하려면 이용하는 금융 기관과 제휴된 ATM 기기가 필요하고 해외 어디서나 돈을 인출할 수는 없다. 그러나 암호화 월렛을 사용하면 ATM 없이도 어디서나 서비스를 이용할 수 있다.

DeFi를 이해하기 위한 키워드

CeFi

CeFi(시파이)는 'Centralized Finance'의 약자로, 중앙화된 금융을 의미한다. 은행, 국영 금융 기관 등 전통적인 금융 플랫폼과 DeFi를 이어 주는 일종의 중간 지점이라고 볼 수 있다. 국내의 업비트, 빗썸, 코인원, 해외의 바이낸스, 코인베이스 등의 암호화폐 거래소가 제공하는 서비스가 CeFi에 해당한다.

CEX와 DEX

국내의 업비트, 빗썸, 코인원, 해외의 바이낸스, 코인베이스 등의 암호화폐 거래소는 운영 및 관리하는 조직과 주체가 있는 중앙화 거래소로, 'CEX(Centralized Exchange)'라고 부른다. CEX는 코인의 매도자와 매수자 사이에서 중개자 역할을 한다. 매수자 입찰 가격이 매도자가 내건 가격보다 높거나 같으면 거래가 체결되는 방식이다.

반면 유니스왑(Uniswap), 스시스왑(Sushiswap), 팬케이크스왑(Pancakeswap) 등은 중앙 관리자 없이 개인 간 금융거래(P2P) 방식으로 운영되는 탈중앙화 거래소로, 'DEX'라고 부른다. DEX는 일반적으로 암호화폐 간의 교환(Swap)이나 예치(Stake)를 거래하는 옵션만을 지원하며 암호화폐를 매수할 수는 없다. DEX는 이더리움 체인 등 블록체인을 기반으로 구축되며 스마트 콘트랙트 기술을 사용한다. CEX는 거래소에서 설정한 규칙에 따라 거래가 이뤄지지만 DEX에는 중앙집중화된 조직이 없는 만큼 CEX 보다 거래 수수료가 낮다는 장점이 있다.

CEX를 사용할 때는 개인정보를 제공하고 본인 확인 절차를 거쳐야 한다. 또한 CEX에서는 모든 사용자의 암호화폐 개인 키(암호화폐의 소유자라는 것을 증명하는 기밀 데이터)를 CEX 측에서 관리한다. 이는 결국 보안 위험이 암호화폐 거래소에 집중된다는 것을 의미한다. 따라서 암호화폐 거래소의 보안 대책이 불충분하면 사이버 공격으로 이어질 수 있다는 점을 배제할 수 없다.

반면 DEX의 경우에는 이용 시 개인정보를 등록할 필요가 없으며 사용자가 직접 개인 키를 관리한다. DEX에서는 보안 위험이 한 곳에 집중되지 않으므로 해킹이 일어나더라도 전체에 대한 손상 위험은 낮다. 그러나 이것이 반드시 해킹이 발생하지 않는다는 의미는 아니다.

CEX와 DEX의 차이점

CEX(중앙집중식 거래소)	DEX(탈중앙화 거래소)
• 운용 회사가 통화를 보유하고 투자자들은 운용 회사를 통해 거래 • CEX는 개인 키의 관리, 서버 운용 등 거래에 필요한 기능과 정보를 관리	• 운영 회사가 존재하지 않고 특정한 거래를 수행하는 장소가 존재하지 않음(투자자끼리 통화로 거래). • 스마트 콘트랙트를 통해 계약의 체결과 이행이 자동으로 실행

유동성 풀

유동성 풀(Liquidity Pool)은 암호화폐 간 교환을 위해 모아 두는 곳을 말한다. 언제든지 원하는 암호화폐로 교환해 주기 위해 다양하고 많은 양을 보유하고 있어야 한다.

유동성 공급자

유동성 풀에 유동성을 공급하는 주체를 유동성 공급자(Liquidity Provider), 줄여 'LP'라고 부른다. LP는 유동성을 공급하는 대가로 이익을 얻는다.

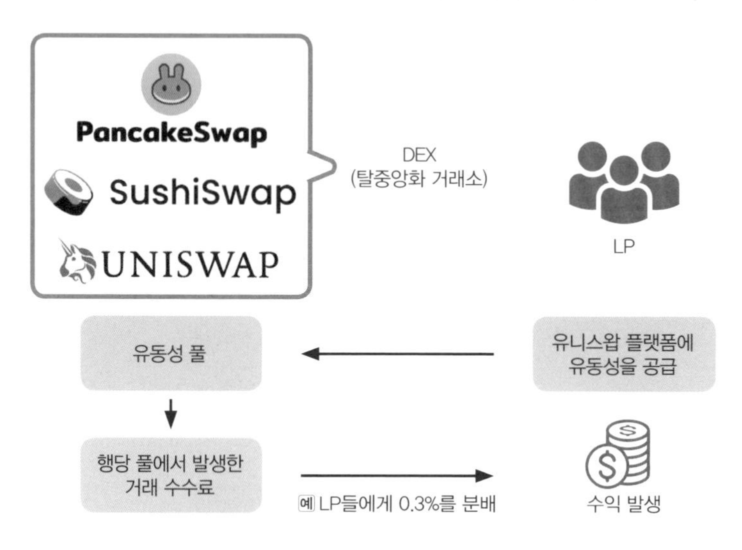

탈중앙화 거래소(DEX)와 유동성 공급자(LP) 간의 관계

자동화 마켓메이커

매수자들은 낮은 가격으로 매수를 원하고 매도자들은 높은 가격에 매도하기를 원한다. 기존 중앙화된 거래소에서는 증권사가 직접 시장에 참가해 이 두 가격 사이에 호가를 형성해 거래를 발생시킨다. 그러나 DEX에서는 시장 관리자가 존재하지 않으므로 자동화 마켓메이커(Automated Market Maker, AMM)를 사용한다. 유동성 풀 내에 미리 예치된 충분한 유동성(해당 암호화폐)만 있으면 거래소의 가격결정 공식에 따라 결정된 가격으로 교환할 수 있는데 이러한 메커니즘을 '자동화 마켓메이커'라고 부른다.

DeFi로 돈 버는 방법

일드 파밍

일드 파밍(Yield farming)은 '이자 농사'라고도 부른다. 일드는 '이율', 파밍은 '농장', '수확'의 의미를 가진다. 일드 파밍은 보유한 암호화폐를 유니스왑, 팬케이크스왑, 커브 파이낸스(Curve Finance) 등의 DEX에 예치해 유동성을 제공하고 이자로 수수료, 거버넌스 토큰 등을 획득하는 운용 방식을 말한다.

DeFi는 일드 파밍을 제공하는 사람 없이는 원활한 거래가 이뤄질 수 없다. 따라서 대여자는 플랫폼에 유동성을 제공하는 대가로 차용인이 지불한 이자 수수료 중 일부를 보상으로 받으며 거버넌스 토큰도 받는다. 거버넌스 토큰을 운용해 거래 수수료로 수익을 내는 일도 가능하다. 이자를 받을 것을 기대하고 대출을 제공하는 행위는 전통적인 금융과 비슷하다. 여기서 차이점은 DeFi 프로토콜을 통해 수행되고 이익을 얻기 위해 스마트 콘트랙트로 체결된다는 점이다.

일드 파밍의 운용 방식

스테이킹

스테이킹(Staking)은 거래소가 지정한 암호화폐를 일정 기간 보유하는 대가로 보상을 받을 수 있는 메커니즘이다. 암호화폐를 보유하는 것만으로 블록체인 생성에 기여하면서 지속적인 수익을 낼 수 있어 비교적 위험도가 낮은 운용 방식이다.

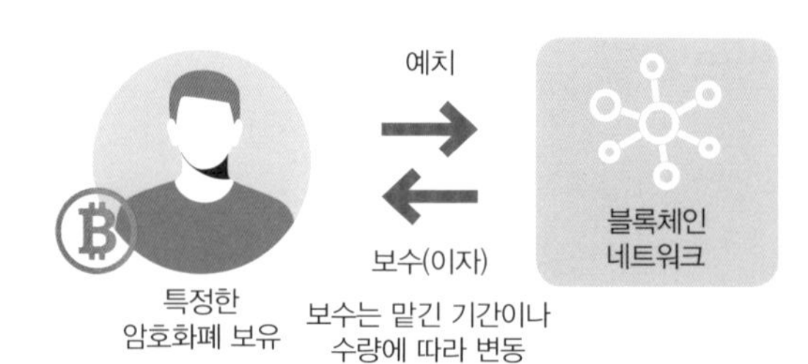

스테이킹의 운용 방식

렌딩

비트코인 및 이더리움과 같은 암호화폐를 보유하는 것만으로는 계속 돈을 벌 수 없다. 암호화폐의 가치가 아무리 치솟더라도 주식처럼 팔아서 이익을 내기 전까지는 돈을 벌었다고 할 수 없다. 모처럼 매수한 비트코인을 그대로 방치하는 것 또한 안타까운 일이다. 따라서 매도는 하지 않으면서 암호화폐가 필요한 사람이나 기관에 이자를 받고 잠시 빌려 주는 렌딩(Lending, 대출)이 등장했다. 일시적으로 암호화폐를 빌린 사람은 매매 활동을 벌여 매매 차익을 얻으며 빌려 준 사람은 대출 이자를 받는다. 이처럼 렌딩은 블록체인상에서 암호화폐를 통해 양측이 수익을 취하는 구조이다.

렌딩의 운용 방식

유동성 채굴

유동성 채굴(Liquidity Mining)은 DEX에 유동성을 제공하는 대가로 DEX가 발행하는 토큰을 얻을 수 있는 운용 방식이다. DEX는 종종 서로 다른 토큰 쌍 간의 거래를 용이하게 하기 위해 유동성이 필요하다. 대표적인 DEX 중 하나인 유니스왑의 경우 토큰을 쌍으로 예치하면 유동성 풀(LP) 토큰을 부여하고 LP 토큰을 예치하면 거버넌스 토큰 유니(UNI)를 받을 수 있다.

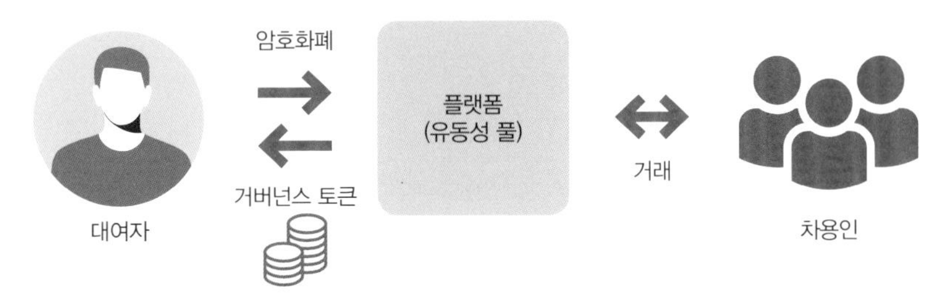

유동성 채굴의 운용 방식

대표적인 DeFi 서비스

DeFi에는 수십 개의 DeFi 프로젝트가 존재하며 이더리움의 스마트 콘트랙트상에서 운용된다. 대표적인 프로젝트에는 DEX와 렌딩 플랫폼이 있다.

DeFi 렌딩은 은행 등의 중개자 없이 암호화폐를 이용해 대출을 제공한다. 대여자는 DeFi 대출 플랫폼(유니스왑, 컴파운드, AAVE 등)에 등록할 수 있으며 차용인은 플랫폼을 통해 직접 대출받는다. 대여자는 이자를 받아 수익을 확보할 수 있다. DeFi 대출의 장점은 은행보다 훨씬 높은 이자율을 받을 수 있다는 점이다. 단점은 대출 동안 자금이 잠겨 있으므로 잉여 자금으로 운영해야 한다.

▌컴파운드

컴파운드(Compound)는 2018년 시작한 렌딩 서비스로, 이더리움 블록체인에서 운영되는 DEX 중 하나이다. 이더리움을 중심으로 암호화폐 대출 서비스를 제공한다. 대출 기관과 차용자를 스마트 콘트랙트로 연결하는 것이 특징이다. 사용자는 유동성을 제공해 은행에 예치하는 것보다 더 높은 이자율을 얻을 수 있다.

채권 토큰 'cToken' 발행

cToken은 컴파운드에서 대출한 사용자에게 대가로 부여되며 렌딩 서비스의 리워드는 이 토큰으로 지급한다. 이더리움의 ERC-20 규격으로 발행되므로 제휴하고 있는 다른 DeFi 애플리케이션 안에서 통화로 이용할 수도 있다.

거버넌스 토큰 'COMP' 획득 가능

컴파운드에서 서비스를 이용하면 이자 수입과 별도로 거버넌스 토큰인 COMP를 받을 수 있다. 사용자는 COMP를 보유해 컴파운드의 운영 방침을 결정하는 투표권을 획득한다. 투표권은 COMP의 보유 비율에 따라 커지므로 자신의 니즈에 맞는 형태로 애플리케이션을 운용할 수도 있다.

크로스 체인 플랫폼 게이트웨이가 가스 요금 문제를 해결

컴파운드를 비롯해 대부분의 DeFi 애플리케이션은 이더리움 블록체인상에서 개발되며 스마트 콘트랙트를 사용하려면 가스 요금이 부과된다. 이더리움 블록체인은 다양한 애플리케이션 개발에 이용되기 때문에 거래량이 증가하고 가스 요금이 상승하는 악순환이 일어나고 있다.

컴파운드는 이러한 문제점을 해결하고자 크로스 체인 플랫폼 게이트웨이(Gateway)를 도입했다. 게이트웨이는 이더리움 이외의 블록체인과 상호운용이 가능해지도록 하는 서비스이다. 사용자는 이 서비스를 이용해 다양한 블록체인에서 개발된 암호화폐를 거래할 수 있다.

메이커다오

메이커다오(MakerDAO)는 탈중앙화 대출 플랫폼의 가장 대표적인 서비스로, 2014년 이더리움 블록체인을 기반으로 출범한 오픈소스 프로젝트이다. 스테이블 코인인 DAI와 거버넌스 토큰인 MKR 두 종류의 암호화폐를 발행한다. DAI는 스테이블코인 중에서는 암호화폐 담보형으로 분류돼 이더리움 등 다른 암호화폐를 담보로 하는 특징이 있다. 2019년 10월까지는 이더리움만 담보에 대응했지만 현재는 수십 종류의 암호화폐를 담보로 DAI를 발행하는 것이 가능해졌다. 특정 암호화폐의 가격 변동에 따른 위험이 줄어들고 DAI의 가격이 안정화됨에 따라 스테이블코인으로서의 가치 평가도 높아졌다. DeFi에 있어서 DAI의 안정성을 이용하는 사례들이 많아지고 렌딩이나 스왑으로 편리하게 사용한다.

또한 메이커다오의 개발 조직인 메이커 파운데이션(Maker Foundation)은 2021년 해산을 발표함으로써 "중앙 기관의 감시와 통제를 받지 않는 완전한 탈중앙화를 이뤘다"라고 발표했다.

아베

아베(AAVE)는 이더리움 및 폴리곤 체인에서 실행되는 대출 플랫폼 중 하나이다. 아베는 현재 30종 이상의 암호화폐에 대응하고 있으며 자신이 보유한 암호화폐를 예치하고 대여자가 되면 이자 수입을 얻을 수 있다. 또한 예치한 암호화폐를 담보로 다른 암호화폐를 빌릴 수도 있다. 차용인의 경우 담보 설정 여부, 금리 설정(고정 또는 변동) 방식을 선택해 암호화폐를 빌릴 수 있다.

유니스왑

유니스왑은 2018년 11월 이더리움 체인상에서 출시된 DEX로 외부 중개 기관을 통하지 않고 이용자가 한 암호화폐를 다른 암호화폐로 손쉽게 교환할 수 있게 해 준다. 예를 들어 이더리움을 NFT 게임인 더 샌드박스의 샌드(SAND) 토큰으로 교환할 수 있다. DEX는 다양한 블록체인에 다수 존재하지만 그중에서도 유니스왑은 24시간 거래량 측면에서 세계 1위이다. 또한 유니스왑은 이더리움 체인뿐 아니라 폴리곤(Polygon), 옵티미즘(Optimism), 아비트럼(Arbitrum) 등에서도 구동되지만 이더리움 체인에서 거래되는 금액의 비중이 DEX 중에서 가장 많다.

유니스왑은 유동성 공급자(LP)들에게 유니스왑의 플랫폼에 기여했다는 의미로 유니스왑 토큰인 유니(UNI)를 제공한다. 유니는 조직의 의사결정에 투표할 수 있는 거버넌스 토큰으로 2020년 9월부터 발행했다. 유니스왑 토큰을 얻으려면 2개의 암호화폐가 쌍(페어, Pair)을 이루는 유니스왑 풀에 참여해야 한다. 예를 들어 유동성 공급자가 이더리움과 스테이블코인 풀을 만든다고 가정했을 때 각 토큰의 동등한 가치에 해당하는 수량을 예치하게 된다. 이더리움 100개를 유니스왑에 참여하고 싶으면 이더리움 100개에 해당하는 가격의 스테이블코인(예 USDT 또는 USDC)도 같이 보유해야 한다. 2023년 1월 기준 유니는 암호화폐 중에서 거래량 기준으로 6위를 차지하고 있을 정도로 인기가 높다.

유니스왑은 DEX의 구심점을 이루기 때문에 유니스왑의 프로토콜을 복사하는 경우도 많아 실제로 스시스왑, 팬케이크스왑은 유니스왑을 복사해 만들어졌다.

스시스왑

스시스왑은 2020년 8월에 출시한 DEX로 셰프노미(Chef Nomi), 스시스왑, 마키(0xMaki) 3명이 모여 만들었다. 유니스왑을 복사해서 스시스왑을 론칭했으며 초기에는 유니스왑보다 높은 인센티브를 제공해 사용자를 끌어모으는 '뱀파이어 공격'으로 논란을 일으켰다. 뱀파이어 공격은 A라는 DEX 플랫폼이 유동성을 많이 보유하고 있는 B라는 DEX 플랫폼의 유동성을 훔쳐오는 공격이다. 그러나 이후에 유니스왑과는 다른 방향으로 업데이트를 추진하고 스시스왑 독자적인 상품을 다수 출시하게 돼 현재 많은 투자자에게 주요 DEX 중 하나로 인정받고 있다.

팬케이크스왑

팬케이크스왑은 2020년 9월에 출시한 DEX로 해외 거래소인 바이낸스(Binance)가 개발한 BSC(바이낸스 스마트 체인) 플랫폼에 설계됐다. 유니스왑처럼 이더리움 네트워크의 플랫폼에 구축한 DEX는 시스템 구조상 수수료가 높지만 팬케이크스왑은 수수료가 낮다.

팬케이크스왑에서는 자동화 마켓 메이커 형식을 채용한다. 유동성 풀 내에 통화를 맡겨 이자로 독자적인 토큰인 케이크(Cake)를 받을 수 있다. 가격변동이 심한 통화일 경우에는 위험 부담이 커지고 더불어 받을 수 있는 케이크 토큰의 금액도 커진다는 특징이 있다.

DeFi 서비스의 단점

DeFi는 CeFi에 비해 수수료가 낮고 이자율이 높으며 계좌 개설을 위한 특별한 심사나 절차가 필요 없다는 장점이 있다. 그러나 한편 다음과 같은 단점이 있다.

첫째, DeFi에서는 사기 사건이 빈번히 일어난다. 초보자를 대상으로 한 피싱 사기와 악의적인 사건이 자주 발생한다. 예를 들어 2022년 2월, 솔라나의 브리지인 웜홀에서 취약점이 발견돼 3억 2,500만 달러(약 4,200억 원)어치의 암호화폐가 탈취당했다. 이럴 때 사용자가 손실을 보더라도 환불받을 가능성이 작다. 기존 은행과 달리 예금 보험 제도가 없으며 서비스 장애가 발생할 경우에도 보상하지 않는다.

둘째, 스마트 콘트랙트 리스크가 존재한다. DeFi는 신뢰가 필요 없다고 이야기하지만 엄밀히 말하면 더는 사람을 신뢰할 필요가 없다는 것을 의미한다. 인간이 임의로 거래 내역을 변경 또는 위장할 수 없다는 것이 주요 이점이라고 한다면 사용자는 인간의 역할을 대신하는 스마트 콘트랙트를 신뢰해야 한다. 그런데 사람이 작성한 스마트 콘트랙트 코드에 버그나 결함 등의 취약점이 있으면 해킹 등 부정 유출로 자금을 잃을 가능성이 있다.

셋째, 대부분의 DeFi는 이더리움에서 거래되는 서비스이다. 이더리움 블록체인 플랫폼을 사용하면 가스 비용이 발생한다. 또한 플랫폼 사용자 수가 증가함에 따라 가스 요금이 상승하는 경향이 있다. DeFi 사용자 수의 증가에 대비하기 위해 대응책이 필요할 것이다.

웹 3이 지향하는 분산형 자율 조직, DAO

DAO의 개요

DAO는 'Decentralized Autonomous Organization'의 약자로, 분산형 자율 조직을 의미한다. 이더리움의 창시자인 비탈릭 부테린이 2014년부터 주창한 개념이지만 최근 몇 년 동안 주목을 받게 됐다. DAO는 전 세계 사람들이 블록체인상에서 협력하면서 조직을 민주적으로 운영하는 형태이다. 연령이나 국적과 관계없이 누구나 DAO에 참여할 수 있다. 서로 누구인지 모르고 중앙 조직이 없더라도 공동의 목표를 향해 집단 의사결정이 가능하다. 주식회사와 달리 주식을 발행하지 않으며 해당 DAO에서 발행한 암호화폐인 거버넌스 토큰을 구매해 의사결정에 참여할 수 있다.

DAO의 대표적인 예는 비트코인이다. 채굴에 대한 보상으로 비트코인을 환원해 주는 체계를 만들었기 때문에 전체 네트워크가 유지된다. 이더리움 또한 스마트 콘트랙트로 거래를 자동화함으로써 중개자가 필요하지 않은 시스템을 구축했다. DAO의 특징과 작동 방식에 관해 알아보자.

DAO의 특징

거버넌스 토큰을 이용한 투표로 의사결정

주식회사의 경우 일반적으로 의사결정은 맨 위에서 이뤄지며 결정된 사항을 위에서 아래로 지시하는 하향식(top-down)이다. 반면 DAO에서는 조직을 이끄는 대표자가 없으며 조직 구성원 간에 의사결정을 내린다.

DAO는 조직 자체의 소유권을 분배한다는 기조를 짙게 반영한다. DAO에서 소유권이란 거버넌스 토큰을 의미한다. 거버넌스 토큰은 주식회사의 주식에 해당한다. 거버넌스 토큰은 토큰의 일종으로 DAO는 개발자, 제휴 파트너, 사용자 등 DAO에 참여하는 사람들에게 기여도에 따라 거버넌스 토큰을 나눠 준다. 거버넌스 토큰 보유자는 DAO의 조직관리 방식을 제안하거나 의사결정에 참여할 투표권을 얻게 된다. 이러한 시스템에 따라 전통적인 주식회사처럼 창업자와 투자자에게 소유권이 집중되는 현상을 방지한다.

투명성이 높고 누구나 소스를 볼 수 있다

DAO는 투명성이 높아 어떤 규칙에 따라 운영되는지 누구나 확인할 수 있다. 블록체인은 오픈소스라서 소스 코드를 보면 스마트 콘트랙트의 내용을 확인할 수 있으므로 누구나 조직이 어떠한 규칙으로 운영되는지 이해할 수 있다. 주식회사의 경우 조직의 규정이나 정관이 문서를 통해 모두 공개된다고 할 수 없으며 임직원과 외부인이 회사의 모든 규정을 일일이 확인하기 어렵다. 그러나 DAO라면 조직의 참가자와 비참가자 모두 소스 코드를 볼 수 있다.

예를 들어 어떤 프로젝트를 어떤 조건으로 한 달 내에 완성하면 100만 원을 주고 그렇지 못하면 50만 원을 돌려 준다는 계약이 있다고 가정해 보자. 이 계약 내용은 블록체인에 기록되며 그 결과는 계약 조건에 따라 스마트 콘트랙트로 자동 실행된다.

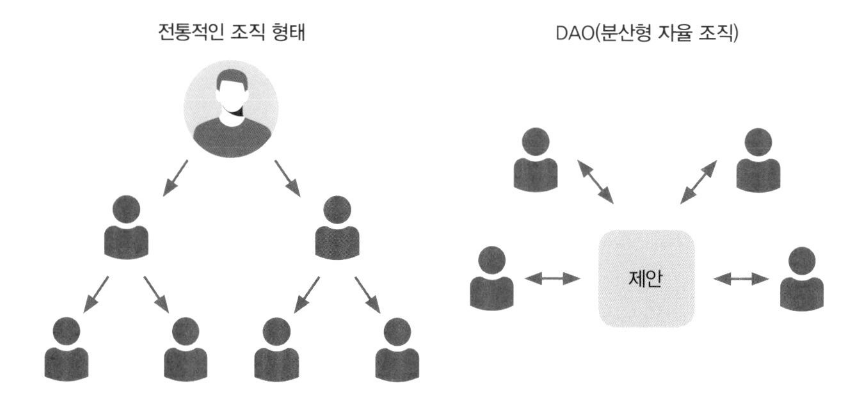
전통적인 조직 형태
DAO(분산형 자율 조직)
제안
• 하향식(top-down) 형태의 의사결정
• 이익은 공정하게 배분되지 않고 탑에 집중
• 커뮤니티에서 합의 형성
• 회원 간에 기여분 만큼 인센티브 분배

전통적인 조직과 DAO의 비교

누구나 조직에 참가할 수 있다

DAO는 누구나 참여할 수 있어 관심 있는 프로젝트를 운영하는 곳이라면 자유롭게 회원이 될 수 있다. 주식회사의 경우 서류 심사와 면접에 합격하고 근로 계약서에 서명한 후에야 비로소 근무가 시작되며 퇴사할 경우에는 퇴직 절차를 밟아야 한다. 그러나 DAO는 인터넷에 접속할 수 있는 환경만 갖춰지면 누구나 참여할 수 있다.

DAO의 작동 방식

DAO의 메커니즘은 블록체인, 스마트 콘트랙트, 거버넌스 토큰의 3가지 요소로 나눌 수 있다.

요소	특징
블록체인	• 거래 내역을 영구히 기록할 수 있는 암호화된 분산원장 기술로, 거래 내역을 블록으로 만들어 하나의 체인처럼 관리 • 거래 내역의 위변조가 어렵고 모든 거래 및 계약 이력이 블록체인에 남게 됨. • 오픈소스라는 점도 DAO의 투명성을 보장
스마트 콘트랙트	• 스마트 콘트랙트는 특정 규칙에 따라 자동으로 거래를 실행하는 블록체인상에 기록된 프로그램으로 계약의 세부 사항은 미리 프로그래밍할 수 있음. • DAO의 공정성을 보장하고 투표로 신속하고 민주적인 운영을 실현하는 구조
거버넌스 토큰	• 거버넌스 토큰은 해당 DAO에서 발행하는 암호화폐를 의미 • 조직에 대한 제안과 의사결정에 참여하기 위해 필요 • 주식회사의 주식에 해당하는 것으로 DAO에 기여하면 거버넌스 토큰을 받을 수도 있으며 시장에서도 구매 가능

DAO가 주목받는 이유

비탈릭 부테린은 2014년 '비트코인이 최초의 DAO'라고 언급했으며 2016년에는 이더리움 기반으로 주인 없는 회사를 만들어 보겠다며 최초의 DAO인 '더 다오(The DAO)'를 론칭했다. DAO가 요즘 들어 주목받게 된 이유로는 4가지를 꼽을 수 있다.

NFT 및 메타버스와의 연관성

2021년부터 NFT와 메타버스의 붐이 일어났는데 둘 다 DAO와 관련이 있어 주목받게 됐다. 예를 들면 디센트럴랜드가 기존의 온라인 3D게임과 차별화되는 점은 DAO에 의한 사용자 중심의 운영에 있다. 스마트 콘트랙트 및 토큰 등 블록체인 기술에서 최적으로 작동하는 방식을 활용해 조달 모금의 투자처, 메타버스 내에서 유통할 아이템의 종류, 개발 방침 등의 의사결정을 내린다. DAO가 조달한 모금은 '트레저리(Treasury)'라고 부르기도 한다. 디센트럴랜드에서 의사결정에 참여하는 데는 2가지 방법이 있다.

첫째, 디센트럴랜드의 자체 토큰인 마나(MANA)를 보유하는 것이다. 주식회사처럼 일정 수 이상의 주식을 보유한 사람에게 주주총회에서 의결권을 부여하는 구조로 이해하면 된다.

둘째, 디센트럴랜드의 토지인 랜드(Land) 또는 랜드보다 면적이 큰 에스테이트(Estate)를 보유하는 것이다. 디센트럴랜드에서는 NFT로 발행한 메타버스 상의 랜드를 구매하고 본인의 랜드 위에 자신의 건물을 세울 수 있다. 랜드를 소유하면 많은 의결권이 부여되므로 디센트럴랜드 메타버스의 정책에 큰 영향을 미칠 수 있다.

DeFi 시장에서도 활용

DeFi도 2021년부터 유행하고 있으며 지금까지 다양한 프로젝트가 등장했다. 많은 DeFi가 DAO의 운영 방식으로 설립됐다. 따라서 DeFi 시장이 확대되면 DAO도 확대될 전망이다. 지금까지 암호화폐 거래소를 운영하는 주체는 어떤 회사였다. 거래소를 운영하는 회사는 누구나 안전하게 거래할 수 있는 환경을 조성하고 거래 시스템을 구축하며 부정 행위가 일어나지 않도록 모니터링한다. 그러나 DeFi의 일종인 DEX에서는 비록 해킹의 위험은 있지만 운영자가 없더라도 부정 없이 거래할 수 있는 환경이 구현된다.

단, DeFi 중에는 프로그램의 취약성 때문에 해킹되거나 개발자가 투자자로부터 모은 자금을 갖고 도망가는 문제가 일어난다. 그래도 오늘날 여전히 건재하고 오랜 역사를 가진 DAO는 비교적 신뢰성이 높다고 판단할 수 있다.

DAO의 운영 방식으로 설립된 DeFi

효율적인 자금 조달

DAO는 스마트 콘트랙트를 통해 자금을 조달하기 때문에 기존 조직 구조보다 더 효율적으로 자금을 조달할 수 있다. DAO는 일반적으로 이더리움과 같은 퍼블릭 블록체인을 기반으로 구축되므로 거버넌스 토큰을 발행해 쉽게 자금을 조달할 수 있다. 전통적인 기금모금 과정에 비해 훨씬 간단하고 비용이 적게 든다.

누구나 DAO를 설립

누구나 DAO를 만들 수 있고 진입 장벽이 낮아 앞으로도 늘어날 전망이다. 주식회사의 경우에는 설립 전에 많은 단계를 거쳐야 한다. DAO의 경우 인터넷 접속 환경만 있으면 누구나 블록체인에서 DAO를 생성할 수 있다. 그러나 DAO를 만든다고 해서 많은 사람이 가입하거나 자금을 모을 수 있는 것은 아니다. DAO를 운영하기 위해서는 프로젝트 자체가 매력적이어야 하며 참가자를 유치하기 위해 꾸준한 홍보 활동이 필요하다.

DAO의 대표적인 사례

메이커다오

메이커다오(MakerDAO)는 이더리움 기반으로 금융 기관 등을 상대로 담보 대출 서비스를 제공하며 투표로 대출을 승인한다. 메이커다오에서는 누구나 달러 스테이블 코인인 다이(DAI)를 발행할 수 있다. 스테이블 코인은 일반적으로 법정화폐의 가치와 연동된 암호화폐로 다이는 달러와 연동된다. 또한 메이커다오에서는 소유자가 MKR이라는 거버넌스 토큰을 이용해 DAO 내에서 일어나는 사안에 대한 의결권을 갖는다.

플레스르다오

플레스르다오(PleasrDAO)는 NFT를 수집하는 DAO로 투자자 간에 자금을 갹출해 NFT를 구입한다. 플레스르다오는 NFT를 담보로 DeFi 대출 플랫폼인 '크림 파이낸스(Cream Finance)'에서 암호화폐를 빌려 지명도가 높아졌다. 지금까지 DeFi에서도 대출받을 수 있었지만 NFT를 담보로 자금을 차입하는 DAO는 플레스르다오가 처음이었다.

어거

어거(Augur)는 스포츠, 경제 등 전 세계에서 일어나는 많은 이벤트의 결과를 예측해 코인으로 보상받는 이더리움 기반 배팅 플랫폼이다. 중앙기관의 개입 없이 집단 지성에 근거해 시장 예측을 공유한다. 예를 들면 비트코인이 연말까지 1억 원을 돌파할 것인지, 차기 미국 대통령 선거에서 누가 이길 것인지 등을 예측하는 활동이 가능하다. 참가자는 다양한 예측에 투표권을 행사할 수 있고 예측이 맞으면 토큰을 받는다.

비트코인과 이더리움도 DAO

비트코인과 이더리움도 블록체인상에서 일정한 규칙에 따라 작동하기 때문에 DAO에 해당한다. 비트코인 거래는 네트워크 참여자들이 처리, 기록에 관여하며 거래 기록이 블록체인에서 승인받은 후에야 새로운 비트코인이 발행된다. 이러한 일련의 과정은 블록체인에서 프로그래밍으로 구동되며 오픈소스라서 누구나 그 과정을 확인할 수 있다. 또한 누구나 비트코인 승인 과정에 참여하는 대가로 새로 발행된 비트코인을 받는다. 단, 비트코인을 채굴하기 위해서는 전용 컴퓨터가 있어야 하므로 신규 진입자에게는 어려울 수 있다.

비트코인은 지금까지 여러 참여자 간의 합의를 통해 업그레이드 작업이 이뤄졌다. 그 결과 비트코인 캐시, 비트코인 골드, 비트코인 캐시 ABC, 비트코인 SV(사토시 비전), 비트코인 다이아몬드 등과 같은 파벌이 생긴 전례도 있다.

비트코인은 나카모토 합의 알고리즘에 의해 채굴자 간의 합의가 있으면 하드포크(체인 분리)를 통해 새로운 체인을 만들 수 있다. 하드포크에 반대하는 채굴자들과 찬성하는 채굴자들로 나뉠 경우 각각 새로운 체인으로 떨어져 나갈 수 있다. 새로운 체인이 생성되면 기존 체인에서 비트코인을 보유하던 사람들은 새로운 체인에서도 같은 양의 비트코인을 보유하게 된다.

헌법 다오

헌법 다오(Constitution DAO)는 2021년 11월 경매로 나온 미국 헌법 초판본을 인수하기 위해 조직된 것으로 'DAO의 가능성을 보여 줬다'라는 평가를 받고 있다. 약 1만 7,000명으로부터 약 4,000만 달러(약 480억 원) 상당의 이더리움을 모금했지만 낙찰에는 실패했다. 거버넌스 토큰인 피플(PEOPLE)을 발행해 초판본의 관리 및 사용 방법 등을 투자자들이 직접 결정하도록 하는 구조를 선택했다.

국보다오

국내 최초의 DAO로 2022년 1월 간송미술문화재단이 경매에 내놓은 국보 2점을 낙찰하기 위해 설립한 클레이튼(KLAY) 기반의 DAO이다. 모금액 미달로 경매 참여가 실패로 끝났다. 국내 현행법상 DAO의 법적 지위가 불투명한 상태에서 투자자들이 참여하기에는 위험 부담이 컸다.

50억 원 모금 실패로 끝난 국보 DAO

출처: https://www.coindeskkorea.com

와구미 다오

현재 일본에서는 와구미 DAO(和組 DAO)가 주목받고 있다. 웹 3의 최신 정보를 공유하고 토론할 수 있는 개방형 커뮤니티이다. 대표적으로 회원들이 토론하는 채팅 서비스 플랫폼인 디스코드가 있으며 초보자부터 기업가까지 DAO, DeFi, NFT, 블록체인, 메타버스 등 다양한 주제를 놓고 토론한다.

DAO가 낳은 새로운 연구 개발(R&D) 생태계 'DeSci'

웹 3과 DeSci

2022년 5월 23일부터 24일까지 웹 3의 새로운 트렌드로 여겨지는 DeSci(Decentralized Science, 분산 과학)를 주제로 한 국제 심포지엄이 독일 베를린에서 개최됐다. 이 자리에서 신경과학자인 사라 함부르크(Sarah Hamburg)는 회의 참가자들을 대상으로 "우리는 과학 연구에 필요한 연구자금의 조달을 다양하고 민주화된 방식으로 바꾸는 한편, 연구자를 위한 평가 시스템을 개선할 것이다. 이곳에 모인 여러분이 바로 그러한 개혁을 추진할 사람들이라 생각한다. 웹 3이 과학계에 힘을 실어 주고 혁신을 장려하는 원동력이 될 것으로 기대한다"라고 말했다.

저명한 과학 저널 네이처(Nature)와 미국 실리콘밸리 유명 벤처투자사 앤드리슨 호로위츠는 함부르크 박사의 DeSci에 관한 기사를 인용하면서 DeSci가 화제가 됐다.

과학은 우리의 삶을 지탱하는 중요한 요소 중 하나이다. 그러나 일반 대중은 오늘날 과학이 안고 있는 과제에 대해 아는 바가 거의 없다. 과학의 세계는 아마추어의 눈에는 논리적으로 보일지 모르지만 실제로는 특정한 주체가 권력을 쥐고 있기 때문에 산업에서 왜곡이 발생한다. 이는 웹 2.0의 비즈니스 세계에서 빅테크와 같은 중앙집권적인 플랫폼이 권력을 장악하는 현상과 비슷하다. 그래서 오늘날 블록체인을 비롯한 웹 3 기술을 사용해 과학계의 문제를 해결하려는 움직임이 생겨나고 있다. 이를 'DeSci'라고 부른다.

DeSci는 스마트 콘트랙트 및 토큰 등의 블록체인을 활용해 분산형 거버넌스를 기반으로 민주적인 오픈 사이언스(개방형 과학)를 창출하려는 움직임이다. 웹 3의 맥락에서 DeFi나 DAO 등 분산화가 키워드가 되는데 DeSci에서 말하는 분산화도 이와 비슷한 측면이 있지만 비교적 새로운 개념이라서 DeSci가 콕 짚어 어떤 요소를 가리키는 것인지는 아직 명확하지 않다.

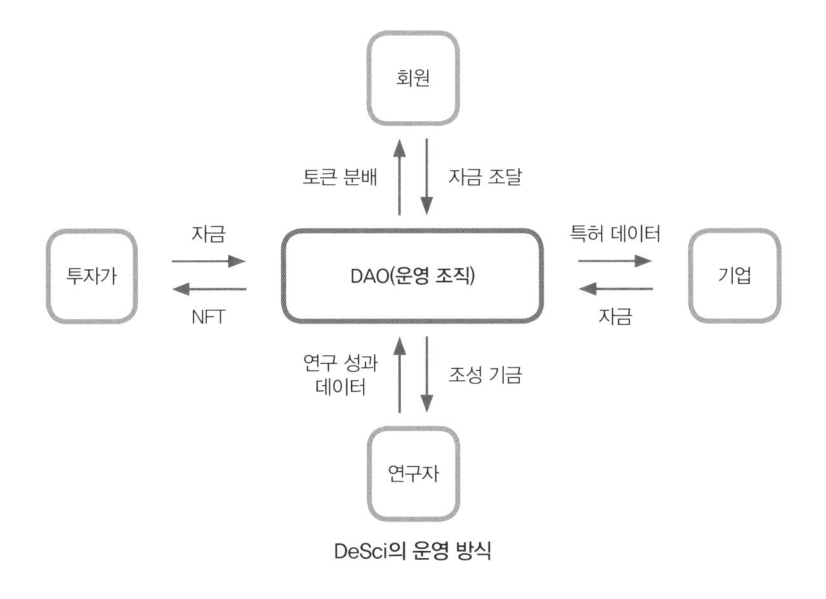

DeSci의 운영 방식

DeSci가 부상한 배경

자금 조달에 상당한 노력이 필요하다

과학 연구에는 막대한 비용이 든다. 연구자가 직접 연구 자금을 조달하는 것은 연구 자체만큼이나 중요한 과제이다. 사실상 연구자가 자금을 모으는 데 쏟는 시간과 노력이 너무 크다는 문제가 있다.

국가와 기업 등이 분배하는 자금을 '경쟁적 자금(그랜트, Grant)'이라고 한다. 연구자는 이 보조금을 받기 위해 엄청난 노력과 시간을 들여 제안서를 작성한다. 일설에는 연구자는 본인 시간 중 50%를 그랜트 제안서 작성에 매달리게 된다고 한다. 더욱이 자금을 분배하는 주체는 여러 기관으로부터 제안서를 받기 때문에 밤새워 작성해 제출한 제안서가 채택돼 자금이 확보될 것이라는 보장은 없다. 결국 연구자들은 받을 수 있을지 없을지도 모르는 자금을 확보하기 위해 많은 시간을 소비한다. 이러한 상황 때문에 과학자들은 '중요하지만 세상의 주목을 받을 확률이 낮은 연구'보다는 '참신하고 대중의 관심을 끌 만한 연구'를 선택할 수밖에 없는 편향적 태도를 취하게 된다.

• 해결책: 토큰 및 NFT 발행을 통한 자금 조달

이 문제는 토큰과 NFT를 발행해 해결할 수 있다. 분야별로 특화된 플랫폼이나 프로토콜을 만들고 토큰을 발행해 자금을 조달하거나 연구 주체가 NFT를 오픈씨 등의 NFT 마켓플레이스에 출품하고 수익금을 사용해 자금을 조달할 수 있다. 개인이 추진하기는 어려울 수 있지만 실제로 DAO는 이미 과학 분야에 존재해 DAO 주체가 자금을 조달하는 형태이다.

이를 통해 연구자들은 더 확실하게 연구 자금을 확보할 수 있으며 엄청난 시간을 들여 제안서를 작성하지 않아도 되므로 연구에 더 많은 시간을 할애할 수 있다.

오픈 사이언스의 의무화와 출판사의 권력 집중

과학계에 오픈 사이언스 운동이 일어난 것은 10년도 훨씬 더 된다. 오픈 사이언스는 과학 연구(출판물, 데이터, 물리적 샘플 및 소프트웨어 포함)와 그 보급을 사회의 모든 수준, 아마추어 또는 전문가가 액세스할 수 있도록 장려하는 운동이다(출처: 네이버 지식백과).

과거에는 과학 연구 결과는 제한된 사람들만 접근할 수 있었다. 그리고 사용자는 그 결과를 열람 및 이용한 대가로 비용을 지불하는 구조였다. 그러나 '과학의 지혜는 더 많은 사람이 접근할 수 있고 누구에게나 개방돼야 한다'라는 철학을 바탕으로 오픈 사이언스 운동이 늘어났다. 결과적으로 모든 사람이 연구 결과에 접속할 수 있는 개방적인 환경이 필요해졌다.

그러나 이에 따라 연구 논문을 출판하는 매체인 출판사로 권력이 집중되는 결과가 초래됐다. 이전까지는 사용자가 다른 사람의 논문을 읽기 위해 비용을 지불했다면 이제는 사용자가 비용을 지불할 필요가 없는 비즈니스 모델로 바뀌었다. 그 대신 출판사들은 연구자들에게 논문 게재 비용을 요구하기 시작했다. 소위 유료 출판(Pay to Publish) 비즈니스 모델이 생겨났고 과학자들은 유명저널에 출판하기 위해 비용을 지불해야 했다.

• 해결책: 분산형 연구 커뮤니티에서 검증할 수 있는 평가 수행

오픈 사이언스가 표준으로 자리잡은 과학계에서 연구자들은 논문을 출판함으로써 자신의 평판이 높아진다는 믿음을 갖게 되고 그 결과 출판사로 권력이 집중됐다. 이를 개선하기 위해 연구자를 다른 방식으로 평가하려는 움직임이 생겨났다. 과학자의 연구 업적을 평가하는 분산형 연구 커뮤니티는 이미 있다. 이러한 커뮤니티는 연구원의 업적을 평가하고 연구자는 가치를 인정받으면 그에 상응하는 NFT를 보상으로 얻을 수 있다. NFT 보유량이 많을수록 뛰어난 성과를 낸 연구자로 볼 수 있다. 또한 연구 기여의 증거인 NFT는 블록체인에 기록되므로 검증할 수 있는 디지털 평가로 남게 된다.

무상으로 이뤄지는 연구원의 리뷰

연구 논문을 읽고 오류 여부와 출판 여부에 대한 판단과 의견을 제시하는 행위를 '피어 리뷰(Peer Review, 동료 평가)'라고 한다. 오늘날 이 피어 리뷰는 과학자들의 무료 봉사로 대부분 이뤄진다. A 연구자가 B 연구자의 논문을 검토할 때 A에는 보상이 없다.

한편 과학자 간의 피어 리뷰 과정에서 출판사가 중개한다. 그리고 출판사는 중개 수수료를 받아 막대한 이익을 챙긴다. 논문을 쓴 A도, 피어 리뷰를 담당한 B도 보수를 받지 않는데 중간에 개입한 출판사만이 이익을 얻는다.

• 해결책: 스마트 콘트랙트를 통한 보상의 직접 지급

이에 대한 해결책은 블록체인의 스마트 콘트랙트 기능이다. 출판사 대신 스마트 콘트랙트가 개입해 논문의 저자와 검토자를 직접 중개한다. 그리고

검토자가 검토를 완료하면 저자는 스마트 콘트랙트를 통해 검토자에게 직접 비용을 지불한다. 이때 토큰으로 보상한다.

위와 같은 오픈 사이언스 운동과 과학계의 거버넌스 문제를 블록체인으로 해결하려는 시도가 DeSci를 지지하는 배경에 자리한다. 앤드리슨 호로위츠는 2022년 2월 DeSci를 새로운 조류로 소개해 투자가들로부터 주목을 얻기도 했다. 현재(2022년 11월 기준)까지 생명 과학 기술을 중심으로 40개가 넘는 DeSci 프로젝트가 설립됐다.

DAO를 이용한 연구 개발 지원 사례

DeSci에서 DAO가 이해관계자들 간의 관계를 구축하는 데 구심점 역할을 한다고 말한다. DeSci의 DAO에서는 연구원, 기업, 일반 후원자 등 연구 이해관계자가 참여하고 동일한 토큰을 보유한다. 자금이 모이면 어떤 프로젝트에 연구자금을 지원할 것인지를 논의하고 그 결정에 따라 연구가 수행된다. 연구 성과인 IP(저작권)와 특허도 DAO가 보유하지만 이러한 무형의 지식재산권이 NFT화돼 제약 회사와 공유된다면 신약 개발 등 사업화 단계로 넘어가게 된다. 그리고 그 과정에서 생기는 이익은 투자자, 회원, 연구원 등에게 기여도에 따라 배분된다. 이러한 모델로 현재 연구가 진행되고 있는 DAO 사례를 소개하면 다음과 같다.

제약 연구 개발을 지원하는 비타 다오

비타 다오(Vita DAO)는 노화를 극복하고 수명을 연장하는 약품의 연구 개발을 지원하는 프로젝트이다. 이미 10개 이상의 프로젝트에 자금을 지원했으며 투자 총액도 200만 달러(26억 원)가 넘었다. 또한 회원들이 토론하는 디스코드에는 5,000명 이상이 참여하는 등 커뮤니티도 활발히 이뤄지고 있다.

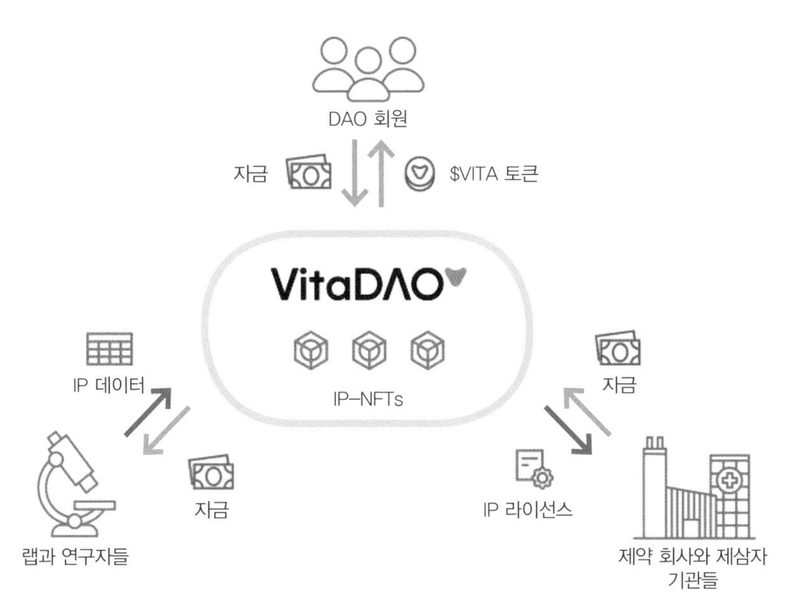

인간의 건강 수명을 연장하기 위해 질병 관련 제약 R&D를 지원하는 '비타 다오'

바이브 바이오

바이브 바이오(Vibe Bio)는 희소 질환을 앓고 있는 사람들의 커뮤니티로, DAO 내에서 결정된 연구 프로젝트를 지원한다. 2022년 6월 약 1,200만 달러의 자금 지원이 완료됐다. 환자 숫자가 적다 보니 연구 개발 우선순위에서 밀리기 쉬운 희소 질환 약물의 연구 개발을 가속화할 계획이다. 희소 질환 환자를 지원하는 비영리 단체(NPO)와 협력해 자금을 지원하고 있으며 기존 재단 등 이해 관계자와 희소 질환을 지원해 가는 혁신적인 모델을 구축할 계획에 있다.

희귀 질환 치료를 위해 환자, 과학자 등으로 글로벌 커뮤니티를 구축한 '바이브 바이오'

출처: https://www.citybiz.com

DAO의 문제점과 위험

해킹 위험에서 벗어날 수 없다

2016년 3월에 설립한 최초의 DAO인 더 다오(The DAO)에서 2016년 6월 해킹 사건이 일어나 약 360만 이더를 탈취당했다. 더 다오의 참가자들은 투표로 투자할 펀드를 선택하고 펀드의 이익금을 분배받았다. 이더리움은 당시 참가자들의 합의에 따라 블록체인을 해커에게 도난당하자 이전의 상태로 되돌려 도난당한 자산을 회수했다. 그러나 블록체인을 해킹당하기 이전 상태로 되돌리는 대응 방식에 반대하는 사람들이 생겨나 '이더리움 클래식'을 만들게 된다.

문제를 해결하려면 참가자 동의가 필요하다

DAO에는 중앙 관리자가 없기 때문에 참가자의 합의로 운영된다. 이러한 합의 생성 과정은 DAO의 특징이기도 하지만 참가자가 많으면 결정을 내리는 데 오랜 시간이 걸릴 수 있다. 한 명이 전체를 통솔하거나 의사결정 권한을 일부 참여자로 제한하는 조직에 비해서는 의사결정 속도가 훨씬 더디다.

MIT 테크놀로지 리뷰는 금전적으로 중요한 결정을 대중에게 맡겨서는 안 된다고 강조한다. DAO에서 해킹이 일어나면 스마트 콘트랙트의 결함을 발견해도 수정하기가 어렵기 때문에 보안상의 우려가 존재한다. 문제를 발견해도 시스템을 변경하려면 커뮤니티의 합의가 필요하므로 신속하게 대응하기 어렵고 도난이나 금전적인 손실, 그 외 참담한 결과가 생길 수도 있다.

현행법상 DAO의 법적 지위가 명확하지 않다

전 세계 국가마다 '도대체 DAO가 무엇인가?'라는 말이 나올 정도로 DAO의 법률적 지위는 불명확하다. DAO가 앞으로 확산하기 위해서는 보안 및 소비자 보호를 제공할 수 있도록 어느 정도 국가 차원의 규제가 필요하다.

예를 들면 2021년부터 많은 DeFi가 등장했고 그중 일부는 해킹당해 상당한 양의 암호화폐가 유출됐지만 해킹당한 피해자가 피해 총액을 보상받은 것은 아니다. DAO가 각 국가에서 금융 규제 기관의 승인을 받아 운영되는 것이 아니라서 해킹 피해에 대한 배상 의무가 없다. 따라서 2017년 호황을 누린 ICO(Initial Coin Offerings, 암호화폐 공개)처럼 모집 자금을 갖고 도망가는 사기 프로젝트도 나타날 수 있다. DAO에 참여하고 암호화폐를 취급할 경우에는 위험을 감수할 수밖에 없다.

웹 3×NFT×메타버스

패션 · 미용업계×NFT×메타버스

웹 3의 개념은 브랜드나 유통업계가 소비자와 관계를 맺는 방식이나 판매 방식에 변화를 촉구한다. 그러다 보니 수익원, 판촉 채널, 커뮤니티 구축, 혜택 프로그램 등에서 새로운 기회가 생긴다.

패션이나 미용업계에서 웹 3을 도입하는 형태가 획일적이지는 않다. 대부분 외부 기업과의 제휴를 통해 최적의 전략을 찾아내고 있다. 제휴를 선택하는 이유는 비용을 절감하면서 새로운 비즈니스를 테스트하고 체득할 수 있기 때문이다.

글로벌 뷰티 회사들은 온라인, 오프라인 구별 없이 첨단 기술을 사용한 프리미엄 쇼핑 경험을 제공해 경쟁력을 유지하려고 애쓴다. 온라인 환경에서는 전자상거래와 디지털 마케팅은 필수가 됐고 이제 메타버스, NFT 등 새로운 콘셉트를 접목해 독특한 방식으로 소비자와 직접 관계를 구축하는 방법을 모색하고 있다. 예를 들어 에스티 로더(Estée Lauder) 산하의 브랜드인 클리니크(Clinique)는 프로그램에 등록한 사용자 대상으로 추첨으로 NFT를 주는 캠페인을 진행했다. 또한 색조 화장품으로 유명한 브랜드 맥(MAC)은 버추얼 아이돌(Virtual Idol)을 발표하거나 메타버스 패션 위크에 참가하는 등

적극적으로 대응하고 있다. 로레알 또한 2022년 10월 메타와 파트너십을 맺고 메타버스에서 스타트업을 지원하는 프로그램을 시작했다. 아직은 구체적인 수익화가 보이지 않는다고 할 수 있지만 뷰티 회사들도 메타버스 영역에 적극적으로 투자하고 있다. 디지털 기술을 사용해 소비자에게 심층적인 체험을 제공하고 브랜드의 부가가치를 높이려는 노력을 지속적으로 추구한다.

로레알: 온체인 뷰티를 실현

세계 최대 종합 화장품 회사인 프랑스의 로레알은 메타버스 플랫폼에서 디지털 자산을 제공하고 NFT를 독점으로 배포하는 식으로 디지털 공간에서 고객 개척에 주력하고 있다. 여러 가상 세계에서 활용할 수 있는 디지털 자산을 제작하는 스타트업과 제휴하는 쪽에 중점을 둔다.

로레알은 2018년 미용 분야에서 기술 리더가 되겠다는 방침을 표명한 이후 새로운 트렌드를 일찌감치 받아들였다. 웹 3에 이어 새로운 분야에도 도전한다. 미용 브랜드, 크리에이터, 소비자가 교류 및 구매하고 관계를 맺는 새로운 플랫폼인 '온체인 뷰티(On-chain Beauty)'라는 개념도 제창했다.

로레알은 새로운 소비자를 확보하고 새로운 미용 체험을 창출하기 위해 웹 3 및 메타버스 분야 스타트업들과 제휴하고 있다. 이러한 움직임은 디지털 컬렉터블과 아바타, 제품 등 동사가 메타버스에서 잠재적인 사업 기회로 여기는 분야와 연장선상에 있다. 2022년 10월에는 웹 3에 특화된 액셀러레이터(창업가 육성) 프로그램을 만들기 위해 미국의 메타, 프랑스의 인큐베이터 HEC 파리와 제휴해 추진력을 강화해 나갔다.

레이디 플레이어 미(Ready Player Me, 에스토니아): 제휴

로레알은 2022년 11월 에스토니아의 아바타 제작 스타트업인 레디 플레이어 미(Ready Player Me)와 제휴해 사용자가 아바타를 커스터마이즈하는데 사용하는 3차원(3D) 헤어 메이크업 스타일을 발표했다. 메이블린 뉴욕(Maybelline New York)과 로레알 프로페셔널(L'Oréal Professional)은 레디 플레이어 미의 아바타 제작을 위해 전 세계 4,000개 이상의 플랫폼과 앱에서 사용할 수 있는 독특한 메이크업과 헤어스타일을 제공한다.

디지털 공간에서의 정체성과 자기 표현은 특히 패션과 미용업계에 중요하다. 미국 로블록스의 조사 리포트인 '2022년 메타버스 패션 트렌드'에 따르면, 1990년대 중반 이후에 태어난 Z세대 사용자의 약 과반수는 자기 표현의 수단으로 아바타에 옷을 입힌다고 대답했다.

레이디 플레이어 미는 셀카 사진을 커스터마이즈 가능한 애니메이션풍 아바타로 변환해 준다. 사용자가 자신만의 정체성을 나타내는 아바타를 만들어 다양한 가상의 공간을 넘나들면서 디지털 플랫폼 서비스를 체험할 수 있게 지원한다. 동사는 패션 브랜드(독일 아디다스), 가상공간(미국의 앱 VR채팅), 디지털 수집품 플랫폼(나이키 산하의 RTFKT) 등 3,000개 이상의 고객사를 거느리고 있다. 2022년 8월 시리즈 B라운드에서는 미국 벤처 캐피털리스트 앤드리슨 호로위츠의 가상통화 투자 부문인 A16z 크립토, 로블록스의 설립자 겸 CEO인 데이비드 바스주키(David Baszucki) 등으로부터 5,500만 달러(약 704억 원)를 조달했다. 조달한 자금으로 아바타 제작 도구를 업그레이드한다.

로레알은 가상공간, 게임 내 맞춤형 경험, 가상 세계에서의 광고, 가상 앰배서더 및 인플루언서를 활용해 몰입감 있는 새로운 가상 경험을 창조한다. 레이디 플레이어 미와의 제휴로 소비자가 다양한 플랫폼에서 로레알의 디지털 자산을 체험할 기회를 넓혀 나간다. 로레알은 어떤 플랫폼에서든 사용할 수 있는 아바타를 개발하는 스타트업인 루마니아의 '애니메이즈

(Animaze)'와의 제휴도 발표해 로레알이 이 분야를 얼마나 중시하는지 알 수 있다.

로레알, 아바타 제작 업체 '레디 플레이어 미'와 제휴해 아바타용 메이크업과 헤어스타일을 발표

출처: https://www.loreal.com

아리아니(Arianee, 프랑스): 제휴

로레알은 웹 3 스타트업인 프랑스 아리아니와 제휴해 화장품 브랜드 '이브생로랑(YSL) 보테'의 상품을 구입한 사람이 NFT를 수집할 수 있는 디지털 지갑(전자 지갑)을 만들었다. 아리아니는 소비자가 웹 3을 체험할 수 있도록 제품의 디지털트윈 등 명품 브랜드가 NFT나 토큰화한 콘텐츠를 제작하도록 지원한다. 소비자는 디지털 월렛을 로레알의 웹 3에 연결하면 NFT로 오프라인과 온라인 체험이 연결돼 상품 판매나 한정 이벤트 등에 참가할 수 있다.

로레알은 NFT를 고객과의 관계 구축뿐 아니라 로열티 강화에도 활용한다. 가상공간에 한정되지 않고 NFT의 특전 프로그램에서 다양하고 독특한 특혜나 체험 기회를 제공해 브랜드 각사가 차별화된 가치를 제공할 수 있다.

더 샌드박스(The Sandbox, 홍콩), 피플 오브 크립토(People of Crypto, 미국): 제휴

로레알 산하의 메이크업 브랜드 닉스 코스메틱스(NYX Cosmetics)는 2022년 6월 웹 3 공간의 다양성에 역점을 두는 더 샌드박스 및 블록체인 기업 피플 오브 크립토(POC)와 제휴했다.

더 샌드박스는 인지도가 높은 메타버스 중 하나이다. 제휴를 통해 로레알은 가상 메이크업을 한 논바이너리(non-binary, 남녀 어느 쪽도 아닌 성별)의 NFT 아바타 컬렉션을 선보였다. 8,000명이 넘는 아바타의 NFT 공개에 맞춰 더 샌드박스에서 다양성과 평등, 포섭을 테마로 한 최초의 공간인 '밸리 오브 빌로잉(Valley of Belonging)'도 창설했다. 더 샌드박스와 같은 메타버스 플랫폼과의 제휴를 통해 로레알은 새로운 환경에서 소비자를 개척하고 상품 구매에 이르는 과정을 재검토하는 것을 목표로 삼는다.

NYX는 더 샌드박스에 진출한 최초의 화장품 회사이다.

출처: https://www.cryptonewsz.com

루이뷔통모에헤네시

패션과 미용업계 중에서도 특히 명품 브랜드는 판매 채널을 온라인으로 전환하는 데 있어 뒤처진 전례가 있었던 만큼 웹 3에 있어서 만큼은 두 번 다시 같은 실수를 되풀이하지 않겠다고 굳게 결의한다. 이미 디지털 굿즈 판매나 새로운 판촉 수단으로 가상공간을 활용하거나 아바타들이 입을 수 있는 디지털 명품 아이템들을 출시해 브랜드 확립과 수익화 기회를 엿보고 있다.

세계 최고의 명품 대기업인 프랑스 루이뷔통모에헤네시(이하 LVMH)는 명품 인증에 블록체인을 사용해 원재료부터 판매에 이르기까지 제품의 과정을 추적하는 데 주력하고 있다. LVMH는 2022년 864억 달러(약 115조 원)가 넘는 매출을 올린 세계 최대 명품 업체이다. 럭셔리의 의미를 정의하고 수십 년에 걸쳐 전 세계 소비자에게 럭셔리 상품을 공급하고 있다.

LVMH는 가상 세계에 진입해 웹 3 기술을 탐구하고 있다. LVMH의 접근 방식은 앞에 나온 로레알이나 나이키 두 회사보다 신중하지만 추적 가능성(제품의 생산부터 소비까지 과정을 추적), 몰입형 체험, 디지털 트윈 등 웹 3의 주요 분야에서 활동하겠다는 방침을 밝힌다. 또한 소비자가 암호화폐로 대금을 지불할 수 있도록 하고 그룹 산하의 보석 브랜드 불가리(Bulgari)의 가상 세계를 구축하겠다는 계획도 보여 준다.

아티팩트: 제휴

2022월 11일 LVMH은 나이키의 아티팩트와 공동으로 LVMH 산하의 여행 캐리어 브랜드 리모와(Rimowa)의 NFT 컬렉션을 출시했다. 웹 3 팬과 리모와 애호가를 대상으로 한 이 컬렉션에서는 NFT 컬렉션 외에도 한정판 여행 가방, 콜렉터 에디션 로봇 등 메타버스에서 궁극의 경험을 체험할 수 있는 작품을 선보였다.

알타바 그룹(Altava Group, 싱가포르): 제휴

알타바는 브랜드 대상으로 맞춤형 디지털 환경을 개발하는 기업으로, 2022년 3월 벤처캐피털로부터 900만 달러(약 110억 원)를 투자받았다. LVMH는 2022년 5월 알타바와 공동으로 최초의 메타버스 홍보대사인 '리비(Livi)'를 만들었다.

LVMH와 알타바의 협업으로 탄생한 메타버스 앰배서더 '리비'

출처: sowhen.fr

리비는 2022년 6월 파리에서 열린 기술 콘퍼런스인 '비바 테크놀로지(Viva Technology)' 시상식에서 공동 사회를 맡았다. 가상 인플루언서는 특히 아시아에서 인기가 높아지고 있다. 컴퓨터로 생성한 이러한 인격은 인간 인플루언서와 같은 매력을 제공할 수 있다는 점 때문에 리스크와 제약이 적다. 메타버스의 등장으로 리비와 같은 가상 인플루언서가 가상공간에서 유명인이 될 수 있다. 메타버스는 팬, 팔로워, 소비자와 소통할 수 있는 새로운 플랫폼 역할을 하게 되기 때문이다.

콘센시스(ConsenSys): 제휴

2019년 LVMH는 MS 및 블록체인 스타트업인 콘센시스와 공동으로 블록체인을 통해 명품을 인증하는 플랫폼 '아우라(Aura)'를 창설했다. 소비자는 디자인에서 판매까지 제품을 추적할 수 있으며 LVMH는 위조품이나 사기로부터 보호를 강화할 수 있다.

2021년 4월에는 이탈리아 명품브랜드 프라다(Prada) 및 스위스 명품 브랜드 리슈몬(Richemont) 산하의 보석 브랜드인 카르티에(Cartier) 등 다른 브랜드도 아우라 블록체인 컨소시엄에 합류했다. 이에 따라 모든 명품 브랜드에 아우라가 사실상 개방됐다.

LVMH는 2022년 11월 호주의 상장 기업인 '시큐리티 매터즈(Security Matters)'와 파트너십을 맺었다. 목표는 블록체인을 사용해 원자재를 더 잘 추적하고 폐기물을 줄이는 것이다. 이러한 파트너십은 LVMH가 원자재 도입에 이르기까지 명품 브랜드 제품이 진품이라는 것을 입증할 수 있도록 하는 데 중점을 두고 있음을 보여 준다. 기업이 지속 가능한 노력을 강화함에 따라 이러한 트렌드는 업계 전체로 확산할 것이다.

스포츠×DAO

구단주, 미디어, 선수, 팬은 각각 프로스포츠 비즈니스의 성공에 중요한 역할을 한다. 이러한 성공 방정식에서 팬이 가장 필수 불가결한 존재이지만 막상 권리 행사를 놓고 보면 뒤 순위로 밀린다. 역사적으로 보면 이러한 격차의 원인은 팬들이 집단의 목소리를 내며 소통할 방법이 부족했기 때문이다. 1990년대에는 라디오, 2000년대에는 온라인 커뮤니티 그리고 최근에는 소셜미디어를 통해 팬들이 공통의 의사를 표현할 수 있게 되면서 이 모델이 파괴되고 있다. 팬들의 영향력은 그 어느 때보다 커졌지만 여전히 부족하다. 구단 운영에 의사결정권이 없는 팬들은 가끔 '볼멘소리'를 하는 소비자로 보인다. 그런데 웹 3이 등장하면서 소비자는 집단으로 소유하고 대규모로 조정하는 능력을 갖추게 됐다. 웹 3은 주인 의식(소유권)과 소비자(팬)를 하나로 모아 이 모든 것을 변화시킨다. 이것이 게임을 바꾼다.

웹 3화하는 스포츠 업계–디지털 컬렉션 판매와 팬 토큰 발행

스포츠 세계에서는 경기마다 선수들에게 페어플레이(Fair Play) 정신을 발휘하도록 당부한다. 페어플레이란 스포츠맨십에 따라 정정당당하고 공명정대하게 경기에 임하는 태도를 말한다. 그런데 국내외 스포츠업계를 막론하고 FIFA 스캔들, 승부 조작, 판정 논란, 인종 차별 등 끊임없이 파문이 일어나 스포츠 세계를 움직이는 거버넌스 체계가 흔들리는 사건이 발생하곤 한다. 그러나 불투명하고 중앙집권적인 스포츠가 웹 3과 만나 새로운 미래가 열리고 있다.

2021년 8월 NBA(미국프로농구) 스타 플레이어인 르브론 제임스에게 역대 최고 금액인 23만 달러(약 3억 7,000만 원)의 가치가 매겨졌다. 이적료나 트레이드 액수가 아니라 NBA가 르브론 제임스 선수의 덩크슛 장면을 NFT로 만들어 'NBA Top Shot'이라는 자체 NFT 거래소에서 판매한 금액이다. NBA Top Shot은 NFT를 활용한 성공적인 예로서 스포츠와 웹 3 간 밀월 시대의 개막을 알리는 계기가 됐다. 웹 3이 스포츠업계에 도입되기 시작한 것은 2020년 전후였지만 현재 스포츠계에서는 크게 2가지 방향으로 활용하고 있다.

첫째, 디지털 컬렉션의 판매이다. 앞서 언급한 'NBA Top Shot'이 대표적인 예이지만 가장 선구적인 사례는 2018년에 출시한 '소레어(Sorare)'라는 디지털 판타지 게임이다. 소레어는 유럽 축구 리그를 중심으로 블록체인상에서 발행한 실제 선수의 트레이딩 카드를 모아 자기만의 팀을 만들고 현실 축구 경기에서 선수의 전적이 게임 스코어에 반영되는 블록체인 기반 디지털 게임이다.

- 소레어에서는 현실 세계에서 활약하는 축구 선수의 카드를 이용해 게임이 이뤄진다.
- 소레어에서 설정한 카드의 선수가 현실 세계의 경기에서 활약하면 보상이나 상품을 받을 수 있다.
- 소레어 내에서의 거래나 보상은 이더리움으로 이뤄진다.
- 블록체인의 NFT 기술이 사용된 소레어 카드는 희소성으로 독자적 가치를 가지며 나만의 축구 팀을 편성해 게임을 즐길 수 있다.

또한 2022년 카타르 월드컵을 위해 피파(FIFA)가 글로벌 부동산 메타버스 게임인 '업랜드(Upland)'와 파트너십을 맺고 구축한 사례가 있다. 메타버스 상에 모인 팬끼리 경기를 응원하는 것은 물론 시합의 하이라이트 비디오와 유니폼을 NFT로써 판매했다. 지금까지 우리의 기억 속에 남아 있는 경기 장면이나 물리적으로 소유한 트레이딩 카드 및 유니폼을 NFT로 대체해 팬들의 소유욕을 자극하려는 움직임은 거대한 리그를 중심으로 다양한 스포츠로 확산하는 모습을 보인다.

업랜드 메타버스로 들어온 2022년 카타르 월드컵

출처: https://www.upland.me/fifa

둘째, 팬 토큰의 발행이다. 2021년 축구계 스타인 리오넬 메시(FC바르셀로나)가 FC 바르셀로나에서 파리 생제르맹(PSG)으로 이적했을 때 이적료의 일부가 팬 토큰으로 지급된 내용이 언론 헤드라인을 장식했다. 팬 토큰은 블록체인에 연결된 암호화폐로, 그 가치는 팀의 성적이나 인기와 연동된다.

한편, 팬들은 팬 토큰을 구매함으로써 해당 팀의 운영이나 기획에 참여할 수 있는 권리가 주어진다. 예를 들어 PSG가 발행한 파리 생제르맹 팬 토큰(Paris Saint-Germain Fan Token)을 소유함으로써 팀의 올해의 선수상 투표권을 얻고 한정판 굿즈의 디자인을 결정할 권리가 생긴다. 팀 운영권의 일부를 팬에게 개방하는 수단으로 웹 3의 개념을 이식한 사례이다.

중앙집중식 스포츠에 대한 위기감

그렇다면 스포츠계가 웹 3을 채택하는 이유는 무엇일까? 그 배경에는 팬 및 운동선수와의 관계성에 대한 문제 의식이 있다. 올림픽에서 볼 수 있듯이 많은 프로스포츠는 상업주의와 결탁하고 팬을 단순한 소비자로 간주하는 경향이 있다. 어떤 선수를 영입할 것인지, 특정 선수의 연봉이 왜 그렇게 높은지, 어떤 유니폼을 입을 것인지 등과 같은 팀이나 리그의 운영에 있어 팬은 목소리를 거의 낼 수가 없다. 운영자 측으로부터 어떤 설명도 들을 기회가 없고 팬은 그저 흥행자가 제공하는 경기나 굿즈를 일방적으로 소비할 수밖에 없다. 그런데도 팬들이 그러한 소비 행태를 유지해 온 것은 그것이 팀을 지지하는 일이라고 믿기 때문이다. 설령 운동장에서 팀을 상대로 목청껏 불만을 외쳐봤자 진지하게 귀담아 들을 팀이 얼마나 되겠는가?

운영자와 팬 간의 일방적이고 비대칭적인 관계는 주로 TV와 같은 매스미디어 때문에 확립됐다. 그러나 인터넷의 출현으로 이러한 관계가 어쩔 수 없이 변하게 된다. 지금에서는 모든 비즈니스에 고객의 '관여(Engagement)'를 목소리 높여 외치는데 스포츠 비즈니스도 예외는 아니다. 웹 3이기 때문에 가능한 소유의 확장과 운영 계획에 대한 참여가 팬의 관여를 높이는 시스템으로 기대되는 것도 그럴 만한 일이다.

또한 선수와 운영자 간의 왜곡된 관계도 웹 3을 도입하는 기폭제 역할을 했다. 서커스 순회 공연처럼 이곳저곳을 다니면서 흥행몰이에 나서곤 했던 프로 스포츠가 20세기 후반부터 글로벌 미디어 기업, 광고 대행사, 스폰서 기업, 스포츠 브랜드 등이 참여하는 거대한 글로벌 산업으로 변모했다. 이후 금융 자본화가 진행되면서 운동선수는 '돈이 주렁주렁 열리는 나무'와 같은 존재가 된다. 그런데도 운동선수 심신의 안녕과 선수 생활의 지속성은 끊임없이 불안정할 수밖에 없다. 그러나 팬 토큰과 NFT가 리그와 팀의 노예가 된 선수들에게 새로운 수익과 자본을 가져다 준다면 선수들의 자율성을 높이는 데 기여할 수 있을 것이다.

선수도 선수이기 이전에 인간이다. 팬이 선수를 성적만으로 판단하지 않고 건강, 경력, 인간성도 중시해 판단한다면 팬 토큰 중심의 팀 운영은 스폰서 기업의 억압과 승리 지상주의에서 벗어나 운동선수에게 또 다른 삶을 열어 주는 잠재력이 있다. PSG처럼 선수가 토큰을 보유해 팀과 리그 운영에 발언권을 가질 수 있다면 선수 스스로 스포츠 환경 개선에 직접 관여할 수 있을지도 모른다.

크라우스 하우스 DAO, 농구 팬들이 합심해 NBA 농구팀의 인수 · 운영 꿈꿔

크라우스 하우스 DAO(Krause House DAO)는 NBA 팬 커뮤니티 구성원이 NBA 팀을 인수해 운영하는 것을 목적으로 삼는 DAO다. 구단주가 팀을 운영하는 현재의 NBA 팀과 달리, 팬이 구단주가 돼 팀 의사결정에 참여할 수 있는 거버넌스를 만드는 것이다. 커뮤니티 투표로 단장(General Manager)과 코치를 고용하고 팀의 수익을 공유하는 커뮤니티를 만드는 것을 지향한다.

팬 커뮤니티로 구단을 운영하면서 2가지가 순풍으로 작용했다. 첫째 커뮤니티가 프로젝트를 추진하는 비용이 획기적으로 줄어들었다. DAO는 커뮤니티 소유로, 소유권이 분산돼 있어 의사결정에 비용이 많이 든다. 그러나 블록체인에서 거버넌스 투표의 형태로 결정을 내릴 수 있기 때문에 비용이 들지 않는다. 둘째 구단의 소수 지분을 여러 명이 공동으로 소유하는 것을 NBA가 인정했다. 크라우스 하우스가 소셜 토큰을 발행하고 회원들은 소셜 토큰을 보유해 팀이 자신의 소유라고 느낄 수 있다.

크라우스 하우스는 DAO가 모든 팬의 의견에 귀를 기울이고 최고의 아이디어를 실행에 옮길 수 있는 대안을 제공한다고 믿는다. 앞으로 10년 이내에 프로 스포츠팀은 DAO로 운영되리라 예측한다.

크라우스 하우스 DAO: NBA 팬 커뮤니티 구성원이 NBA 팀을 직접 운영하는 것을 지향

출처: n1dsports

NFT×로열티 마케팅

로열티 프로그램은 구매 내역 및 고객 정보를 기반으로 브랜드와 반복적으로 접촉한 고객에게 리워드(보상)를 부여하는 시스템이다. 고객은 제품 및 서비스를 구매해 할인, 무료 상품, 기타 보상, 멤버십 혜택을 부여받는다. 20세기에 로열티 프로그램은 우표, 쿠폰 등 '수집'을 중심으로 추동력을 얻게 됐다. 그러나 디지털 세계가 확장됨에 따라 로열티 프로그램도 확장됐다.

브랜드는 인터넷이라는 새로운 물결을 타고 사용자를 장기 고객으로 유치하기 위한 활동에 진입했다. 항공사 아메리칸 에어라인(American Airlines) 온라인 고객 우대 프로그램으로 항공 여행에 혁명을 일으킨다. 세계적인 화장품 체인 세포라(Sephora) 등의 필수 소비재 브랜드는 실물 로열티 카드를 모바일 앱으로 교체한 후에 수백만 명의 로열티 회원을 확보함으로써 빠르게 주목받았다. 스타벅스는 가장 성공적인 로열티 앱을 보유하고 있으며 NFT 기반 로열티 프로그램을 채택해 계속 경계를 넓혀 나가고 있다.

일반 로열티 프로그램은 비즈니스에 단기적으로 도움이 되도록 설계됐지만 NFT 로열티 프로그램은 고객의 인게이지먼트(Engagement, 참여)를 통해 장기적으로 도움이 된다. 기업은 NFT를 사용해 로열티 프로그램을 개선하고 고객의 인게이지먼트를 높여 새로운 고객 체험의 창출을 시도한다. 다음은 구체적인 측면을 짚어 본 내용이다.

첫째, NFT 로열티 프로그램은 고객의 인게이지먼트를 높이는 수단으로 NFT의 고유한 성질을 사용한다. NFT는 소유권과 함께 디지털 자산의 유일무이성을 보증한다. 이는 물리적 상품 및 서비스로는 재현하기 어려운 특성으로, 기업이 고객의 관심과 참여를 유도하기 위해 자체적인 디지털 자산을 만들어 고객에게 배포한다.

둘째, NFT는 새로운 종류의 보상 시스템을 제공한다. 종래의 포인트 시스템에서 보상이라고 해 봐야 기업 간에 교환할 수 있는 포인트나 할인이 대부분이었다. 그러나 NFT를 로열티 프로그램에 도입함으로써 기업은 고객에게 독창적이고 개별적인 보상 체계를 운용할 수 있다. 이러한 보상은 고객에게 특별한 가치를 제공하고 회사와의 관계를 심화하는 데 도움이 될 수 있다. 또한 NFT는 로열티 프로그램으로 새로운 유동성을 만들어 낼 수 있다. NFT는 블록체인 기술을 기반으로 하므로 소유권을 쉽게 이전할 수 있다. 이를 통해 고객은 자신이 획득한 보상을 다른 사용자에게 판매하거나 교환할 수 있다. 이것이 로열티 프로그램에 다이내믹한 요소를 도입하고 고객의 참여 의욕을 높일 가능성이 있다.

이러한 요소가 결합해 기업과 고객 간의 상호작용이 강화되고 고객 충성도가 높아진다. NFT와 로열티 프로그램의 결합은 기존 로열티 프로그램이 고객에게 제공할 수 없었던 새로운 가치를 창출할 수 있는 잠재력을 갖고 있다.

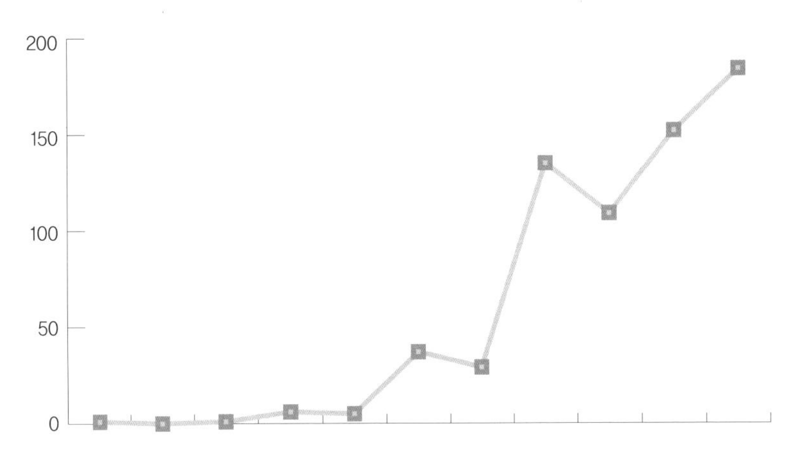

'NFT'와 'loyalty'를 함께 언급한 뉴스 (2020년 1사분기~2022년 3사분기)

출처: CBInsights

스타벅스 오디세이

스타벅스는 기존 비즈니스를 강화하고 로열티 프로그램의 확장을 목표로 NFT 기반의 새로운 프로그램인 '스타벅스 오디세이(Starbucks Odyssey)'를 2022년 12월에 시작했다. 스타벅스 오디세이는 스타벅스 리워드 포인트 적립 회원 제도의 연장선에 있는 로열티 프로그램이다. 스타벅스 오디세이에 참여하려면 미국에서 스타벅스 리워드 회원이어야 한다. 오디세이 NFT는 스타벅스 오디세이에 참여하거나(1차 판매), NFT 거래 플랫폼인 니프티 게이트웨이(2차 판매)를 통해 구매 · 거래할 수 있다.

고객이 NFT를 수집 및 구매를 통해 보유하면 그에 상응한 특별한 혜택이나 체험 기회가 주어진다. 본질적인 소비 경험 자체는 '여행(Journey)'이라는 테마 아래 에스프레소 마티니를 만드는 가상 수업, 코스타리카 커피 농장의 가상 투어, 스타벅스의 역사 및 문화 등에 대해 배우는 퀴즈 등에 참여해 인증 도장을 찍는 스탬프 랠리로 구성돼 있다. '여행'이 끝나면 컬렉터블 저니 스탬프(Journeys Stamp, NFT)와 오디세이 포인트(Odyssey Points)를 보상으로 받게 되는데 이를 통해 특별한 혜택을 경험하고 더욱 몰입감 있는 체험을 얻을 수 있다. 스타벅스 오디세이의 블록체인은 폴리곤을 사용한다. 폴리곤은 이더리움의 확장성 문제를 해결하는 기술로 주목받고 있으며 빠른 결제와 저렴한 비용이 특징이다.

스타벅스 오디세이는 디지털 방식으로 새로운 커뮤니티를 형성하는 것을 목표로 삼는다.

출처: https://polygon.technology/blog/starbucks-r-odyssey-beta-is-now-live-on-polygon

스타벅스 오디세이는 과거에 한정판 NFT를 두 차례 출시했다. 둘 다 매우 성황리에 끝났다. 동시 접속 사용자가 너무 많아 서버가 다운되기도 했다. 사이렌 컬렉션 스탬프(Siren Collection Stamp) 판매에서는 100달러짜리 NFT 2,000개가 20분 만에 완판됐다. 또한 2차 유통 시장인 NFT 마켓플레이스에서는 연말 휴일 시즌을 테마로 한 홀리데이 치어 스탬프(Holiday Cheer Stamp)가 비싸게 팔린다. 현시점(2023년 6월 21일)에서 홀리데이 치어 스탬프의 최저 가격은 약 940달러이다. 스타벅스 오디세이 NFT 스탬프는 인기가 너무 많아 앞으로도 어떤 컬렉션을 출시할 것인지에 주목하고 있다.

스타벅스 오디세이를 통해 스타벅스는 디지털 방식으로 새로운 커뮤니티를 형성하는 것을 목표로 삼는다. 다음은 스타벅스에서 공개한 오디세이의 취지이다.

스타벅스의 부사장 겸 최고 마케팅 책임자인 브래디 브루어(Brady Brewer)는 다음과 같이 말한다.

"스타벅스는 항상 집과 직장 사이에 위치한 '제삼의 장소'로 알려져 왔다. 커피, 커뮤니티, 소속감을 느낄 수 있는 따뜻한 장소의 역할을 한다. 스타벅스 오디세이 경험으로 제삼의 장소와의 연결고리가 디지털 세계로까지 확장된다. 이 프로그램은 스타벅스와 리워드 회원들을 연결할 뿐 아니라 서로를 연결하는 최초의 프로그램이다. 우리의 비전은 디지털 커뮤니티가 커피를 마시며 모여들어 스타벅스의 전통과 미래를 축하할 수 있는 장소로 자리잡는 것이다."[38]

출처: 스타벅스

스타벅스는 산업계를 움직이는 영향력이 있다. NFT로 로열티 프로그램 및 고객 경험의 사용 사례를 입증한다면 더 많은 기업이 스타벅스의 전례를 따르게 될 것이다. 또한 스타벅스는 2022년 거품이라고 비난받았던 NFT 업계가 신뢰를 회복하는 데도 도움이 될 수 있다. NFT는 디지털 커뮤니티에 접근하는 경로일 뿐, 스타벅스는 기술에 문외한인 사람들을 포함해 많은 소비자를 웹 3 플랫폼으로 끌어들이기 위해 스타벅스 고유의 체험을 뒷받침하는 기술의 본질을 의도적으로 감추고 있다. 생활 속에서 접근 및 확장할 수 있는 방식으로 수백만 명의 사람들에게 NFT 기술과의 친화력을 높여 새로운 사용자 기반을 확보하기 위한 윤리적 챔피언이 필요한지도 모른다.

38 https://stories.starbucks.com/)press/2022/starbucks-brewing-revolutionary-웹3-experience-for-its-starbucks-rewards-members

미국의 세차장 체인, NFT로 고객 증가—중소기업의 로열티 마케팅에도 활용

스타벅스와 같은 대형 브랜드뿐 아니라 중소기업도 NFT를 활용해 로열티를 높이려는 경쟁에 뛰어들었다. 그중 하나가 미국 샌디에이고의 대표적 세차장 체인인 '소피 조스(Soapy Joe's)'이다.

소피 조스의 회원은 17개 군데의 세차장에서 서로 다른 NFT를 모아 열쇠고리, 모자, 유원지 입장권, 세차장 연간 이용권 등의 혜택과 교환할 수 있다. 캠페인이 시작된 지 2개월 보름 만에 고객들은 약 2,000개의 월렛에 1만 개 이상의 NFT를 보유하고 있었다. 마케팅 부문 부사장인 앤 몰러(Anne Mohler)는 "회원 수가 10% 늘어났으며 네 군데가 넘는 세차장을 방문하는 고객도 많이 늘어났다"라고 말한다.

NFT는 소피 조스가 세차할 때마다 나눠 주는 방향제의 디자인을 모티브로 삼는다. 방향제 자체는 회사의 헤비유저인 '소피 스쿼드(Soapy Squad)' 사이에서 광적인 인기를 얻었다. 몰러는 "방향제의 열광적인 인기는 현실 세계에 불어닥친 NFT의 열풍과 같다"라고 표현한다. 사용자가 세차장을 방문한 후 소피 조스가 이메일로 링크를 보내면 NFT가 발행된다. 이메일 개봉률은 71%로 일반 캠페인보다 훨씬 높다.

몰러는 "고객들이 여러 세차장을 찾아다니고 있다는 사실이 확인됐다. 11년 역사에서 유래가 없었던 수치이다. 실로 경이로울 정도이다."라고 말한다. 고객의 방문 횟수와 인게이지먼트가 향상된 결과 고객 로열티 강화 및 신규 회원 확보 과제가 해결됐다. 회사는 NFT 전략을 계속 발전시킬 계획이다.

NFT로 신규 고객이 10% 늘어난 세차장 체인 '소피 조스'

출처: https://www.carwash.comloyalty-hits-the-metaverse

고객 로열티 프로그램은 기업이 고객과 장기적인 관계를 구축하고 고객의 관여를 유지하기 위한 중요한 전략으로, 로열티 포인트와 보상이 핵심이다. 그러나 이러한 전통적인 형식은 일부 소비자에게 그 매력도가 떨어지고 있다. 단일한 가치 체계를 기반으로 삼고 일반적이며 교환성 있는 보수를 제공하는 데 그치기 때문이다.

그러나 여기에 NFT가 개입하면 고객 로열티 프로그램은 새로운 가능성이 열릴 수 있다. NFT는 디지털 자산의 소유권과 고유성을 보장하고 기업은 독자적인 고객 보상 체계를 가져갈 수 있다. 이를 통해 기업은 고객 참여를 높이고 로열티 프로그램에 참여하도록 동기를 부여할 수 있다.

이러한 요소들이 결합하면 NFT는 고객 충성도 프로그램을 재정의하고 기업과 고객 간의 관계를 강화하는 가능성을 가진다. 그러나 그 성공은 NFT에 대한 정확한 이해와 적절한 도입, 그리고 소비자의 블록체인과 NFT에 대한 이해와 신뢰에 크게 좌우된다.

에필로그

AI는 인간의 기대치를 훨씬 넘는 속도로 계속 진화해 가고 있습니다. 2023년 현재는 오픈 AI가 출시한 생성형 AI인 챗GPT가 많은 관심을 받고 있으며 다양한 영역에서 기존의 방식을 대체할 가능성과 잠재적 위험에 대한 논의가 가열되고 있습니다. AI는 이미 기술업계를 비롯해 마케팅, 제조, 금융 등의 산업에서도 활용되고 있으며, 앞으로는 의료, 복지 분야에서도 더욱 확산될 것으로 예상됩니다. 또한 블록체인 관련 기술과의 융합으로 웹 3 시장에도 큰 변화가 일어날 전망입니다.

'웹 3은 한물갔다, 대세는 AI다' 또는 'AI와 웹 3은 관계없다'라는 견해도 존재합니다. 그러나 AI와 웹 3은 떼려야 뗄 수 없는 관계이며 AI의 폭발적인 확산으로 웹 3의 발상을 AI에 이식할 수 있는 가능성이 열리고 있습니다.

첫째, AI 개발에 드는 리소스에 웹 3 기술을 활용할 수 있다는 측면에서 상성이 좋습니다. 가령 챗GPT는 학습에 대단히 큰 비용이 들어가지만 분산 컴퓨팅으로 리소스를 활용하는 해결 방법이 있습니다. 단 기술적인 장벽은 높습니다. 둘째, AI가 콘텐츠의 양을 늘릴 수 있는 기술이라면, 웹 3은 콘텐츠에 희소성을 부여하는 기술이라는 측면에서 상호 보완적인 관계에 놓여 있습니다. 셋째, AI의 학습 이면에는 불투명성이 존재하기 때문에 투명성이 높은 웹 3을 활용하는 가능성도 있습니다.

챗GPT의 성공에 힘입어 마이크로소프트, 구글 등 미국의 빅테크와 수많은 스타트업이 생성형 AI를 둘러싼 치열한 기술 경쟁을 벌이고 있습니다.

오픈 AI의 CEO 샘 알트먼은 최첨단 AI가 성숙하고 사회에 스며들 때쯤이면 '온디맨드 인텔리전스(On-demand Intelligence, 누구나 쉽게 주문할 수 있는 AI)' 시대가 도래할 것이라고 예상합니다.

1970년대 전 세계적으로 '전자식 탁상 계산기'가 대중화됨에 따라 종이, 연필, 주판, 계산기 등에 의존했던 지루한 계산 작업에서 벗어날 수 있게 되면서 일상생활과 업무의 효율성이 크게 향상됐습니다. 그러나 계산기는 '계산'이라는 기능 하나밖에 수행할 수 없습니다.

한편 대화형 AI는 인간의 다양한 질문을 이해하고 답할 수 있을 뿐만 아니라 프로그래밍 작업 요청 대응, 다국어 번역, 졸업 논문 주제 제안, 신사업 사업 계획서 작성 등 기존에는 오롯이 인간의 몫이던 두뇌 노동을 광범위하게 수행할 수 있습니다. 단일 기능이 아닌 다기능 AI를 무료 또는 매우 저렴한 가격으로 계산기 사용하듯이 손쉽게 이용할 수 있는 시대가 도래하고 있습니다. 그것이 알트먼이 말한 '온디맨드 인텔리전스'일 것입니다.

AI의 진화는 이미 인간의 상상을 뛰어넘는 수준으로 가속화하고 있습니다

오픈 AI의 조사에 따르면, 최근 10년간 AI의 연산 처리 능력은 인간의 상상을 훨씬 넘는 속도로 진화하고 있습니다. 통계에 따르면, AI의 용량은 3, 4개월마다 2배가 되는 기하급수적인 증가세를 기록하고 있습니다. 이러한 연산 능력의 가속도적인 향상으로 이전에는 불가능했던 고속의 처리가 속속 실현되고 있습니다.

당초 AI와 기계학습의 개념이 확립되기 시작한 시기는 1950년대로 거슬러 올라갑니다. 1956년에 개최된 다트머스 회의에서 미국의 컴퓨터 과학자인 존 매커시(John McCarthy) 등이 '인공지능'이라는 용어를 처음 제안하고 컴퓨터를 사용해 인간의 지성을 모방 · 재현하려는 시도를 시작하게 됩니다.

그러고 나서 반세기 이상에 걸친 연구 끝에 컴퓨터의 처리 능력과 데이터 용량이 대폭으로 향상된 2000년대에 빠른 속도로 실용화가 이뤄집니다. 예를 들어, 구글 및 마이크로소프트 등의 빅테크는 10년 이상 전부터 AI와 기계학습을 도입해 왔습니다. 그렇지만 지금까지는 개인이 AI 기술을 직접 활용할 기회가 많지 않았습니다. 그러나 2022년 11월 특별한 기술 없이도 사용할 수 있는 대화형 AI인 챗GPT가 출시되면서 AI의 대중화 · 일반화가 폭발적으로 일어납니다. 이 밖에도 의료 분야에서 영상 진단 AI 및 게놈 프로젝트(유전자 파악 연구), 금융업계에서는 신용카드 부정 탐지 및 심사에 활용하기 시작하는 등 AI의 보급이 날로 가속화되고 있습니다.

이처럼 'AI 혁명'이라고 할 수 있는 진보는 AI가 인간의 진화보다 훨씬 빠른 속도로 발전해 결국 인간의 지능을 넘어서는 수준에 도달할 것임을 시사합니다. 다음으로 웹 3 업계에서 AI가 어떠한 형태로 영향을 미칠 것인지를 구체적인 사례로 살펴보겠습니다.

AI가 웹 3 업계에 미치는 영향은 무엇입니까?

AI는 암호화폐 자산, 블록체인 등과 관련된 웹 3 산업에 큰 영향을 미칠 것입니다. 블록체인 및 Dapp 개발, 메타버스 구축 등에 AI의 높은 처리 능력과 뛰어난 자동화 기능을 접목할 수 있습니다. 또한 새로운 비즈니스 모델을 창출할 수 있는 잠재력이 있으며 AI가 더욱 발전함에 따라 현재로서는 생각할 수 없는 방식으로 새로운 융합 모델이 탄생할 전망입니다.

인텔리전트 블록체인

가장 먼저 떠오르는 것은 AI와 블록체인을 융합한 '인텔리전트 블록체인(Intelligent Blockchain)'입니다. 탈중앙화 금융 시스템을 실현하기 위한 기술로 탄생한 블록체인 기술과 AI는 대단히 궁합이 좋기 때문에 이 둘을 융합하면 양쪽 분야에서 큰 발전을 기대할 수 있습니다.

AI와 융합한 차세대 블록체인에서는 기계학습을 활용한 기능을 인프라의 핵심이 되는 부분에 내장한 구조가 될 것으로 예상합니다. 결과적으로 네트워크 전체의 보안 강화, 블록체인상의 거래 자동화를 크게 촉진할 것입니다.

인텔리전트 디앱(Intelligent Dapp)

블록체인에서 실행되는 탈중앙화 애플리케이션인 Dapp 또한 핵심 시스템에 기계학습 모델을 통합해 상당한 진화를 거두게 될 것입니다. 이미 NFT 분야에서는 기계학습의 도입이 빠르게 진행되고 있으며 점차 다른 Dapp 서비스로도 확산될 것입니다. 2023년 현재 NFT는 정지된 이미지의 아트나 미리 프로그래밍이 된 작업만 실행할 수 있는 게임 캐릭터가 일반적입니다. 그러나 AI를 탑재함으로써 실제로 지능과 감정이 있는 것처럼 행동하는 NFT가 실현될 것입니다. 예를 들어 게임 캐릭터라면 소유자의 감정에 따라 태도를 바꾸거나 과거에 나눈 대화를 기억하는 등 인간처럼 대화를 주고받을 수 있는 NFT가 탄생할 수도 있습니다.

메타버스에서는 AI 관련 기술이 '관리의 자동화', '콘텐츠 개발' 등에 크게 활용될 전망입니다. 빅데이터를 학습시킨 AI를 활용해 업무를 자동화하는 'AIOps(Algorithmic IT Operations)'와 같은 기술을 응용하면 메타버스의 모니터링 및 감독이나 실시간으로 사용자 인터랙션의 처리와 같은 정형적인 업무를 24시간 365일 쉬지 않고 실행할 수 있는 시스템을 설계할 수 있습니다. 또한 이미지 및 동영상 생성형 AI를 사용해 메타버스 내에서 독특하고 고품질 콘텐츠를 지속적으로 공급하는 활용 방법도 생각할 수 있습니다.

인텔리전트 프로토콜

가까운 미래에는 스마트 콘트랙트 및 프로토콜에 기계학습을 통합한 '인텔리전트 프로토콜(Intelligent Protocol)'이 탄생할 것입니다. 인텔리전트 프로토콜은 특히 DeFi(탈중앙화 금융) 분야에서 유용할 것으로 기대됩니다. 기존의 DeFi 시스템을 강화하는 것 외에도 더 합리적이고 공정한 자금의 대출 및 융자 서비스를 실현하는 프로토콜을 개발하는 것도 가능할 것입니다. 예를 들어 AI를 활용한 데이터 분석으로 집계한 월렛 보유자의 점수를 기반으로 전 세계 월렛에서 예치받은 융자를 균등하게 배분하는 융자 프로토콜 등이 있을 수 있습니다.

이처럼 AI와 웹 3은 친화력이 높고 이 2가지 기술이 융합돼 창출되는 시장은 성장잠재력이 큰 것으로 전망됩니다. 다음으로 이러한 변화에서 탄생할 수 있는 비즈니스 모델에 대해 알아보겠습니다.

AI와 웹 3이 만나 새롭게 탄생하는 비즈니스 모델에는 무엇이 있을까요?

디지털 아트

몇 년 전에 누군가가 디지털 아트를 NFT로 발행해 판매한다고 말했다면 알아들을 사람이 거의 없었겠지만, 지금은 아닙니다. 생성형 AI는 NFT(NFT 아트를 활용한 브랜딩 및 미디어 등), 블록체인 게임(자산 생성, 내러티브, 스토리 디자인, 아바타 모델링 생성 등), 메타버스, 웹 3 개발 등의 활용으로 웹 3을 강력하게 만듭니다.

디지털 아트를 창작할 수 있는 아티스트의 수는 한정돼 있고 수요에 비해 공급이 적기 때문에 예술의 가치는 상승할 가능성이 높습니다. 디지털 아트 수집가는 생성형 AI와 웹 3 기술을 가장 활발하게 소비하는 고객입니다. AI와 웹 3의 붐으로 아티스트가 독특한 디지털 아트를 제작해 온라인으로 판매할 기회가 열렸습니다. 아티스트는 희소한 디지털 자산을 만들고 한정된 수의 아이템을 디자인하므로 공급이 적을수록 가치가 높아집니다.

분산형 AI 마켓플레이스

중앙집중식 데이터 관리의 제약에서 벗어난 탈중앙화된 마켓플레이스로, AI 모델을 구매, 렌털, 리스할 수 있는 비즈니스 모델입니다. 개발자라면 상장도 가능합니다. 누구나 자유롭게 거래에 참여할 수 있는 AI 시장이 보편화되면 개인이 AI의 발전에 기여할 수 있게 돼 AI의 성장에 큰 도움이 될 것입니다. 블록체인 기술을 통해 개발자와 구매자 간의 투명성과 보안성을 확보하는 동시에 DAO에서 거버넌스 토큰 보유자가 장기적으로 프로젝트의 건전한 운영에 관심을 두도록 거래 수수료 중 일부를 거버넌스 토큰 보유자에게 분배해 주듯이 공정한 수익 분배와 같은 인센티브 구조를 구현하는 것도 가능합니다.

분산형 데이터 마켓플레이스

기업이 보유한 방대한 양의 비즈니스 데이터를 사고팔 수 있는 분산형 데이터 마켓플레이스가 생길 가능성이 있습니다. 스마트 콘트랙트가 정한 규칙에 따라 트랜잭션을 자동으로 실행함으로써 개인정보 기밀을 유지하면서 제공된 데이터를 전송할 수 있습니다. 분산형 데이터 마켓플레이스에서 AI는 방대한 데이터의 노이즈 제거, 각 사용자가 관심을 두는 분야의 데이터를 제안하는 알고리즘 등의 측면에서 활용됩니다.

우리가 인터넷을 사용하는 방식은 이미 AI로 혁명적인 변화를 겪고 있으며 이러한 추세는 앞으로 몇 년 동안 더욱 가속화될 것입니다. 웹 3은 AI를 탑재해 차세대 인터넷으로 자리잡게 됩니다. 이는 AI가 앞으로도 계속 진화해 나갈 것이라는 것을 시사합니다. 또한 가상현실 및 증강현실과 같은 흥미진진한 기술과 생성형 AI가 융합될 수도 있습니다. 텍스트로 작성된 지시를 따르면 사실적이고 인터랙티브한 3D 시뮬레이션이 생성되는 형태입니다.

물론 모든 것이 좋은 것은 아닙니다. AI가 다양한 편의 기능으로 인기가 있지만, 간과할 수 없는 문제도 있습니다. 미국의 조사회사 유라시아그룹이 발표한 '2023년 세계 10대 리스크' 중 1위가 '범죄자 국가 러시아', 2위가 '극대화화는 시진핑의 권력', 3위가 '기술로 인한 사회적 혼란'이 차지했습니다. 즉, 세계에 위협적인 존재는 푸틴 대통령, 시진핑, AI입니다.

모든 기술에는 축복과 저주가 동시에 존재합니다. 기술은 양날의 검이기에 세상을 이롭게 하는 힘이 있지만, 어떻게 사용하느냐에 따라 칼날을 드러내기도 합니다. 챗GPT는 잘못된 답변이나 시대착오적인 정보를 자신감 있고 유익한 어조로 제공하기 때문에 사용자가 그 내용을 무심코 믿어버릴 위험이 있습니다. 이러한 조악한 수준의 정보와 가짜 뉴스가 소셜 미디어를 통해 확산되면 인터넷 정보의 신뢰성이 크게 손상될 우려가 있습니다.

또한 생성형 AI가 결국 인간의 지적 능력을 능가한다면 우리가 사용하는 도구를 넘어 우리의 일자리를 빼앗는 침입자가 될 수도 있습니다. 실제로 통역사, 번역사, 법조 사무원 등의 일부 직종에서는 경계가 필요한 단계에 접어들고 있으며 생성형 AI가 지금과 같은 속도로 진화한다면 소설가, 만화가, 애니메이터, 영화감독 등 크리에이티브한 직종도 언젠가는 든든한 보호막이 파괴될 날이 올 것입니다.

참고문헌

1장 예술과 과학 사이

The World's Smartest Artificial Intelligence Just Made Its First Magazine Cover
https://www.cosmopolitan.com/lifestyle/a40314356/dall-e-2-artificial-intelligence-cover

Vermeer and the Camera Obscura: Part I & Part II
http://www.essentialvermeer.com/camera_obscura/co_one.html
http://www.essentialvermeer.com/camera_obscura/co_two.html

Steve Jobs, "Computers are like a bicycle for our minds." - Michael Lawrence Films
https://www.youtube.com/watch?v=ob_GX50Za6c

Generative Models vs Discriminative Models: Which One to Choose?
https://www.turing.com/kb/generative-models-vs-discriminative-models-for-deep-learning

Review: Midjourney vs Stable Diffusion vs DALL-E 2
https://neuroflash.com/blog/midjourney-vs-stable-diffusion-vs-dalle-2

Coca-Cola Invites Digital Artists to 'Create Real Magic' Using New AI Platform
https://www.coca-colacompany.com/media-center/coca-cola-invites-digital-artists-to-create-real-magic-using-new-ai-platform

How Rethink Proved Even AI Knows "It Has To Be Heinz"
https://www.lbbonline.com/news/how-rethink-proved-even-ai-knows-it-has-to-be-heinz

Zarya of the Dawn: How AI is Changing the Landscape of Copyright Protection
https://jolt.law.harvard.edu/digest/zarya-of-the-dawn-how-ai-is-changing-the-landscape-of-copyright-protection

TECHNOLOGY LEADS ART: SMARTPHONES AND THE RISE OF PHOTO IMPRESSIONISM
https://www.dagostino.ca/technology-leads-art-smartphones-and-the-rise-of-photo-impressionism

掃除に立ちはだかる"床の片付け"問題
https://kyodonewsprwire.jp/release/202002076548

生成AI(ジェネレーティブAI)とは？種類・使い方・できることをわかりやすく解説
https://aismiley.co.jp/ai_news/what-is-generative-ai

2장 대화형 AI 혁명과 빅테크 기업의 존망

Persona of ChatGPT users! Exploring the actual usage based on behavioral data
https://manamina.valuesccg.com/articles/2433

How Does OpenAI Make Money? OpenAI Business Model Analysis
https://fourweekmba.com/how-does-openai-make-money

Introduction to large language models
https://www.youtube.com/watch?app=desktop&v=zizonToFXDs

ChatGPT plugins
https://openai.com/blog/chatgpt-plugins

OpenAI turns ChatGPT into a platform overnight with addition of plugins
https://venturebeat.com/ai/openai-turns-chatgpt-into-a-platform-overnight-with-addition-of-plugins

Text to Shop: Walmart Customers Can Now Shop as Easily as Texting
https://corporate.walmart.com/news/2022/12/14/text-to-shop-walmart-customers-can-now-shop-as-easily-as-texting

Will ChatGPT & Bard cannibalize ad revenues for Google search? I asked ChatGPT
https://chatgptiseatingtheworld.com/2023/05/12/will-chatgpt-bard-cannibalize-ad-revenues-for-google-search-i-asked-chatgpt

Kodak's Downfall Wasn't About Technology
https://hbr.org/2016/07/kodaks-downfall-wasnt-about-technology

How to Avoid a Kodak Moment for your Company
https://chandigarhangelsnetwork.com/kodak-moment/

Google Finally Launches The Perspectives Search Filter
https://www.seroundtable.com/google-launches-the-perspectives-filter-35536.html

3장 관심 경제의 종말과 크리에이티브 이코노미의 부상

The Attention Economy
https://dl.acm.org/doi/fullHtml/10.1145/376625.376626

The Facebook whistleblower says its algorithms are dangerous. Here's why
https://www.technologyreview.com/2021/10/05/1036519/facebook-whistleblower-frances-haugen-algorithms

In 'Half Earth,' E.O. Wilson Calls for a Grand Retreat
https://www.nytimes.com/2016/03/01/science/e-o-wilson-half-earth-biodiversity.html

Goldhaber, M. H.(1997). The attention economy and the Net. First Monday, 2(4). https://doi.org/10.5210/fm.v2i4.519

Social media posts falsely claim space station footage is faked https://apnews.com/article/fact-check-nasa-space-station-astro-naut-786216610305

Pro-Anorexia and Anti-Pro-Anorexia Videos on YouTube: Sentiment Analysis of User Responses https://www.ncbi.nlm.nih.gov/pmc/articles/PMC4704949

How Web3 will transform the creator economy. Three predictions for 2023: https://medium.com/geekculture/how-web3-will-transform-the-creator-economy-three-predictions-for-2023-cd5c953b5221

How can brands profit from Metaverse & Web3 creator economy? https://metav.rs/blog/brands-metaverse-web3-creator-economy

Creator Economy: 5 tested business models to apply to your own creator platform https://medium.com/@lovableproducts/creator-economy-5-tested-business-models-to-apply-to-your-own-creator-platform-1fc2fe447037

Creator Economy Business Model: Awaken The Creator In You https://appscrip.com/blog/creator-economy-business-model

What's next for NFTs and Web3 in the age of the creator economy? https://cointelegraph.com/innovation-circle/whats-next-for-nfts-and-web3-in-the-age-of-the-creator-economy

What Is Substack and How Does It Work? https://blog.hootsuite.com/what-is-substack

What Is Patreon? A Creator's Guide To Making Money in 2023 https://blog.hootsuite.com/what-is-patreon

Patreon Review https://www.pcmag.com/reviews/patreon

1,000 True Fans https://kk.org/thetechnium/1000-true-fans

Roblox Business Model: Monetizing The Metaverse https://fourweekmba.com/roblox-business-model

The Best Web3 Platforms For Music Artists and Producers https://defi-planet.com/2022/12/the-best-web3-platforms-for-music-artists-and-producers/#Glassxyz

Social Tokens: Promoting Community Benefits & Fair Monetization https://learn.bybit.com/crypto/what-are-social-tokens

What Is Art Blocks: The Case for Generative Art NFTs https://learn.bybit.com/nft/what-is-art-blocks-generative-art

4장 차세대 디지털 혁명 웹 3에 관한 모든 것

WEB3 VS WEB 3.0: HOW ARE THEY DIFFERENT?
https://www.leewayhertz.com/web3-vs-web3-0

Web3 vs Web 3.0: The difference between the Decentralised Web and the Semantic Web
https://www.thebusinessanecdote.com/post/web3-vs-web-3-0-the-difference-between-the-decentralised-web-and-the-semantic-web

Consensus Algorithm
https://www.techtarget.com/whatis/definition/consensus-algorithm

The Merge
https://ethereum.org/en/roadmap/merge

Scaling Blockchains: Layer 1 vs Layer 2 - An Overview of Scaling Solutions
https://crypto.com/research/scaling-blockchains

Blockchain Scaling Solutions Explained: The Lightning Network, Raiden Network, and Plasma
https://medium.com/ico-alert/blockchain-scaling-solutions-explained-the-lightning-network-raiden-network-and-plasma-74b3f06e587a

Exploring Second-Layer Solutions: Lightning Network, Raiden, and Others
https://www.thecoinrepublic.com/2023/08/30/exploring-second-layer-solutions-lightning-network-raiden-and-others

Metaverse Components: The different elements
https://crowdfunding-platforms.com/metaverse-components-what-are-the-elements-of-the-metaverse

Metaverses vs. Digital Twins: Here are the Differences Between the Two
https://www.linkedin.com/pulse/metaverses-vs-digital-twins-here-differences-between-two

Make Your Millions With These 7 Metaverse Business Models
https://directpaynet.com/curious-about-which-metaverse-business-model-is-best-lets-dive-in

Scaling Your NFT Project: A Beginner's Guide to IPFS
https://bueno.art/blog/pinata-ipfs-guide

The Evolution of NFT Business Models
https://www.socialmediaexaminer.com/the-evolution-of-nft-business-models

NFT Marketplace Business Model: The Ultimate Guide
https://aglowiditsolutions.com/blog/nft-marketplace-business-model

Decentralized autonomous organizations(DAOs)
https://ethereum.org/en/dao

What is a DAO, or decentralized autonomous organization?
https://news.miami.edu/stories/2023/02/what-is-a-dao-or-decentralized-autonomous-organization.html

Decentralized science(DeSci)
https://ethereum.org/en/desci

DeSci Based on Web3 and DAO: A Comprehensive Overview and Reference Model
IEEE Transactions on Computational Social Systems(Volume: 9, Issue: 5, October 2022)

Starbucks Brewing Revolutionary Web3 Experience for its Starbucks Rewards Members
https://stories.starbucks.com/press/2022/starbucks-brewing-revolutionary-web3-experience-for-its-starbucks-rewards-members

Starbucks Sees 'Unprecedented Interest' as Polygon NFT Rewards Platform Launches
https://decrypt.co/116863/starbucks-unprecedented-interest-polygon-nft-rewards

How NFT Royalties Work – and Sometimes Don't
https://cryptoforinnovation.org/how-nft-royalties-work-and-sometimes-dont

NFTs: The Future of Payment and Loyalty Programs
https://www.sganalytics.com/blog/nfts-the-future-of-payment-and-loyalty-programs